广东经济普查年鉴

Guangdong Economic Census Yearbook 2008

第三产业卷

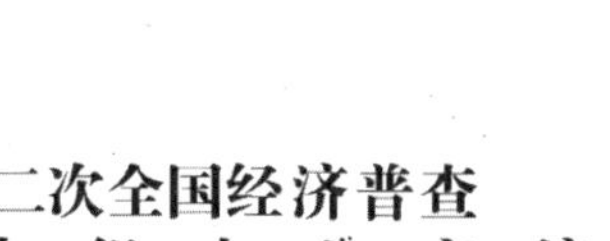

广东省第二次全国经济普查
领导小组办公室 编
广东省统计局

中国统计出版社
China Statistics Press

(京)新登字041号

图书在版编目（CIP）数据

广东经济普查年鉴. 2008/ 广东省第二次全国经济普查领导小组办公室，广东省统计局编
—北京：中国统计出版社，2010.11

ISBN 978-7-5037-6076-1

Ⅰ.①广… Ⅱ.①广… ②广… Ⅲ.①经济-普查-广东省-2008-年鉴 Ⅳ.①127.65-54

中国版本图书馆CIP数据核字（2010）第176754号

广东经济普查年鉴—2008（第三产业卷）

作　　者/广东省第二次全国经济普查领导小组办公室
　　　　广东省统计局
责任编辑/马　平
装帧设计/黄俊杰　李雪燕
出版发行/中国统计出版社
通信地址/北京市西城区月坛南街57号
邮政编码/100826
办公地址/北京市丰台区西三环南路甲6号
网　　址/www.stats.gov.cn/tjshujia
电　　话/邮购（010）63376907　书店（010）68783172
印　　刷/广州市恒远彩印有限公司
经　　销/新华书店
开　　本/880×1230毫米　1/16
字　　数/2850千字
印　　张/92.5
版　　别/2010年12月第1版
版　　次/2010年12月第1次印刷
书　　号/ISBN 978-7-5037-6076-1/F・2938
定　　价/880.00元　（全四册　附光盘）

本书附同版光盘一张，内容以纸质图书为准。

《广东经济普查年鉴—2008》编辑机构名单

一、顾问委员会

主　　任　肖志恒

副 主 任　杨绍森　幸晓维　朱耀忠

委　　员　顾作义　李向明　秦通海　叶秀仁　曾志权

李志红　邹　生　揭　晔　欧卫东　彭海斌

郭元强　潘伟景　陈铭津

二、编辑委员会

主　　任　幸晓维

常务副主任　欧卫东

副 主 任　朱遂文　刘智华　汪国新　秦定坚　杨少浪

委　　员　（以姓氏笔画为序）

王国伟　李　劲　邱国祥　杨　凡　曾倩柔

三、编辑部

总 编 辑　欧卫东

副总编辑　汪国新

编辑工作人员　陆小环　黄春红　卢可玲　谭京刚　张汉杰

彭肖萍　黄博明　蓝品良　李芳芳　黄日何

钮豫玲　宋子鹏　王文森　林　瑜　钟向红

马彦君　杨　凡　黄平光　余少玲　吴宏斌

冯位东　李新娇　邹　聪　李两聪　李昭曼

田　明　夏少武　洪秀霞　余盛鸿　孙穗华

唐　英　谭乐明　王学良　李　华　王　晴

贝燕威　叶　涛　黄华成　陈少强　梁　娟

潘宇明

编者说明

根据国务院决定，2008年进行了第二次全国经济普查。为满足政府管理部门制定宏观经济政策和编制社会经济发展规划的需要以及社会各界的相关信息需求，我们按现行国家统计分类标准对广东省第二次全国经济普查基础数据进行加工整理，汇编而成《广东经济普查年鉴——2008》一书。

本年鉴通过大量数据，详尽诠释了广东省第二产业和第三产业发展的基本情况。内容系统全面，资料丰富。不仅涵盖了第二产业和第三产业各类单位的数量、就业人员、财务状况、生产经营活动、生产能力、能源消耗、信息化和科技活动等情况，以及个体经营户的分类数据；还全面反映了广东省各类单位的组织形式、规模、结构，以及地区分布、行业分布和生产要素配置等情况。本年鉴共分三卷四册出版，即综合卷、第二产业卷（上、下册）和第三产业卷，并随书配送同版本电子光盘一张。《综合卷》为单位基本情况资料，卷中分综合篇、企业篇、机关事业单位社团民办非企业篇、信息化状况以及附录五个部分，其中附录部分包含了通过经济普查资料核算的全省及分市的GDP情况。《第二产业卷》分为四篇（按内容分为上、下两册）。上册为：第一篇“工业企业生产经营及财务状况”，第二篇“能源”；下册为：第三篇“规模以上工业企业科技情况”，第四篇“建筑业企业生产经营及财务状况”。《第三产业卷》分为六篇：第一篇“交通运输、仓储和邮政业生产经营及财务状况”，第二篇“批发和零售业商品销售和财务状况”，第三篇“住宿和餐饮业生产经营及财务状况”，第四篇“房地产业生产经营及财务状况”，第五篇“其他服务业企业生产经营及财务状况”，第六篇“行政事业单位财务状况”。

为使读者能够更好地阅读和使用本年鉴，特对有关问题说明如下：

一、《广东经济普查年鉴—2008》的调查年度为2008年。第二次全国经济普查的标准时点为2008年12月31日，时期资料为2008年度。

二、经济普查的对象是广东省辖区内从事第二、第三产业活动的全部法人单位、产业活动单位和个体经营户。

三、经济普查的行业范围包括：采矿业，制造业，电力、燃气及水的生产和供应业，建筑业，交通运输、仓储和邮政业，信息传输、计算机服务和软件业，批发和零售业，住宿和餐饮业，金融业，房地产业，租赁和商务服务业，科学研究、技术服务和地质勘查业，水利、环境和公共设施管理业，居民服务和其他服务业，教育，卫生、社会保障和社会福利业，文化、体育和娱乐业，以及公共管理与社会组织等行业。

四、经济普查的主要内容包括：单位基本属性、就业人员、财务状况、生产经营活动、生产能力、能源消耗、信息化和科技活动情况等。

五、经济普查对法人单位、产业活动单位采用全面调查的方法，对个体经营户采用全面清查登记的方法。

六、本《年鉴》综合篇所有单位按单位实际所在地进行汇总。批发零售业、住宿餐饮业企业按法人在地原则统计。

七、综合卷的单位数和人数是按法人单位和产业活动单位普查表汇总而成，第二产业卷和第三产业卷的单位数是按有填报财务表的单位汇总，故综合卷与各卷相关的数据存在一定差异。

八、建筑业产业活动单位按行业和按地区分组的各分项之和不等于总计数，原因是建筑业的产业活动单位有一部分为外地或外省的单位，也存在跨行业的现象。

九、综合篇中的单位数包括银行业及其他金融活动、证券、保险三个行业数据。根据《第二次全国经济普查部门实施普查的办法》规定，银行及其他金融业、证券业、保险业的财务状况普查分别由中国人民银行、中国银行业监督管理委员会、中国证券监督管理委员会、中国保险监督管理委员会组织实施。因此，其他服务业财务状况表中则没有包括银行业及其他金融活动、证券业、保险业的财务指标数据。

十、根据铁路运输业《第二次全国经济普查部门实施普查的办法》规定，铁路运输业普查由铁道部统一组织实施。广东省铁路运输业使用铁道部反馈数据（个别指标缺的用年报数据代替）。因反馈资料缺乏铁路运输企业基本单位情况，故综合卷中单位基本情况资料不含铁路运输业，行政事业和社团财务状况表中也不包括铁路运输业数据。铁路系统的非铁路运输业单位已汇总在相应行业之中。

十一、因个别交通运输辅助业和仓储业单位执行行政事业单位会计制度，故这部分单位数据相应归入第三卷第六篇“行政事业单位财务状况”汇总。

十二、规模以上工业增加值按生产法计算。

十三、能源平衡表中，电力折算标准煤系数按平均发电煤耗计算。

十四、能源加工转换表中的电力折算标准煤系数采用当量值计算，每千瓦小时电力折0.1229千克标准煤。

十五、个体经营户资料按专业汇总统计，不单独成篇。

十六、每篇（卷）后附有该篇的指标解释，使用时请仔细阅读。

十七、由于计量单位小数位取舍原因，统计表中个别分项数据相加之和与总数不完全相等。

十八、本年鉴中，“…”表示数据少于本表最小计量单位，空格表示该项统计指标无普查数据，“#”表示其中的主要项。

十九、为使版面整齐、美观，我们将韶关市的乳源瑶族自治县和清远市的连山壮族瑶族自治县、连南瑶族自治县分别简称为乳源县、连山县、连南县。

《广东经济普查年鉴——2008》是全省普查工作者共同辛勤工作的成果，也是广大普查对象积极支持配合的结果。在此，我们谨向全省普查工作者、普查对象和所有参与和支持经济普查工作的人员表示衷心的感谢!

由于时间仓促及汇总程序原因，差错和纰漏在所难免，如有不妥之处，恳请提出宝贵意见，敬请指正。

编　者

二〇一〇年十月

第三产业卷 目录

第1篇 交通运输、仓储和邮政业生产经营及财务状况

1-1 分行业交通运输、仓储和邮政企业资产负债 …… 3
1-2 分行业交通运输、仓储和邮政企业实收资本 …… 4
1-3 分行业交通运输、仓储和邮政企业营业状况 …… 5
1-4 各市交通运输、仓储和邮政企业资产负债 …… 6
1-5 各市交通运输、仓储和邮政企业实收资本 …… 6
1-6 各市交通运输、仓储和邮政企业营业状况 …… 7
1-7 各市道路运输企业资产负债 …… 7
1-8 各市道路运输企业实收资本 …… 8
1-9 各市道路运输企业营业状况 …… 8
1-10 各市城市公共交通企业资产负债 …… 9
1-11 各市城市公共交通企业实收资本 …… 9
1-12 各市城市公共交通企业营业状况 …… 10
1-13 各市水上运输企业资产负债 …… 10
1-14 各市水上运输企业实收资本 …… 11
1-15 各市水上运输企业营业状况 …… 11
1-16 各市装卸搬运和其他运输服务企业资产负债 …… 12
1-17 各市装卸搬运和其他运输服务企业实收资本 …… 12
1-18 各市装卸搬运和其他运输服务企业营业状况 …… 13
1-19 各市仓储企业资产负债 …… 13
1-20 各市仓储企业实收资本 …… 14
1-21 各市仓储企业营业状况 …… 14
1-22 各市邮政企业资产负债 …… 15
1-23 各市邮政企业实收资本 …… 15
1-24 各市邮政企业营业状况 …… 16
1-25 各市国有交通运输、仓储和邮政企业资产负债 …… 16
1-26 各市国有交通运输、仓储和邮政企业实收资本 …… 17
1-27 各市国有交通运输、仓储和邮政企业营业状况 …… 17
1-28 各市民营交通运输、仓储和邮政企业资产负债 …… 18
1-29 各市民营交通运输、仓储和邮政企业实收资本 …… 18
1-30 各市民营交通运输、仓储和邮政企业营业状况 …… 19
1-31 各市港澳台商投资交通运输、仓储和邮政企业资产负债 …… 19
1-32 各市港澳台商投资交通运输、仓储和邮政企业实收资本 …… 20
1-33 各市港澳台商投资交通运输、仓储和邮政企业营业状况 …… 20
1-34 各市外商投资交通运输、仓储和邮政企业资产负债 …… 21

1-35 各市外商投资交通运输、仓储和邮政企业实收资本 …… 21
1-36 各市外商投资交通运输、仓储和邮政企业营业状况 …… 22
1-37 各市交通运输仓储邮政业个体经济主要指标 …… 22

第2篇 批发和零售业商品销售及财务状况

2-1 按登记注册类型分批发和零售业法人单位商品销售情况 …… 25
2-2 按登记注册类型分批发业法人单位商品销售情况 …… 26
2-3 按登记注册类型分零售业法人单位商品销售情况 …… 27
2-4 按行业分批发和零售业法人单位商品销售情况 …… 28
2-5 按行业分批发和零售业法人单位商品销售情况(按登记注册类型分) …… 30
2-6 各地区批发和零售业法人单位商品销售情况 …… 45
2-7 批发和零售业法人单位分类商品销售情况 …… 47
2-8 批发业法人单位分类商品销售情况 …… 50
2-9 零售业法人单位分类商品销售情况 …… 51
2-10 按登记注册类型分批发和零售业法人单位资产负债状况 …… 52
2-11 按行业分批发和零售业法人单位资产负债状况 …… 53
2-12 按行业分批发和零售业法人单位资产负债状况(按登记注册类型分) …… 54
2-13 各地区批发和零售业法人单位资产负债状况 …… 56
2-14 按登记注册类型分批发和零售业法人单位损益状况 …… 57
2-15 按行业分批发和零售业法人单位损益状况 …… 59
2-16 按行业分批发和零售业法人单位损益状况(按登记注册类型分) …… 62
2-17 各地区批发和零售业法人单位损益状况 …… 72
2-18 其他行业法人附属批发和零售业产业单位按经营地商品购销存情况 …… 74
2-19 其他行业法人单位附属批发零售业产业活动单位按市分商品购销存情况 …… 78
2-20 批发和零售业连锁经营情况 …… 80
2-21 亿元以上商品交易市场情况 …… 82
2-22 全省批发零售业个体经营户情况表 …… 84

第3篇 住宿和餐饮业商品销售及财务状况

3-1 按登记注册类型分住宿和餐饮业法人单位经营情况 …… 87
3-2 按登记注册类型、行业分住宿业法人单位经营情况 …… 88
3-3 按登记注册类型、行业分住宿业法人单位经营情况(按星级分) …… 89
3-4 按登记注册类型、行业分餐饮业法人单位经营情况 …… 92
3-5 按行业分住宿和餐饮业法人单位经营情况(按登记注册类型分) …… 93
3-6 各地区住宿和餐饮业法人单位经营情况 …… 107
3-7 分地区、行业住宿和餐饮业法人单位设施状况 …… 109
3-8 按登记注册类型、行业分住宿和餐饮业法人单位资产负债状况 …… 110
3-9 住宿和餐饮业法人单位分行业资产负债状况(按登记注册类型分) …… 111
3-10 各地区住宿和餐饮业法人单位资产负债状况 …… 113
3-11 按登记注册类型分住宿和餐饮业法人单位损益状况 …… 114
3-12 按登记注册类型、行业分住宿业法人单位损益状况 …… 115
3-13 按登记注册类型、行业分餐饮业法人单位损益状况 …… 116

3-14　住宿和餐饮业法人单位分行业损益状况(按登记注册类型分) …… 117
3-15　各地区住宿和餐饮业法人单位损益状况 …… 124
3-16　其他行业法人附属住宿餐饮业产业活动单位按经营地分经营情况 …… 126
3-17　其他行业法人单位附属住宿餐饮业产业活动单位分市情况 …… 130
3-18　住宿和餐饮业连锁经营情况 …… 132
3-19　按市分组的全省住宿餐饮业个体经营户情况表 …… 134

第4篇　房地产业生产经营及财务状况

4-1　房地产开发经营投资完成情况 …… 136
4-2　按构成分的房地产开发经营完成投资 …… 138
4-3　按用途分的房地产开发经营完成投资 …… 140
4-4　房地产开发经营新增固定资产、开发购置情况 …… 142
4-5　房地产开发经营资金来源 …… 144
4-6　房地产开发经营施工、竣工面积及价值 …… 148
4-7　商品房屋销售与出租情况 …… 160
4-8　房地产开发经营财务指标完成情况 …… 196
4-9　物业管理企业主要指标完成情况 …… 208
4-10　中介服务企业主要指标完成情况 …… 216
4-11　其他房地产企业生产经营主要指标完成情况 …… 224
4-12　全省分地区房地产业个体经营户从业情况 …… 232

第5篇　其他服务业生产经营及财务状况

5-1　按行业(中类)分组的其他服务业企业财务状况 …… 234
5-2　按登记注册类型分组的其他服务业企业财务状况 …… 246
5-3　按行业(中类)分组的国有控股其他服务业企业财务状况 …… 250
5-4　按控股情况分组的其他服务业企业财务状况 …… 256
5-5　按地区分组的其他服务业企业财务状况 …… 258
5-6　按地区分组的国有控股其他服务业企业财务状况 …… 259
5-7　个体经营户其他服务业按行业、地区分组的经营情况综合表 …… 260

第6篇　行政事业单位财务状况

6-1　按行业(中类)分组的行政事业单位财务状况 …… 262
6-2　按登记注册类型分组的行政事业单位财务状况 …… 282
6-3　按行业(中类)分组的社团及其他单位财务状况 …… 286
6-4　按登记注册类型分组的社团及其他单位财务状况 …… 306
6-5　按地区分组的行政事业单位财务状况 …… 310

附　录

主要指标解释 …… 315

第 1 篇

交通运输、仓储和邮政业生产经营及财务状况

1-1　分行业交通运输、仓储和邮政企业资产负债

单位：万元

行　业	固定资产原　价	本年折旧	资产总计	负债合计	所有者权益合计
总　计	**55052616**	**3556385**	**75407551**	**41945204**	**33462347**
铁路运输业	6676388	233877	7693597	5083061	2610536
道路运输业	17399148	1265028	21125754	12432664	8693090
公路旅客运输	2169298	317688	2392285	1297728	1094557
道路货物运输	2221132	256444	3104138	1435186	1668952
道路运输辅助活动	13008718	690897	15629331	9699750	5929581
城市公共交通业	6121223	362776	8691070	3607663	5083407
公共电汽车客运	1284962	150475	1278464	756401	522062
轨道交通	4080302	96490	6151333	2012166	4139167
出租车客运	720046	112005	1191714	792452	399262
城市轮渡	20309	1645	19732	10046	9686
其他城市公共交通	15604	2161	49827	36598	13230
水上运输业	9566109	674876	15121869	5459868	9662001
水上旅客运输	558044	58448	808309	376948	431361
水上货物运输	3243423	242771	5801436	1365310	4436126
水上运输辅助活动	5764641	373658	8512124	3717609	4794515
航空运输业	10370943	576939	12377210	9961197	2416013
航空客货运输	9423305	492531	11350240	9713849	1636391
通用航空服务	195020	44982	148240	3158	145082
航空运输辅助活动	752618	39426	878730	244190	634540
管道运输业	313641	20071	235249	9245	226004
管道运输业	313641	20071	235249	9245	226004
装卸搬运和其他运输服务业	1341928	156151	3996852	2035507	1961344
装卸搬运	504893	63425	797614	448741	348873
运输代理服务	837035	92725	3199237	1586766	1612471
仓储业	1999299	152627	4793383	2888671	1904712
谷物、棉花等农产品仓储	359524	29799	949355	678121	271234
其他仓储	1639775	122828	3844029	2210550	1633479
邮政业	1263938	114041	1372567	467328	905240
国家邮政	1171929	98980	1105207	292451	812757
其他寄递服务	92008	15060	267360	174877	92483

1-2 分行业交通运输、仓储和邮政企业实收资本

单位：万元

行业	合计	国家资本	集体资本	法人资本	个人资本	港澳台资本	外商资本
总计	**19659300**	**8652368**	**621322**	**5150926**	**1967786**	**2383522**	**883375**
铁路运输业	1627225	1555705		65981		5538	
道路运输业	4922646	960419	224056	2145136	801662	534306	257067
公路旅客运输	603004	156097	79025	178202	136067	46095	7520
道路货物运输	1386413	221510	30908	415932	506853	166061	45149
道路运输辅助活动	2933229	582813	114124	1551001	158742	322150	204398
城市公共交通业	3353013	2944209	27926	180548	123669	76477	184
公共电汽车客运	359051	153942	5276	107523	25424	66886	
轨道交通	2747681	2746128		50	334	1169	
出租车客运	229958	41547	21389	66975	95653	4210	184
城市轮渡	3109	531	1261			1317	
其他城市公共交通	13213	2060		6000	2258	2895	
水上运输业	4395061	1209073	220767	1524965	192428	1058349	189479
水上旅客运输	156110	54416	38092	34546	10773	17785	500
水上货物运输	1235116	431788	24249	621211	111375	24563	21931
水上运输辅助活动	3003834	722869	158427	869208	70280	1016002	167048
航空运输业	1746901	1216686	67481	237633	7945	201004	16152
航空客货运输	1527884	1041347	67481	219620	5385	180404	13647
通用航空服务	53401	51460		713	1228		
航空运输辅助活动	165616	123879		17300	1332	20600	2505
管道运输业	89765			8606			81159
管道运输业	89765			8606			81159
装卸搬运和其他运输服务业	1676523	151523	27828	553075	674502	204411	65186
装卸搬运	267332	76108	12238	66010	29727	47575	35675
运输代理服务	1409191	75414	15590	487065	644775	156836	29511
仓储业	1489755	309818	52858	423194	147512	283126	273246
谷物、棉花等农产品仓储	213915	108998	5542	34176	11019	9082	45097
其他仓储	1275840	200820	47316	389018	136493	274044	228149
邮政业	358412	304935	405	11790	20068	20311	903
国家邮政	302279	301584		510	185		
其他寄递服务	56133	3351	405	11280	19883	20311	903

1-3　分行业交通运输、仓储和邮政企业营业状况

单位：万元

行　业	营业收入合　计	主营业务收　入	主营业务成　本	主营业务税金及附加	费用合计	营业利润	职工工资和福利费	从业人员年平均人数（人）
总　计	**33142704**	**32471318**	**23350395**	**954256**	**4867137**	**3807779**	**4442222**	**937463**
铁路运输业	2066826	1753463	1517565	68055	362192	119681	465729	42949
道路运输业	8082922	8008555	4804805	259115	1388709	1667241	1028059	284878
公路旅客运输	1753709	1724360	1153755	57121	288785	242842	295057	84393
道路货物运输	3813919	3788691	2633440	120585	570825	479969	506211	144894
道路运输辅助活动	2515294	2495504	1017610	81409	529099	944431	226791	55591
城市公共交通业	2313713	2278926	1713640	76732	522373	-1983	711413	185403
公共电汽车客运	1123290	1099647	967606	37834	148014	-34988	336277	89112
轨道交通	217960	215736	169687	8124	77437	-33983	42068	12937
出租车客运	905359	899237	512387	28744	283790	80644	312276	76443
城市轮渡	10919	10919	1031	338	8857	677	3118	579
其他城市公共交通	56185	53387	62929	1693	4275	-14333	17674	6332
水上运输业	6352337	6286897	3582768	187753	641022	2008212	668602	114996
水上旅客运输	439458	438906	320442	12609	64559	40999	44094	9025
水上货物运输	3641377	3633036	2139944	108042	260396	1188209	349286	54253
水上运输辅助活动	2271502	2214954	1122382	67102	316067	779005	275221	51718
航空运输业	6595612	6518058	6097020	162712	650403	-544028	713569	65508
航空客货运输	6185782	6108760	5846140	147790	590197	-626025	630641	57211
通用航空服务	73336	73336	52712	2189	5191	13245	11286	724
航空运输辅助活动	336494	335962	198167	12733	55016	68753	71642	7573
管道运输业	68348	68269	31664	2455	4336	30381	1473	254
管道运输业	68348	68269	31664	2455	4336	30381	1473	254
装卸搬运和其他运输服务业	4430600	4386439	3243452	134306	668866	357689	398734	119163
装卸搬运	418509	388071	223820	12243	70328	82585	70175	23717
运输代理服务	4012091	3998368	3019632	122062	598538	275103	328559	95446
仓储业	2131752	2108206	1536306	41978	345056	204646	155286	40117
谷物、棉花等农产品仓储	715447	708797	594369	4914	69403	46372	15363	4805
其他仓储	1416305	1399408	941937	37064	275653	158274	139924	35312
邮政业	1100594	1062507	823176	21150	284178	-34060	299358	84195
国家邮政	869030	831917	687427	14847	189422	-29267	212762	62625
其他寄递服务	231564	230590	135749	6303	94756	-4793	86596	21570

1-4 各市交通运输、仓储和邮政企业资产负债

单位：万元

市 别	固定资产原 价	本年折旧	资产总计	负债合计	所 有 者权益合计
总 计	**55052616**	**3556385**	**75407551**	**41945204**	**33462347**
广州市	25483217	1451600	31864291	18224888	13639402
深圳市	9664395	654271	19570702	9556326	10014377
珠海市	1356823	69558	1861639	743451	1118188
汕头市	914622	55005	915130	512422	402708
佛山市	1624148	281881	1829343	1114880	714463
韶关市	307174	22774	312362	170670	141691
河源市	96313	8564	96088	57198	38890
梅州市	465650	11797	503296	338365	164932
惠州市	1439492	121477	1397949	508535	889413
汕尾市	78169	12978	72017	36329	35688
东莞市	1965063	222211	2690681	1504057	1186624
中山市	351438	28106	808070	631664	176406
江门市	653464	70344	642762	393918	248844
阳江市	327516	19689	456345	192297	264048
湛江市	1026625	101380	1705685	985209	720476
茂名市	460544	64927	378572	234910	143662
肇庆市	196782	16596	270949	152114	118835
清远市	1650110	74579	1834420	1194234	640187
潮州市	137017	21743	154919	64618	90301
揭阳市	97195	9015	273631	204555	69076
云浮市	80472	4014	75105	41504	33601
不分地区	6676388	233877	7693597	5083061	2610536

注：铁路运输业全部作为“不分地区”统计。下同。

1-5 各市交通运输、仓储和邮政企业实收资本

单位：万元

市 别	合 计	国家资本	集体资本	法人资本	个人资本	港澳台资本	外商资本
总 计	**19659300**	**8652368**	**621322**	**5150926**	**1967786**	**2383522**	**883375**
广州市	7854438	3980699	104442	2425570	549633	485947	308147
深圳市	5292839	1346015	277616	1572485	678190	1208570	209962
珠海市	982134	642318	6721	66397	107270	117933	41495
汕头市	308798	144426	13110	92942	44085	6574	7661
佛山市	509668	170238	7740	145902	64654	77511	43623
韶关市	128725	51720	11770	7187	32123	10205	15722
河源市	30850	16529	3042	3354	5438	2112	375
梅州市	72178	19040	19121	16010	9901	6633	1473
惠州市	429040	115029	8811	87002	61017	44592	112589
汕尾市	34704	7709	983	9710	14738	1565	
东莞市	734805	81904	16941	279331	171329	145306	39995
中山市	106805	12765	1450	35120	39900	10512	7058
江门市	215296	49759	18637	34210	38274	57348	17067
阳江市	104681	17004	22902	17055	7385		40336
湛江市	595940	247558	63572	77461	41126	165400	824
茂名市	77532	11658	13837	26103	25305	598	30
肇庆市	88344	17839	15988	33928	15363	1968	3257
清远市	327250	142682	6783	101494	13545	28986	33760
潮州市	70193	14471	2685	28884	21415	2739	
揭阳市	46955	5022	3849	15683	19616	2786	
云浮市	20900	2280	1322	9118	7480	700	
不分地区	1627225	1555705		65981		5538	

1-6　各市交通运输、仓储和邮政企业营业状况

单位：万元

市　别	营业收入合　　计	主营业务收　　入	主营业务成　　本	主营业务税金及附加	费用合计	营业利润	职工工资和福利费	从业人员年平均人数（人）
总　计	**33142704**	**32471318**	**23350395**	**954256**	**4867137**	**3807779**	**4442222**	**937463**
广州市	14873937	14823759	10822471	477628	2144645	1307465	2087238	336213
深圳市	8799867	8631019	6448603	207669	1178955	987159	926124	238642
珠海市	639485	620751	466652	18929	124347	24853	91141	23627
汕头市	428507	417929	311844	11895	87392	12536	53303	19204
佛山市	982618	946119	504775	22403	168153	263920	124498	37855
韶关市	300324	296997	199193	6863	30484	63801	37389	11851
河源市	75044	74376	53751	3938	13435	3528	15388	7377
梅州市	198792	197483	119577	4943	31400	43095	19213	9166
惠州市	641348	626208	361380	15194	67740	190517	70178	24081
汕尾市	54190	53751	42884	2256	8228	790	10549	5196
东莞市	963456	955702	537995	24525	190448	213606	109929	39936
中山市	346167	344642	200076	8222	61594	77630	63572	19935
江门市	441131	437750	276186	14032	55671	94217	61943	19338
阳江市	167118	166661	108206	5878	28150	25402	16428	5709
湛江市	808418	785362	474626	22404	117334	174238	130170	36782
茂名市	495358	492987	328801	13649	73381	78454	46807	15328
肇庆市	177375	174671	112445	5796	23711	33343	29229	10854
清远市	324483	317274	178188	11531	63484	65894	38004	11547
潮州市	146102	145391	120909	3476	9532	12048	21946	8890
揭阳市	159688	158491	130882	2926	15014	11481	14569	8089
云浮市	52472	50532	33387	2045	11846	4121	8876	4894
不分地区	2066826	1753463	1517565	68055	362192	119681	465729	42949

1-7　各市道路运输企业资产负债

单位：万元

市　别	固定资产原　　价	本年折旧	资产总计	负债合计	所 有 者权益合计
总　计	**17399148**	**1265028**	**21125754**	**12432664**	**8693090**
广州市	8274354	443244	8757230	5446911	3310319
深圳市	1722205	186261	4166470	2041872	2124598
珠海市	283792	28271	455800	280100	175701
汕头市	494516	29113	393346	311763	81582
佛山市	941097	128599	1048384	657123	391261
韶关市	220523	16275	213010	99736	113274
河源市	59782	6532	63604	42902	20702
梅州市	402994	8759	428452	291950	136502
惠州市	959965	86719	871572	372682	498889
汕尾市	51552	10857	39495	16273	23222
东莞市	990021	107169	1269010	638436	630574
中山市	70986	8720	404357	372867	31490
江门市	408886	36279	386962	244237	142725
阳江市	248114	12567	276231	165952	110279
湛江市	208880	34265	224238	111138	113100
茂名市	224143	29767	126933	73560	53373
肇庆市	81875	7722	81592	34539	47053
清远市	1598459	69272	1764375	1153601	610774
潮州市	69775	7017	64960	33541	31418
揭阳市	41670	5558	52998	20776	32223
云浮市	45561	2063	36736	22705	14032

1-8 各市道路运输企业实收资本

单位：万元

市　别	合　计	国家资本	集体资本	法人资本	个人资本	港澳台资本	外商资本
总　计	**4922646**	**960419**	**224056**	**2145136**	**801662**	**534306**	**257067**
广州市	1788817	149079	46069	1192433	147928	149330	103977
深圳市	1276465	222631	58776	537066	264227	154781	38984
珠海市	136032	47311	1095	11410	63563	7743	4908
汕头市	60924	30274	2010	5608	14999	1276	6758
佛山市	278753	134410	3252	72400	22136	26619	19937
韶关市	102296	43351	9750	6474	19765	8636	14320
河源市	19285	6420	2897	2965	4516	2112	375
梅州市	55128	8834	18628	12517	7043	6633	1473
惠州市	198300	83368	2576	51362	25902	17354	17738
汕尾市	21617	3664	390	4154	11845	1565	
东莞市	271045	4130	4318	94015	94823	73334	424
中山市	18083	1150	1100	4401	10805	629	
江门市	143013	41084	12987	6789	25665	45334	11154
阳江市	32946	5055	22685	2023	3183		
湛江市	88202	30376	16201	11807	27466	2038	315
茂名市	38555	4818	12330	6208	15003	197	
肇庆市	36057	2921	2244	16530	9272	1968	3122
清远市	298440	131907	4147	93263	6774	28767	33582
潮州市	23525	6555	927	2783	10522	2739	
揭阳市	23964	2681	1001	5384	12347	2551	
云浮市	11201	400	676	5546	3880	700	

1-9 各市道路运输企业营业状况

单位：万元

市　别	营业收入合　计	主营业务收　入	主营业务成　本	主营业务税金及附加	费用合计	营业利润	职工工资和福利费	从业人员年平均人数（人）
总　计	**8082922**	**8008555**	**4804805**	**259115**	**1388709**	**1667241**	**1028059**	**284878**
广州市	2897042	2889835	1644402	105204	550405	604668	427680	86955
深圳市	1872244	1837366	1285523	50684	345644	225562	210839	64030
珠海市	163241	160537	126304	5082	31884	-1138	25940	6523
汕头市	141127	139374	93872	3699	34914	9407	15446	6783
佛山市	413743	412038	190642	11005	74457	138190	42961	12519
韶关市	223502	222064	146293	4909	17004	55433	23619	6540
河源市	53279	53244	37226	3653	7150	4794	10589	5179
梅州市	170067	169015	95650	4604	23691	45621	12487	5611
惠州市	355743	346497	197705	9616	33995	112381	30026	10553
汕尾市	38747	38470	31540	1875	4298	960	5771	2697
东莞市	356535	354133	152647	11732	59234	136912	35488	13034
中山市	151850	151545	61881	3188	27423	59406	18379	7637
江门市	182553	182115	99041	6296	25133	51718	26087	8111
阳江市	77731	77377	41413	3379	18053	15055	7360	2517
湛江市	296579	293743	188824	9611	23280	72868	38913	12545
茂名市	190884	189525	109037	7129	33762	40225	31440	9489
肇庆市	74000	73714	46887	2862	8937	13533	10995	4632
清远市	284405	279778	153810	9999	55310	62497	29304	7362
潮州市	65908	65855	54137	1662	2855	7229	15437	5838
揭阳市	50846	50742	33884	2040	4721	11360	6303	3518
云浮市	22896	21590	14088	887	6561	562	2994	2805

1-10　各市城市公共交通企业资产负债

单位：万元

市　别	固定资产原　价	本年折旧	资产总计	负债合计	所有者权益合计
总　计	**6121223**	**362776**	**8691070**	**3607663**	**5083407**
广州市	4050481	187285	4680726	1873075	2807651
深圳市	1461479	92195	3437220	1416259	2020962
珠海市	103697	7264	97312	32261	65050
汕头市	17680	3098	12658	2238	10421
佛山市	72810	15312	93804	51982	41822
韶关市	18794	2018	17257	7094	10163
河源市	2665	304	2796	2008	788
梅州市	4397	309	4912	1851	3061
惠州市	31320	3094	25217	14721	10495
汕尾市	6527	884	6462	2497	3965
东莞市	142676	25506	127506	86946	40561
中山市	79385	8683	75088	58467	16621
江门市	42688	4500	21620	9362	12258
阳江市	16902	1643	12054	4021	8033
湛江市	14266	4245	23222	14087	9135
茂名市	17736	2308	7755	4074	3681
肇庆市	17279	1294	21791	14673	7118
清远市	6529	932	7707	3503	4204
潮州市	5730	841	6228	3287	2941
揭阳市	6736	737	7714	4105	3609
云浮市	1446	326	2022	1153	869

1-11　各市城市公共交通企业实收资本

单位：万元

市　别	合　计	国家资本	集体资本	法人资本	个人资本	港澳台资本	外商资本
总　计	**3353013**	**2944209**	**27926**	**180548**	**123669**	**76477**	**184**
广州市	2684861	2532906	15277	63083	40195	33401	
深圳市	515239	371476	2200	73393	31947	36224	
珠海市	22021	15774	3	5005	1238		
汕头市	7868	3196	50	1766	488	2368	
佛山市	8992		75	2880	3507	2530	
韶关市	10457	3680		296	5300	1169	12
河源市	751			307	445		
梅州市	2156		200	776	1180		
惠州市	11495	4213		2622	4660		
汕尾市	3939		553	2476	910		
东莞市	36270	2040	3831	12403	17796	200	
中山市	5492	3757	51	350	1334		
江门市	11668	2303	1335	3467	4067	497	
阳江市	6322	865	27	3520	1910		
湛江市	5892	1069	1258	2812	753		
茂名市	1974		443	468	1063		
肇庆市	4953	2675		990	1288		
清远市	4891		320	2280	2030	89	172
潮州市	2425	205	1105	849	267		
揭阳市	4626	50	1200	665	2711		
云浮市	720			140	580		

1-12 各市城市公共交通企业营业状况

单位：万元

市 别	营业收入合计	主营业务收入	主营业务成本	主营业务税金及附加	费用合计	营业利润	职工工资和福利费	从业人员年平均人数(人)
总 计	**2313713**	**2278926**	**1713640**	**76732**	**522373**	**-1983**	**711413**	**185403**
广州市	1302407	1290415	875138	44268	334224	50562	409297	83038
深圳市	502754	485864	485776	14897	107253	-111492	177243	56730
珠海市	65666	65525	56938	2252	11415	-4695	10715	5161
汕头市	12819	12718	7648	325	4192	647	2934	1378
佛山市	60210	57544	38883	1025	5959	14286	14293	5326
韶关市	12461	12379	9265	455	1772	953	3310	1326
河源市	2131	2131	955	175	962	39	616	381
梅州市	5501	5501	4180	104	671	629	853	769
惠州市	39307	38443	30787	1047	3853	3072	13229	3654
汕尾市	6091	6091	4592	221	375	904	2143	1003
东莞市	125165	124262	86526	3439	26520	10596	34545	12545
中山市	41673	41660	32440	1461	7956	112	17745	4235
江门市	46271	45910	24936	3472	4640	13164	9090	2772
阳江市	20083	20083	11981	989	1954	5269	2060	760
湛江市	22619	22482	15507	953	2004	4099	3883	2010
茂名市	15596	15316	9203	591	2428	3164	1954	759
肇庆市	9213	8918	2810	238	2303	3792	1770	714
清远市	9084	9050	5203	259	1921	1694	2116	1034
潮州市	8072	8072	6408	341	596	727	1680	1028
揭阳市	5468	5468	3623	174	1209	462	1583	594
云浮市	1123	1093	842	49	168	36	356	186

1-13 各市水上运输企业资产负债

单位：万元

市 别	固定资产原价	本年折旧	资产总计	负债合计	所有者权益合计
总 计	**9566109**	**674876**	**15121869**	**5459868**	**9662001**
广州市	3944020	253913	6525057	1766129	4758928
深圳市	3053781	140027	5190004	2174633	3015371
珠海市	299703	12118	427966	23099	404867
汕头市	297853	14963	355044	128175	226868
佛山市	311869	92217	319129	217227	101902
韶关市	2021	395	8204	6742	1462
河源市	1724	21	1915	828	1086
梅州市	6663	121	4640	-303	4943
惠州市	54796	4500	97086	38902	58184
汕尾市	986	29	1618	4	1614
东莞市	499004	57555	568148	377337	190811
中山市	112205	4489	136117	78474	57643
江门市	67333	9046	95026	53135	41892
阳江市	30267	3104	137178	11736	125441
湛江市	690506	54565	1010715	442653	568062
茂名市	74355	14685	83828	65673	18155
肇庆市	34748	3868	47924	25722	22202
清远市	29779	2477	41559	28567	12991
潮州市	37593	6377	51862	13587	38275
揭阳市	4997	259	5158	1689	3470
云浮市	11907	150	13694	5860	7834

1-14　各市水上运输企业实收资本

单位：万元

市　别	合　计	国家资本	集体资本	法人资本	个人资本	港澳台资本	外商资本
总　计	**4395061**	**1209073**	**220767**	**1524965**	**192428**	**1058349**	**189479**
广州市	1316583	466096	18325	723968	38233	26800	43161
深圳市	1673069	238511	124522	464828	46191	745023	53995
珠海市	204095	148198	3013	7000	18434	20793	6658
汕头市	176263	84802	6254	68644	15363	1200	
佛山市	99117	18433	1711	19859	10815	42656	5644
韶关市	1322		480	236	106		500
河源市	1770	1464	146		160		
梅州市	2584	1890	80	534	80		
惠州市	45934	13906	303	5691	13789	10078	2166
汕尾市	790		10	600	180		
东莞市	181647		730	96941	12655	37290	34030
中山市	36530	4828	17	21075	4609	4976	1024
江门市	31262	5074	3755	12216	2067	6191	1959
阳江市	51152			9690	1127		40336
湛江市	483825	211690	44879	57456	6488	163312	
茂名市	7834	2559	274	1663	3338		
肇庆市	23896	7430	13184	1520	1761		
清远市	11743	358	1729	5615	4004	30	7
潮州市	36194	1797	428	24475	9495		
揭阳市	2574	609	470	330	1165		
云浮市	6880	1429	459	2624	2368		

1-15　各市水上运输企业营业状况

单位：万元

市　别	营业收入合　计	主营业务收　入	主营业务成　本	主营业务税金及附加	费用合计	营业利润	职工工资和福利费	从业人员年平均人数（人）
总　计	**6352337**	**6286897**	**3582768**	**187753**	**641022**	**2008212**	**668602**	**114996**
广州市	3308845	3287540	1990024	104249	319331	941490	396951	51863
深圳市	1668379	1657290	833342	46624	75203	755181	101689	14034
珠海市	133738	133646	71384	4044	18342	42778	15023	3291
汕头市	75115	68093	45306	2231	16629	6241	12204	4711
佛山市	214661	214245	118305	4721	35097	62288	24326	6083
韶关市	4540	4540	3264	292	276	709	1081	572
河源市	530	530	175	24	213	117	223	113
梅州市	318	318	226	22	212	-44	130	259
惠州市	117744	114074	60262	1155	5197	46791	10914	4474
汕尾市	858	828	589	15	185	96	61	21
东莞市	139916	139151	58537	4629	51534	22926	10646	2129
中山市	61670	61503	41959	1426	9509	9776	9177	1983
江门市	48893	48840	24747	2371	9224	12562	6445	2346
阳江市	10530	10526	7366	335	2032	746	1261	495
湛江市	392568	373807	217525	8850	71176	78509	65257	16423
茂名市	68873	68873	34909	3160	17829	12974	2585	979
肇庆市	46161	46145	30534	1283	3642	10717	6062	2750
清远市	14191	12219	7622	960	2136	913	1930	1302
潮州市	33810	33810	29096	1067	1143	2505	957	427
揭阳市	3315	3315	2277	78	664	320	470	401
云浮市	7684	7606	5319	219	1447	619	1210	340

1-16 各市装卸搬运和其他运输服务企业资产负债

单位：万元

市别	固定资产原价	本年折旧	资产总计	负债合计	所有者权益合计
总计	**1341928**	**156151**	**3996852**	**2035507**	**1961344**
广州市	577428	52668	1690606	942074	748532
深圳市	382325	43981	1514714	691597	823117
珠海市	58818	3020	242457	119158	123299
汕头市	12745	1400	35229	16823	18406
佛山市	102269	25953	135932	79706	56226
韶关市	7267	1361	11956	4120	7836
河源市	259	3	364	10	354
梅州市	1261	68	1657	-607	2264
惠州市	17212	3408	40348	12925	27423
汕尾市	2995	202	6111	3646	2465
东莞市	47041	8068	87821	38781	49040
中山市	14351	1646	69732	47293	22439
江门市	18532	2862	18021	10595	7426
阳江市	6314	917	8817	4623	4194
湛江市	33088	2726	44425	19486	24939
茂名市	32903	5159	38051	22407	15644
肇庆市	13022	1115	33166	15091	18075
清远市	2012	215	2423	519	1904
潮州市	3393	315	4004	2648	1355
揭阳市	5373	372	7220	2378	4842
云浮市	3319	692	3799	2235	1564

1-17 各市装卸搬运和其他运输服务企业实收资本

单位：万元

市别	合计	国家资本	集体资本	法人资本	个人资本	港澳台资本	外商资本
总计	**1676523**	**151523**	**27828**	**553075**	**674502**	**204411**	**65186**
广州市	627895	60058	8092	214801	283511	36870	24562
深圳市	705544	22704	4424	248092	284372	112153	33799
珠海市	113323	45108	1329	5685	11855	45648	3698
汕头市	19318	1083	3055	3798	10029	1353	
佛山市	45365	10063	1260	15191	15683	3118	50
韶关市	6372	315	1540	81	3146	400	890
河源市	314				314		
梅州市	2164		213	1128	823		
惠州市	28981	3050	1494	12696	10892		849
汕尾市	2491	728	30	480	1253		
东莞市	45425	90	2183	20079	20719	1951	403
中山市	20414	30	218	6179	11259	1824	904
江门市	6085	764	326	1579	2772	645	
阳江市	3729	1500	190	902	1137		
湛江市	12844	2653	100	5076	4966	50	
茂名市	10140	2567	785	735	5622	401	30
肇庆市	16606	286	560	14828	932		
清远市	1864	512	583	302	467		
潮州市	1448		225	509	714		
揭阳市	4677	12	1121	160	3384		
云浮市	1524		100	772	652		

1-18　各市装卸搬运和其他运输服务企业营业状况

单位：万元

市　别	营业收入合　计	主营业务收　入	主营业务成　本	主营业务税金及附加	费用合计	营业利润	职工工资和福利费	从业人员年平均人数（人）
总　计	**4430600**	**4386439**	**3243452**	**134306**	**668866**	**357689**	**398734**	**119163**
广州市	1860658	1857421	1252455	84050	311670	212653	176875	42519
深圳市	1950647	1942059	1630133	34205	249700	40016	143903	46206
珠海市	93277	92399	68465	1754	18834	4294	9460	3168
汕头市	36874	36873	27169	735	5785	3254	4487	2213
佛山市	152425	122377	65377	2358	24721	30018	19562	5487
韶关市	26504	26502	19723	550	1342	4889	2806	1557
河源市	358	358	294	4	56	4	54	42
梅州市	3315	3314	2317	85	74	929	258	144
惠州市	15946	15894	10220	360	3545	1845	2418	1001
汕尾市	1059	1059	661	52	340	1	222	376
东莞市	56132	55296	27832	1649	17558	9139	7774	3526
中山市	49577	49558	36773	1087	6350	5400	9091	4350
江门市	36039	35935	25982	661	3479	5931	4294	1309
阳江市	16808	16808	10070	924	1733	4082	1247	473
湛江市	48156	48000	17126	2224	9321	19514	6056	1780
茂名市	40322	40311	20795	1608	9472	8437	4609	2030
肇庆市	13259	13074	7708	636	2464	2236	1807	688
清远市	2108	2088	1199	88	362	434	571	283
潮州市	4454	4448	3650	109	349	347	887	364
揭阳市	12853	12843	10855	391	931	710	1548	1274
云浮市	9831	9826	4652	778	782	3555	806	373

1-19　各市仓储企业资产负债

单位：万元

市　别	固定资产原　价	本年折旧	资产总计	负债合计	所有者权益合计
总　计	**1999299**	**152627**	**4793383**	**2888671**	**1904712**
广州市	475835	35853	1038449	521577	516872
深圳市	649266	39923	2048316	1357126	691190
珠海市	129805	8845	253526	89411	164115
汕头市	15605	2694	34636	18469	16167
佛山市	139891	14816	188516	106882	81634
韶关市	37207	1365	49425	40478	8947
河源市	16940	573	16920	7600	9321
梅州市	11500	547	38087	27494	10593
惠州市	81952	7474	117422	51298	66123
汕尾市	3392	181	7663	3458	4205
东莞市	244177	19922	596487	363941	232546
中山市	42667	2524	93343	66353	26990
江门市	64799	11942	79927	54475	25452
阳江市	8544	320	10547	4113	6434
湛江市	13968	1547	33928	28966	4962
茂名市	23571	2183	81574	67167	14407
肇庆市	22029	731	58401	49946	8456
清远市	394	43	514	260	254
潮州市	4433	580	13716	10386	3330
揭阳市	11083	492	21388	10680	10708
云浮市	2243	72	10600	8591	2009

1-20 各市仓储企业实收资本

单位：万元

市别	合计	国家资本	集体资本	法人资本	个人资本	港澳台资本	外商资本
总计	**1489755**	**309818**	**52858**	**423194**	**147512**	**283126**	**273246**
广州市	372734	47058	16678	81151	36062	57852	133932
深圳市	533775	77240	20728	182798	38216	145245	69547
珠海市	127968	45684	630	20566	10908	23949	26231
汕头市	12214	7548	1521	1058	1710	377	
佛山市	73931	7333	1443	35266	11898		17992
韶关市	8269	4374		100	3795		
河源市	8400	8318		82			
梅州市	5180	3580		1036	565		
惠州市	59389	10492	4439	13848	4758	15175	10677
汕尾市	5717	3317		2000	400		
东莞市	196145	75644	5834	55387	21611	32531	5138
中山市	25503	3000	65	2975	11252	3081	5130
江门市	21889	203	235	9359	3455	4682	3954
阳江市	4752	4594		150	8		
湛江市	4901	1665	1135	230	1361		509
茂名市	10299	1714	5	8424	156		
肇庆市	5702	4527		50	990		135
清远市	254	50		35	169		
潮州市	3046	2847			199		
揭阳市	9174	238	57	8644		235	
云浮市	515	391	88	36			

1-21 各市仓储企业营业状况

单位：万元

市别	营业收入合计	主营业务收入	主营业务成本	主营业务税金及附加	费用合计	营业利润	职工工资和福利费	从业人员年平均人数（人）
总计	**2131752**	**2108206**	**1536306**	**41978**	**345056**	**204646**	**155286**	**40117**
广州市	435150	434076	253339	15068	98945	69451	42790	10655
深圳市	882086	868439	661086	15937	139853	60399	71419	15842
珠海市	58857	58035	33367	2596	15113	7636	7134	1533
汕头市	15079	14772	9634	475	2973	1604	1260	782
佛山市	81064	81041	48868	2226	14110	16400	9080	2822
韶关市	18096	16562	10221	501	5630	1672	713	361
河源市	8561	7979	7076	11	1814	-275	425	237
梅州市	4524	4524	4434	12	1753	-1186	337	195
惠州市	37232	36920	17762	1066	10635	7793	4019	1003
汕尾市	1377	1377	837	43	395	102	215	111
东莞市	205830	203923	155440	1958	27072	20920	8760	2976
中山市	11458	11355	5307	483	5118	526	2119	640
江门市	88157	86784	69575	659	6363	11027	2663	1103
阳江市	27148	27148	24887	131	1448	682	452	139
湛江市	13984	13808	9232	479	2453	1907	1323	584
茂名市	137664	137558	128667	67	4297	4513	644	211
肇庆市	11149	9986	7754	115	2212	1067	653	209
清远市	220	220	115	27	34	44	70	59
潮州市	20617	20617	18967	34	1212	404	231	127
揭阳市	72368	72240	69110	83	3226	-46	827	480
云浮市	1133	843	629	7	400	6	153	48

1-22　各市邮政企业资产负债

单位：万元

市　别	固定资产原　价	本年折旧	资产总计	负债合计	所 有 者权益合计
总　计	**1263938**	**114041**	**1372567**	**467328**	**905240**
广州市	471621	41770	203101	-179042	382142
深圳市	220412	21357	399631	172611	227021
珠海市	36661	3044	25664	3021	22642
汕头市	51132	2730	26234	2725	23509
佛山市	56038	4947	43190	1892	41297
韶关市	21360	1360	12511	12501	10
河源市	14943	1131	10489	3850	6639
梅州市	28184	1560	20185	10486	9699
惠州市	39694	2730	31514	7901	23614
汕尾市	12633	824	10499	10449	50
东莞市	42096	3980	41353	-1523	42875
中山市	31845	2044	29253	8209	21045
江门市	51049	5689	40848	22234	18615
阳江市	16390	1120	10868	1752	9116
湛江市	41291	3039	351951	351839	112
茂名市	28659	4292	17864	941	16922
肇庆市	27829	1867	28075	12144	15931
清远市	12937	1640	17843	7784	10059
潮州市	16093	6614	14150	1168	12982
揭阳市	27136	1594	29153	15427	13726
云浮市	15936	710	8194	961	7234

1-23　各市邮政企业实收资本

单位：万元

市　别	合计	国家资本	集体资本	法人资本	个人资本	港澳台资本	外商资本
总　计	**358412**	**304935**	**405**	**11790**	**20068**	**20311**	**903**
广州市	279395	271754		143	2707	4791	
深圳市	28714	1591	180	7792	8307	10845	
珠海市	7953	6300		531	1122		
汕头市	2863	555	220	868	316		903
佛山市	3290			85	617	2588	
韶关市	10				10		
河源市	330	327			3		
梅州市	4966	4736		20	210		
惠州市	3583			583	1015	1985	
汕尾市	50				50		
东莞市	4080			500	3580		
中山市	604			140	462	2	
江门市	929	330		550	49		
阳江市	5229	4989		220	20		
湛江市	110			80	30		
茂名市	124				124		
肇庆市	1130			10	1120		
清远市	10059	9854	5		100	100	
潮州市	3553	3067		268	218		
揭阳市	1441	1432			9		
云浮市							

1-24 各市邮政企业营业状况

单位：万元

市别	营业收入合计	主营业务收入	主营业务成本	主营业务税金及附加	费用合计	营业利润	职工工资和福利费	从业人员年平均人数(人)
总计	**1100594**	**1062507**	**823176**	**21150**	**284178**	**-34060**	**299358**	**84195**
广州市	321033	315670	265281	8852	101910	-50709	88622	20303
深圳市	291747	284294	200022	5237	73935	10468	80610	20644
珠海市	45810	32795	27246	713	13036	-290	7485	2384
汕头市	21025	19801	17359	436	7098	-4355	7713	2251
佛山市	60265	58624	42566	1057	13725	2719	14221	5596
韶关市	15222	14951	10427	157	4461	147	5860	1495
河源市	10185	10134	8025	71	3240	-1152	3481	1425
梅州市	14806	14552	10788	105	4915	-1036	4411	2025
惠州市	27043	26126	23010	381	6366	-2837	8175	3219
汕尾市	5947	5816	4610	49	2595	-1315	2111	972
东莞市	79475	78534	56860	1101	8373	13032	12616	5683
中山市	29931	29015	21709	576	5237	2411	7054	1086
江门市	38914	37863	31883	565	6563	-187	13253	3644
阳江市	13932	13832	12099	115	2893	-886	4016	1310
湛江市	27329	26338	20996	139	7187	-2353	12623	3081
茂名市	22006	21391	16158	207	5019	620	5359	1772
肇庆市	23593	22833	16753	662	4153	1998	7943	1861
清远市	14476	13920	10240	200	3720	310	4013	1507
潮州市	13241	12590	8651	264	3377	836	2754	1106
揭阳市	14839	13883	10636	158	3913	-824	3709	1714
云浮市	9776	9545	7856	105	2461	-657	3329	1117

1-25 各市国有交通运输、仓储和邮政企业资产负债

单位：万元

市别	固定资产原价	本年折旧	资产总计	负债合计	所有者权益合计
总计	**22678718**	**1221827**	**30439854**	**14992839**	**15447015**
广州市	8906434	472114	12284141	4730614	7553527
深圳市	2346418	164284	4931072	1765805	3165267
珠海市	782196	26070	801882	265944	535938
汕头市	653855	35092	583004	381415	201589
佛山市	146632	28517	290885	202316	88569
韶关市	100566	6764	79784	33266	46518
河源市	74705	6411	70300	47031	23269
梅州市	91053	5434	104017	66864	37153
惠州市	376493	36070	456232	268720	187512
汕尾市	49321	10092	40797	28417	12380
东莞市	335793	26894	405210	175963	229247
中山市	101155	9220	417121	375973	41148
江门市	266784	23372	108875	70665	38210
阳江市	33780	2562	35908	6655	29253
湛江市	193104	30734	518605	454974	63632
茂名市	166509	22811	175921	120191	55730
肇庆市	107612	6645	132805	86297	46508
清远市	1155443	60326	1028085	616809	411276
潮州市	35873	8332	49570	22640	26930
揭阳市	53244	5370	207273	176344	30929
云浮市	25359	838	24772	12876	11896
不分地区	6676388	233877	7693597	5083061	2610536

注：1.本表统计范围为国有企业、国有独资企业和国有联营企业；
2.铁路运输业全部视为国有企业,并列入"不分地区"统计。下同。

1-26　各市国有交通运输、仓储和邮政企业实收资本

单位：万元

市　别	合计	国家资本	集体资本	法人资本	个人资本	港澳台资本	外商资本
总　计	**8301279**	**7000328**	**30437**	**1221879**	**22573**	**25817**	**245**
广州市	4307864	3382552	5612	907005	6994	5688	14
深圳市	1076028	968598	12599	92634	2130		68
珠海市	492907	491445		1305			157
汕头市	127210	124675	115	2230	190		
佛山市	54688	34485	260	5161	190	14592	
韶关市	34801	33040		51	1710		
河源市	16654	16523		32	100		
梅州市	20005	18201		1474	330		
惠州市	76588	61251	1305	12890	1143		
汕尾市	12952	7009	100	1312	4532		
东莞市	145609	65141	90	80318	60		
中山市	9328	7828			1500		
江门市	15217	7186	340	5950	1742		
阳江市	23689	13399	40	10200	50		
湛江市	38196	27583	4460	6117	36		
茂名市	23973	9248	5217	9507			
肇庆市	22898	12713		9247	938		
清远市	146259	142633	155	3464			7
潮州市	14519	14425	94				
揭阳市	12960	4980	50	7001	929		
云浮市	1710	1710					
不分地区	1627225	1555705		65981		5538	

1-27　各市国有交通运输、仓储和邮政企业营业状况

单位：万元

市　别	营业收入合　计	主营业务收　入	主营业务成　本	主营业务税金及附加	费用合计	营业利润	职工工资和福利费	从业人员年平均人数（人）
总　计	**9622123**	**9188530**	**6740243**	**277461**	**1586637**	**1029461**	**1598040**	**288945**
广州市	4191429	4157508	2812882	134264	659862	596389	647079	106727
深圳市	1095523	1060520	841447	25610	175598	66353	158975	36666
珠海市	235133	220281	191136	7779	54428	-22253	46707	11734
汕头市	106334	96073	71427	2806	46459	-19079	26586	9787
佛山市	119239	117574	67350	2331	35375	16545	17717	6157
韶关市	92404	91310	56385	2142	10161	23612	12270	3528
河源市	57380	56747	42819	3269	10348	1025	12200	5324
梅州市	44364	43626	26371	798	9889	7612	10501	4676
惠州市	148157	146946	93474	3447	26565	24641	16803	5675
汕尾市	27532	27178	21684	1050	5154	-439	5095	2701
东莞市	306993	303842	224508	3454	27027	51535	21361	6362
中山市	108076	107161	56440	1784	9865	40276	22381	4139
江门市	131044	129293	100384	2084	14421	14071	20801	5459
阳江市	50920	50917	43817	823	6874	-306	5475	1828
湛江市	187165	183060	120679	5057	25248	32191	41970	12336
茂名市	228114	225819	179097	3282	26657	18078	18815	5909
肇庆市	67826	65397	42404	1813	11649	10835	14131	4103
清远市	211550	208095	105722	6498	51406	46764	18241	5724
潮州市	39428	38724	33052	361	5223	655	4638	2216
揭阳市	91438	90270	80391	501	8180	1662	6085	3248
云浮市	15248	14728	11212	255	4055	-390	4482	1697
不分地区	2066826	1753463	1517565	68055	362193	119681	465729	42949

1-28 各市民营交通运输、仓储和邮政企业资产负债

单位：万元

市 别	固定资产原 价	本年折旧	资产总计	负债合计	所 有 者权益合计
总 计	**4855182**	**504346**	**7859037**	**4785515**	**3073522**
广州市	1295448	120431	1652126	767311	884815
深圳市	1911822	161662	3973253	2664257	1308996
珠海市	207513	16423	340836	221465	119371
汕头市	64189	5689	96203	39139	57064
佛山市	248227	53737	274075	190485	83590
韶关市	71633	5145	90927	56820	34108
河源市	6738	929	8069	2597	5472
梅州市	34792	1305	36809	8783	28026
惠州市	82606	11456	119563	54194	65369
汕尾市	15882	2323	16217	6575	9641
东莞市	415799	59024	651592	440877	210715
中山市	58893	5830	110115	70375	39741
江门市	39344	6037	47632	22881	24751
阳江市	16254	2794	14945	4324	10621
湛江市	94425	17819	119654	52786	66868
茂名市	114626	18113	91620	63362	28258
肇庆市	40161	4661	64262	33046	31215
清远市	24244	3015	40229	26428	13802
潮州市	50247	4682	38938	25100	13838
揭阳市	31412	2280	43899	19735	24163
云浮市	30926	991	28074	14976	13099

1-29 各市民营交通运输、仓储和邮政企业实收资本

单位：万元

市 别	合 计	国家资本	集体资本	法人资本	个人资本	港澳台资本	外商资本
总 计	**2461457**	**22225**	**30048**	**874259**	**1525126**	**7468**	**2331**
广州市	660142	2270	11256	151561	492023	2609	423
深圳市	1091210	15757	9241	491892	569611	3009	1701
珠海市	103951			17382	86545		25
汕头市	49076	126	1528	7306	38909	1200	8
佛山市	66935		353	28209	38279	80	15
韶关市	30614	1974	108	4699	23801	20	12
河源市	5134			731	4403		
梅州市	11591			3827	7764		
惠州市	62409		130	24004	38220	50	5
汕尾市	9272			3798	5474		
东莞市	152529	300	3658	65805	82172	500	93
中山市	30536		114	6086	24336		
江门市	22682	50	2807	8403	11372		50
阳江市	8767	800	150	3515	4302		
湛江市	52341		170	19276	32895		
茂名市	20967		74	4778	16115		
肇庆市	28249	892	26	19517	7814		
清远市	11101		211	2113	8778		
潮州市	11410	26	25	3135	8226		
揭阳市	22306	30	100	5248	16928		
云浮市	10237		100	2976	7161		

1-30　各市民营交通运输、仓储和邮政企业营业状况

单位：万元

市　别	营业收入合计	主营业务收入	主营业务成本	主营业务税金及附加	费用合计	营业利润	职工工资和福利费	从业人员年平均人数（人）
总　计	**7443440**	**7311430**	**5235152**	**226817**	**1265367**	**616811**	**930955**	**285628**
广州市	2294087	2290625	1454959	100796	479003	260191	407092	92013
深圳市	3385584	3296637	2731321	73231	496019	16910	311345	108882
珠海市	100740	99988	81362	3093	22414	-6928	10590	4692
汕头市	116693	116577	80087	2947	15481	18103	8971	4662
佛山市	291608	261169	137676	5245	45650	73969	38239	11121
韶关市	105379	104348	74122	1935	7978	21077	6502	3305
河源市	6582	6582	4669	174	949	741	1079	604
梅州市	49697	49142	32960	1655	2177	12563	4084	2319
惠州市	136981	136900	79479	2806	12833	42044	20612	7570
汕尾市	20267	20212	16823	1018	1819	637	4234	1567
东莞市	273981	271122	127430	9724	86365	49645	34676	15182
中山市	96726	96488	50329	2919	23972	19511	13653	5738
江门市	57687	57636	33701	2674	10755	10148	8207	3570
阳江市	29629	29629	18890	1930	2409	6292	2814	1063
湛江市	173532	173483	113355	4845	16007	39944	17367	5378
茂名市	105430	105419	57868	4096	22107	21348	11375	3793
肇庆市	47900	47690	30952	1912	5564	9296	5800	2572
清远市	30520	28570	18907	1562	3177	5489	3257	1345
潮州市	50972	50966	42490	1374	1933	5175	12576	4798
揭阳市	47060	47044	35850	1812	3910	6628	5636	3155
云浮市	22387	21206	11923	1071	4847	4028	2846	2299

1-31　各市港澳台商投资交通运输、仓储和邮政企业资产负债

单位：万元

市　别	固定资产原价	本年折旧	资产总计	负债合计	所有者权益合计
总　计	**6725784**	**370541**	**8729282**	**3239935**	**5489347**
广州市	2788470	137391	2336285	258163	2078122
深圳市	2410866	107272	3979758	1798296	2181462
珠海市	96973	4533	165026	48020	117006
汕头市	60284	1629	77863	9523	68340
佛山市	93851	20363	144230	73110	71120
韶关市	32846	1445	19335	982	18353
河源市					
梅州市	10516	648	7311	1537	5774
惠州市	74298	3852	101301	39951	61350
汕尾市	1565	195	1624	43	1581
东莞市	428338	41656	838987	506631	332356
中山市	79190	3857	89599	57367	32233
江门市	77487	8987	105189	61737	43452
阳江市					
湛江市	488643	30608	780037	346831	433206
茂名市	12634	2527	14371	10897	3474
肇庆市	1836	109	2203	397	1806
清远市	59367	4266	56738	23484	33254
潮州市	6101	858	6012	2750	3262
揭阳市	2341	347	3236	120	3116
云浮市	179		179	99	80

1-32 各市港澳台商投资交通运输、仓储和邮政企业实收资本

单位：万元

市 别	合 计	国家资本	集体资本	法人资本	个人资本	港澳台资本	外商资本
总 计	**2886689**	**292884**	**19229**	**696604**	**61152**	**1792722**	**24098**
广州市	328150	9128	6489	57101	12622	239869	2941
深圳市	1496058	41941	4915	394335	5199	1038605	11063
珠海市	111326	15216		24502	567	71041	
汕头市	67664			64658		3006	
佛山市	60691	4821	200	21506	9	34155	
韶关市	18123	2016			1300	9153	5654
河源市							
梅州市	6412				230	6057	125
惠州市	42580	9332		10299	5075	17402	472
汕尾市	1565					1565	
东莞市	205250		757	61880	31270	111343	
中山市	29494	3928		11839	2317	10385	1024
江门市	65269	3057	536	10724		50952	
阳江市							
湛江市	408152	201035	2703	39035	320	164551	509
茂名市	2811	2410				401	
肇庆市	1801		128		205	1468	
清远市	35291		3501	400	1600	27481	2309
潮州市	3128			50	339	2739	
揭阳市	2845			195	100	2551	
云浮市	80			80			

1-33 各市港澳台商投资交通运输、仓储和邮政企业营业状况

单位：万元

市 别	营业收入合 计		主营业务成 本	主营业务税金及附加	费用合计	营业利润	职工工资和福利费	从业人员年平均人数(人)
		主营业务收 入						
总 计	**4242410**	**4211066**	**2311524**	**116922**	**422191**	**1386971**	**418220**	**78763**
广州市	1818299	1816748	890011	60606	127947	741997	180817	27987
深圳市	1787535	1777826	1091276	38844	171079	484249	137416	23268
珠海市	46698	44618	19347	1716	13252	11932	8836	1672
汕头市	15162	15162	12220	327	1287	1328	1591	469
佛山市	52081	51964	18056	1492	14232	18462	5575	1804
韶关市	16842	16823	11619	462	730	4007	982	397
河源市								
梅州市	2527	2527	1804	94	404	226	428	175
惠州市	61762	61735	29453	1734	4678	30766	4741	1662
汕尾市	1885	1885	1747	46	54	39	370	117
东莞市	80958	80730	39522	2352	23122	20013	11908	3147
中山市	46634	46501	29480	989	7748	8329	8963	3437
江门市	33014	32626	12133	869	8606	11098	2884	920
阳江市								
湛江市	213597	196554	115207	4687	42169	38385	40937	11338
茂名市	14485	14485	7242	624	3745	2873	656	165
肇庆市	298	298	207	34	79	-22	181	147
清远市	40806	40756	25059	1709	2191	11812	9967	1326
潮州市	5781	5781	4752	112	205	712	1385	472
揭阳市	3199	3199	1974	141	571	513	550	245
云浮市	850	850	417	85	93	256	36	15

1-34　各市外商投资交通运输、仓储和邮政企业资产负债

单位：万元

市　别	固定资产原　价	本年折旧	资产总计	负债合计	所有者权益合计
总　计	**12311727**	**778296**	**15236868**	**11714402**	**3522466**
广州市	8697867	511255	10317786	9080192	1237595
深圳市	1518152	104054	2484157	1548441	935716
珠海市	155718	8129	342741	144543	198197
汕头市	79539	3902	34469	15474	18995
佛山市	237222	33922	168999	29923	139075
韶关市	46590	1734	35857	35194	664
河源市	2246	13	2372	-427	2799
梅州市	1250	15	1261		1261
惠州市	458783	35939	415623	88334	327288
汕尾市					
东莞市	557953	56763	463542	170594	292948
中山市	17058	1042	29368	22493	6875
江门市	62534	8935	100811	62967	37844
阳江市	23764	1791	117126	2650	114476
湛江市	4219	212	1577	423	1154
茂名市	65017	7480	22824	1114	21710
肇庆市	3650	278	22679	7818	14861
清远市	379400	2778	674238	504612	169626
潮州市	211	17	420	34	387
揭阳市	204	6	220	-78	298
云浮市	350	31	800	100	700

1-35　各市外商投资交通运输、仓储和邮政企业实收资本

单位：万元

市　别	合　计	国家资本	集体资本	法人资本	个人资本	港澳台资本	外商资本
总　计	**2842733**	**603167**	**43293**	**829924**	**73558**	**439402**	**853389**
广州市	1451328	451044	3944	449127	4780	237674	304759
深圳市	546072	33716	24200	208594	35090	49609	194862
珠海市	162290	62152		11787	209	46892	41250
汕头市	10771	750				2368	7653
佛山市	100567	13871	300	14114		28674	43608
韶关市	15631	4000			543	1032	10056
河源市	2488					2112	375
梅州市	1250					576	674
惠州市	190998	21850	248	20535	9229	27025	112111
汕尾市							
东莞市	123211		4403	23205	22506	33463	39635
中山市	6696			438	100	124	6034
江门市	39964	15784	69	710		6397	17004
阳江市	40336						40336
湛江市	1148					848	300
茂名市	8833			8606		197	30
肇庆市	13586		10129		200		3257
清远市	126566			92746	901	1475	31445
潮州市							
揭阳市	298			63		235	
云浮市	700					700	

1-36 各市外商投资交通运输、仓储和邮政企业营业状况

单位：万元

市别	营业收入合计	主营业务收入	主营业务成本	主营业务税金及附加	费用合计	营业利润	职工工资和福利费	从业人员年平均人数（人）
总计	**6695678**	**6677178**	**5732324**	**169525**	**755504**	**-152322**	**736319**	**83621**
广州市	5152864	5150050	4839159	128209	510486	-505099	575276	53853
深圳市	1008588	998930	630877	25815	171677	175663	115872	19553
珠海市	116780	116780	83570	2277	19074	12513	13031	2198
汕头市	19408	19377	6176	574	1933	10724	1611	317
佛山市	69376	69373	30311	2135	9129	27884	9933	2198
韶关市	4175	4175	3925	42	898	-691	306	156
河源市	634	634	445	25	40	128	207	151
梅州市	338	338	187	17	66	68	62	43
惠州市	93578	89715	41037	3396	15330	30007	7293	1367
汕尾市								
东莞市	120845	119840	32692	3608	13255	68852	4865	1312
中山市	8817	8815	4227	243	1953	2403	696	197
江门市	54108	53043	34405	1263	5532	12339	4097	1070
阳江市	3972	3972	2855	127	508	542	223	98
湛江市	4205	4205	1552	260	404	1989	195	58
茂名市	24735	24735	12522	1069	801	10363	438	167
肇庆市	4944	4944	1925	61	936	2034	553	179
清远市	7678	7619	6234	384	3242	-2185	1595	672
潮州市	600	600	200	21	224	155	48	16
揭阳市	27	27	25	1	11	-11	6	6
云浮市	7	7			6	1	10	10

1-37 各市交通运输仓储邮政业个体经济主要指标

市别	经营户数（户）	年末从业人员（人）
总计	**389207**	**701078**
广州市	78108	108547
深圳市	3811	14793
珠海市	6003	13092
汕头市	3331	9183
佛山市	65037	185586
韶关市	22746	32183
河源市	10221	15134
梅州市	13724	24459
惠州市	13567	21262
汕尾市	9169	10336
东莞市	7031	13120
中山市	11359	16129
江门市	12800	19331
阳江市	11064	16907
湛江市	31834	54704
茂名市	29937	54538
肇庆市	18240	30314
清远市	24018	31343
潮州市	7933	12887
揭阳市	5530	10396
云浮市	3744	6834

第2篇

批发和零售业商品销售及财务状况

2-1　按登记注册类型分批发和零售业法人单位商品销售情况

单位：万元

登记注册类型	法人单位(个)	从业人数(人)	销售合计	批发额	零售额
总　计	**141359**	**1948393**	**294425057**	**240145010**	**54280047**
内资企业	**137938**	**1766996**	**263838849**	**218510825**	**45328024**
国有企业	3219	103568	33864459	31275185	2589274
集体企业	4457	65097	4859916	3482449	1377467
股份合作企业	1827	13626	1031033	700914	330119
联营企业	380	8204	2301504	1874793	426712
国有联营企业	97	3497	1453475	1202617	250858
集体联营企业	106	1389	188593	144048	44545
国有与集体联营企业	28	445	187715	152816	34899
其他联营企业	149	2873	471721	375311	96410
有限责任公司	21832	394666	78568776	64564622	14004155
国有独资公司	146	6641	3820321	3633655	186665
其他有限责任公司	21686	388025	74748456	60930967	13817489
股份有限公司	1791	79566	39263457	30379445	8884013
私营企业	101520	1076248	102235308	85076487	17158822
私营独资企业	22740	195694	12442339	9139268	3303071
私营合伙企业	3670	30945	2140866	1716984	423882
私营有限责任公司	72647	824980	85599151	72775146	12824005
私营股份有限公司	2463	24629	2052953	1445089	607864
其他企业	2912	26021	1714395	1156932	557463
港、澳、台商投资企业	**1997**	**101581**	**13390472**	**8988648**	**4401824**
合资经营企业(港或澳、台资)	217	32842	5882139	3568857	2313282
合作经营企业(港或澳、台资)	54	1822	251665	101694	149970
港、澳、台商独资经营企业	1659	65012	6931432	5217158	1714273
港、澳、台商投资股份有限公司	67	1905	325236	100938	224298
外商投资企业	**1424**	**79816**	**17195736**	**12645537**	**4550199**
中外合资经营企业	255	27425	6762627	4096515	2666112
中外合作经营企业	58	9414	1407118	848748	558370
外资企业	1052	39124	8775369	7609160	1166209
外商投资股份有限公司	59	3853	250622	91114	159508

2-2 按登记注册类型分批发业法人单位商品销售情况

单位：万元

登记注册类型	法人单位（个）	从业人数（人）	销售合计	批发额	零售额
总 计	**93602**	**1185815**	**239660136**	**234460161**	**5199975**
内资企业	**90809**	**1100651**	**218796991**	**214098434**	**4698557**
国有企业	2314	73078	31212615	30714736	497879
集体企业	2116	34884	3608261	3439708	168553
股份合作企业	728	5853	716209	694601	21608
联营企业	222	4669	1934399	1849355	85044
国有联营企业	49	1525	1260872	1197847	63025
集体联营企业	52	851	145043	140534	4510
国有与集体联营企业	19	260	135753	135663	90
其他联营企业	102	2033	392730	375311	17420
有限责任公司	14478	220090	65121157	63819847	1301311
国有独资公司	124	5060	3648353	3630063	18290
其他有限责任公司	14354	215030	61472804	60189784	1283020
股份有限公司	1164	41940	28959588	28057574	902014
私营企业	68361	707821	86051252	84370344	1680909
私营独资企业	12079	111635	9875693	9103864	771829
私营合伙企业	2053	18334	1757318	1712413	44905
私营有限责任公司	52694	563010	72963112	72132478	830634
私营股份有限公司	1535	14842	1455129	1421589	33540
其他企业	1426	12316	1193510	1152270	41240
港、澳、台商投资企业	**1661**	**51616**	**8559946**	**8441670**	**118276**
合资经营企业(港或澳、台资)	168	7085	3273136	3213119	60017
合作经营企业(港或澳、台资)	30	494	103636	101694	1942
港、澳、台商独资经营企业	1410	42962	5082165	5025918	56247
港、澳、台商投资股份有限公司	53	1075	101009	100938	71
外商投资企业	**1132**	**33548**	**12303199**	**11920057**	**383142**
中外合资经营企业	155	7681	4147580	3835100	312480
中外合作经营企业	35	3057	621922	573373	48549
外资企业	904	21797	7459050	7437069	21981
外商投资股份有限公司	38	1013	74646	74515	132

2-3　按登记注册类型分零售业法人单位商品销售情况

单位：万元

登记注册类型	法人单位(个)	从业人数(人)	销售合计	批发额	零售额
总　计	**47757**	**762578**	**54764920.8**	**5684849.2**	**49080071.6**
内资企业	**47129**	**666345**	**45041858.2**	**4412391.4**	**40629466.8**
国有企业	905	30490	2651844.1	560449.0	2091395.1
集体企业	2341	30213	1251654.8	42740.7	1208914.1
股份合作企业	1099	7773	314824.0	6313.3	308510.7
联营企业	158	3535	367105.1	25437.6	341667.5
国有联营企业	48	1972	192602.7	4770.1	187832.6
集体联营企业	54	538	43550.2	3514.5	40035.7
国有与集体联营企业	9	185	51962.0	17153.0	34809.0
其他联营企业	47	840	78990.2		78990.2
有限责任公司	7354	174576	13447619.2	744775.2	12702844.0
国有独资公司	22	1581	171967.7	3592.7	168375.0
其他有限责任公司	7332	172995	13275651.5	741182.5	12534469.0
股份有限公司	627	37626	10303869.7	2321870.5	7981999.2
私营企业	33159	368427	16184055.9	706143.0	15477912.9
私营独资企业	10661	84059	2566646.1	35404.1	2531242.0
私营合伙企业	1617	12611	383547.2	4570.6	378976.6
私营有限责任公司	19953	261970	12636038.9	642668.2	11993370.7
私营股份有限公司	928	9787	597823.7	23500.1	574323.6
其他企业	1486	13705	520885.4	4662.1	516223.3
港、澳、台商投资企业	**336**	**49965**	**4830525.5**	**546978.1**	**4283547.4**
合资经营企业(港或澳、台资)	49	25757	2609002.8	355738.0	2253264.8
合作经营企业(港或澳、台资)	24	1328	148028.3		148028.3
港、澳、台商独资经营企业	249	22050	1849267.0	191240.1	1658026.9
港、澳、台商投资股份有限公司	14	830	224227.4		224227.4
外商投资企业	**292**	**46268**	**4892537.1**	**725479.7**	**4167057.4**
中外合资经营企业	100	19744	2615046.6	261415.2	2353631.4
中外合作经营企业	23	6357	785195.6	275374.5	509821.1
外资企业	148	17327	1316319.3	172090.6	1144228.7
外商投资股份有限公司	21	2840	175975.6	16599.4	159376.2

2-4 按行业分批发和零售业法人单位商品销售情况

单位：万元

行　　业	法人单位(个)	从业人数(人)	销售合计	批发额	零售额
总　　计	**141359**	**1948393**	**294425057**	**240145010**	**54280047**
一、批发业	**93602**	**1185815**	**239660136**	**234460161**	**5199975**
农畜产品批发	1586	21955	2500247	2356519	143728
谷物、豆及薯类批发	196	3611	426065	414204	11862
种子、饲料批发	559	5642	623517	615536	7981
棉、麻批发	29	320	93167	91469	1698
牲畜批发	128	3451	161135	151945	9190
其他农畜产品批发	674	8931	1196362	1083365	112997
食品、饮料及烟草制品批发	6572	143040	19438330	18983249	455082
米、面制品及食用油批发	914	15324	1912605	1831468	81136
糕点、糖果及糖批发	368	6988	1010649	989707	20942
果品、蔬菜批发	466	11541	552244	538218	14025
肉、禽、蛋及水产品批发	1056	32625	2767123	2637958	129165
盐及调味品批发	245	6663	608822	601278	7544
饮料及茶叶批发	1612	29513	2873363	2822519	50844
烟草制品批发	195	17952	7645286	7546533	98753
其他食品批发	1716	22434	2068239	2015567	52672
纺织、服装及日用品批发	14234	175702	23716841	23156524	560317
纺织品、针织品及原料批发	3569	35941	7836993	7716808	120186
服装批发	3302	49682	6267309	6117462	149847
鞋帽批发	882	14298	1462812	1446362	16450
厨房、卫生间用具及日用杂货批发	1265	15595	2321481	2288158	33323
化妆品及卫生用品批发	1542	19827	1339640	1323290	16350
其他日用品批发	3674	40359	4488606	4264444	224163
文化、体育用品及器材批发	4234	54958	5590682	5459521	131161
文具用品批发	1337	13153	1458203	1430910	27292
体育用品批发	377	5681	667668	663297	4371
图书批发	336	6331	643369	606779	36589
报刊批发	43	2636	59474	53186	6287
音像制品及电子出版物批发	243	2978	167205	163215	3990
首饰、工艺品及收藏品批发	1043	15187	1472578	1435945	36634
其他文化用品批发	855	8992	1122186	1106188	15998
医药及医疗器材批发	3095	69351	10297429	9294345	1003084
西药批发	818	30091	6113853	5319436	794418
中药材及中成药批发	765	23612	3114129	2971706	142424
医疗用品及器材批发	1512	15648	1069447	1003204	66243
矿产品、建材及化工产品批发	22210	254020	121422951	119610248	1812704
煤炭及制品批发	505	9597	9753779	9712772	41007
石油及制品批发	1658	39784	46994125	45607620	1386505
非金属矿及制品批发	406	3861	883469	872048	11421
金属及金属矿批发	4985	52989	32464123	32375598	88525
建材批发	4852	48849	12806564	12652302	154263
化肥批发	1272	19249	2244135	2204479	39656
农药批发	286	2465	212927	209279	3648
农用薄膜批发	27	249	81881	81833	48
其他化工产品批发	8219	76977	15981948	15894317	87631
机械设备、五金交电及电子产品批发	30536	355128	40189552	39246579	942973
农业机械批发	240	3203	273422	260925	12497
汽车、摩托车及零配件批发	1741	21829	5786605	5591621	194984
五金、交电批发	5646	54760	4227231	3980623	246608
家用电器批发	2075	38494	4986011	4889976	96035
计算机、软件及辅助设备批发	2735	36974	5158449	5046299	112150
通讯及广播电视设备批发	1382	28715	5463564	5347491	116072
其他机械设备及电子产品批发	16717	171153	14294271	14129645	164626
贸易经纪与代理	4237	39876	9425944	9386419	39525
贸易经纪与代理	4237	39876	9425944	9386419	39525
其他批发	6898	71785	7078160	6966758	111402
再生物资回收与批发	2273	26494	2349886	2323730	26156
其他未列明的批发	4625	45291	4728274	4643027	85246

2-4　续表　　单位：万元

行　业	法人单位(个)	从业人数(人)	销售合计	批发额	零售额
二、零售业	**47757**	**762578**	**54764921**	**5684849**	**49080072**
综合零售	3628	200488	11081922	766015	10315908
百货零售	1562	92386	5621388	45081	5576307
超级市场零售	699	88298	4957897	695476	4262421
其他综合零售	1367	19804	502637	25457	477180
食品、饮料及烟草制品专门零售	3447	34709	1073893	31206	1042688
粮油零售	326	3280	114567	6910	107658
糕点、面包零售	326	6034	73262	1122	72140
果品、蔬菜零售	174	2230	60554	758	59796
肉、禽、蛋及水产品零售	320	4234	116122	3501	112621
饮料及茶叶零售	964	6632	190892	10299	180593
烟草制品零售	351	3548	264247	2223	262024
其他食品零售	986	8751	254249	6392	247856
纺织、服装及日用品专门零售	5242	69807	2794956	463082	2331874
纺织品及针织品零售	558	5472	131946	3465	128481
服装零售	1749	31894	1566880	276607	1290274
鞋帽零售	326	6231	204369	946	203423
钟表、眼镜零售	330	5412	191241	1520	189721
化妆品及卫生用品零售	795	7287	408499	173531	234968
其他日用品零售	1484	13511	292022	7014	285008
文化、体育用品及器材专门零售	3203	37653	1004850	46490	958361
文具用品零售	835	5810	154309	4161	150148
体育用品零售	337	2932	64883	668	64214
图书零售	365	13439	357366	27403	329964
报刊零售	48	609	14732	490	14242
音像制品及电子出版物零售	126	773	14939	12	14927
珠宝首饰零售	605	7026	212977	4415	208562
工艺美术品及收藏品零售	453	3373	86311	1279	85033
照相器材零售	83	632	18018	2449	15569
其他文化用品零售	351	3059	81316	5614	75702
医药及医疗器材专门零售	3604	54366	1528875	65887	1462988
药品零售	2902	47744	1304339	52027	1252312
医疗用品及器材零售	702	6622	224536	13860	210675
汽车、摩托车、燃料及零配件专门零售	6461	144888	28276789	3870334	24406455
汽车零售	1874	75809	13908715	1022086	12886629
汽车零配件零售	1726	12330	474654	24158	450496
摩托车及零配件零售	582	6509	278508	8321	270187
机动车燃料零售	2279	50240	13614913	2815769	10799144
家用电器及电子产品专门零售	9989	115762	5455885	329307	5126578
家用电器零售	2155	43395	3015133	88364	2926769
计算机、软件及辅助设备零售	2805	26318	884186	44513	839673
通信设备零售	1182	17900	904072	187020	717052
其他电子产品零售	3847	28149	652494	9409	643085
五金、家具及室内装修材料专门零售	7005	55029	1672696	35470	1637226
五金零售	3424	22521	631774	12163	619611
家具零售	1050	12071	389108	11729	377380
涂料零售	349	3175	92567	3949	88619
其他室内装修材料零售	2182	17262	559247	7630	551617
无店铺及其他零售	5178	49876	1875054	77059	1797995
流动货摊零售	11	54	1711	79	1632
邮购及电子销售	72	864	21780	4	21776
生活用燃料零售	591	14029	865297	62538	802760
花卉零售	160	1991	30229	562	29667
旧货零售	44	352	12100		12100
其他未列明的零售	4300	32586	943937	13877	930061

2-5 按行业分批发和零售业法人单位商品销售情况（按登记注册类型分）

单位：万元

行业	内资企业				
	法人单位(个)	从业人数(人)	销售合计	批发额	零售额
总计	**137938**	**1766996**	**263838849**	**218510825**	**45328024**
一、批发业	**90809**	**1100651**	**218796991**	**214098434**	**4698557**
农畜产品批发	1577	21778	2452525	2309111	143414
食品、饮料及烟草制品批发	6387	133280	17670973	17232813	438160
纺织、服装及日用品批发	13610	154293	20786094	20283386	502709
文化、体育用品及器材批发	4076	48038	4521900	4393228	128672
医药及医疗器材批发	3058	65965	9135445	8426500	708946
矿产品、建材及化工产品批发	21799	245462	115403785	113704712	1699072
机械设备、五金交电及电子产品批发	29413	324846	32968045	32039207	928838
贸易经纪与代理	4094	37953	9104716	9065565	39151
其他批发	6795	69036	6753508	6643912	109597
二、零售业	**47129**	**666345**	**45041858**	**4412391**	**40629467**
综合零售	3555	133281	5443552	138710	5304842
食品、饮料及烟草制品专门零售	3402	33310	1031342	30642	1000700
纺织、服装及日用品专门零售	5103	61019	1874394	91477	1782917
文化、体育用品及器材专门零售	3154	35925	922536	45085	877451
医药及医疗器材专门零售	3594	54285	1525915	65887	1460028
汽车、摩托车、燃料及零配件专门零售	6342	137294	25912580	3621341	22291240
家用电器及电子产品专门零售	9909	114300	5401315	328768	5072547
五金、家具及室内装修材料专门零售	6952	51806	1460665	30067	1430598
无店铺及其他零售	5118	45125	1469561	60416	1409145

2-5 续表 1

单位：万元

行业	国有企业				
	法人单位(个)	从业人数(人)	销售合计	批发额	零售额
总计	**3219**	**103568**	**33864459**	**31275185**	**2589274**
一、批发业	**2314**	**73078**	**31212615**	**30714736**	**497879**
农畜产品批发	165	4158	378543	364254	14289
食品、饮料及烟草制品批发	771	30091	4569880	4447509	122371
纺织、服装及日用品批发	155	4823	3118386	3107871	10515
文化、体育用品及器材批发	89	3448	507490	462976	44514
医药及医疗器材批发	128	5675	1015411	951334	64077
矿产品、建材及化工产品批发	515	14294	18541921	18328495	213426
机械设备、五金交电及电子产品批发	261	5712	1210417	1193154	17263
贸易经纪与代理	103	1985	1240983	1232803	8180
其他批发	127	2892	629584	626340	3245
二、零售业	**905**	**30490**	**2651844**	**560449**	**2091395**
综合零售	115	5077	183826	1322	182504
食品、饮料及烟草制品专门零售	199	4595	139481	9032	130449
纺织、服装及日用品专门零售	58	924	21216	613	20604
文化、体育用品及器材专门零售	98	7010	159619	16640	142979
医药及医疗器材专门零售	133	2686	76102	1612	74491
汽车、摩托车、燃料及零配件专门零售	124	7284	1974897	524426	1450472
家用电器及电子产品专门零售	32	402	7496	253	7243
五金、家具及室内装修材料专门零售	65	879	12643	404	12239
无店铺及其他零售	81	1633	76564	6149	70415

2-5　续表 2　　单位：万元

行　业	集体企业				
	法人单位(个)	从业人数(人)	销售合计	批发额	零售额
总　计	**4457**	**65097**	**4859916**	**3482449**	**1377467**
一、批发业	**2116**	**34884**	**3608261**	**3439708**	**168553**
农畜产品批发	109	1383	44333	42070	2263
食品、饮料及烟草制品批发	247	4136	210323	190733	19591
纺织、服装及日用品批发	176	2270	220222	209439	10783
文化、体育用品及器材批发	43	651	59180	56320	2860
医药及医疗器材批发	26	599	144016	135976	8041
矿产品、建材及化工产品批发	972	16616	2092646	2024715	67931
机械设备、五金交电及电子产品批发	264	3848	416843	379424	37419
贸易经纪与代理	57	718	185569	183695	1874
其他批发	222	4663	235128	217336	17792
二、零售业	**2341**	**30213**	**1251655**	**42741**	**1208914**
综合零售	583	10508	278180	23223	254957
食品、饮料及烟草制品专门零售	291	3002	71602	1064	70538
纺织、服装及日用品专门零售	338	3812	91621	2538	89083
文化、体育用品及器材专门零售	132	1146	40379	1077	39301
医药及医疗器材专门零售	93	1389	35458	357	35102
汽车、摩托车、燃料及零配件专门零售	288	4221	535015	10818	524197
家用电器及电子产品专门零售	105	1029	28154	1029	27125
五金、家具及室内装修材料专门零售	301	2583	81455	437	81018
无店铺及其他零售	210	2523	89791	2198	87594

2-5　续表 3　　单位：万元

行　业	股份合作企业				
	法人单位(个)	从业人数(人)	销售合计	批发额	零售额
总　计	**1827**	**13626**	**1031033**	**700914**	**330119**
一、批发业	**728**	**5853**	**716209**	**694601**	**21608**
农畜产品批发	13	114	18406	18353	53
食品、饮料及烟草制品批发	74	617	99485	95707	3778
纺织、服装及日用品批发	92	703	63574	61744	1830
文化、体育用品及器材批发	45	270	11944	11143	801
医药及医疗器材批发	20	479	34621	29621	5000
矿产品、建材及化工产品批发	179	1812	378768	374331	4438
机械设备、五金交电及电子产品批发	223	1408	86152	82488	3664
贸易经纪与代理	5	52	2636	1691	945
其他批发	77	398	20623	19523	1100
二、零售业	**1099**	**7773**	**314824**	**6313**	**308511**
综合零售	88	1544	48003	68	47935
食品、饮料及烟草制品专门零售	142	827	29253	209	29044
纺织、服装及日用品专门零售	180	1003	30497	187	30311
文化、体育用品及器材专门零售	137	688	19283	25	19258
医药及医疗器材专门零售	68	551	19639	95	19544
汽车、摩托车、燃料及零配件专门零售	75	838	99482	5017	94465
家用电器及电子产品专门零售	75	511	13689	347	13342
五金、家具及室内装修材料专门零售	248	1286	39717	199	39518
无店铺及其他零售	86	525	15262	167	15095

2-5 续表 4 单位：万元

行业	联营企业				
	法人单位（个）	从业人数（人）	销售合计	批发额	零售额
总计	**380**	**8204**	**2301504**	**1874793**	**426712**
一、批发业	**222**	**4669**	**1934399**	**1849355**	**85044**
农畜产品批发	10	313	12592	12542	50
食品、饮料及烟草制品批发	30	920	258685	217499	41186
纺织、服装及日用品批发	21	373	123156	122174	983
文化、体育用品及器材批发	13	262	46257	46247	10
医药及医疗器材批发	3	29	3049	3049	
矿产品、建材及化工产品批发	66	1104	1184280	1158520	25760
机械设备、五金交电及电子产品批发	54	1170	296484	280368	16116
贸易经纪与代理	12	231	2647	2647	
其他批发	13	267	7248	6309	939
二、零售业	**158**	**3535**	**367105**	**25438**	**341668**
综合零售	13	116	4151	60	4091
食品、饮料及烟草制品专门零售	5	37	2344		2344
纺织、服装及日用品专门零售	12	98	4434		4434
文化、体育用品及器材专门零售	10	57	1872		1872
医药及医疗器材专门零售	30	1368	29238		29238
汽车、摩托车、燃料及零配件专门零售	54	1407	311138	23486	287652
家用电器及电子产品专门零售	10	122	2491		2491
五金、家具及室内装修材料专门零售	8	86	1204	10	1194
无店铺及其他零售	16	244	10234	1881	8352

2-5 续表 5 单位：万元

行业	国有联营企业				
	法人单位（个）	从业人数（人）	销售合计	批发额	零售额
总计	**97**	**3497**	**1453475**	**1202617**	**250858**
一、批发业	**49**	**1525**	**1260872**	**1197847**	**63025**
农畜产品批发	4	228	7291	7291	
食品、饮料及烟草制品批发	6	592	235268	195112	40157
纺织、服装及日用品批发	4	51	30537	30537	
文化、体育用品及器材批发	3	95	1600	1600	
医药及医疗器材批发					
矿产品、建材及化工产品批发	21	414	915410	892544	22866
机械设备、五金交电及电子产品批发	8	125	70686	70684	2
贸易经纪与代理	2	16	79	79	
其他批发	1	4			
二、零售业	**48**	**1972**	**192603**	**4770**	**187833**
综合零售	3	78	3089		3089
食品、饮料及烟草制品专门零售	3	23	1560		1560
纺织、服装及日用品专门零售	3	19	321		321
文化、体育用品及器材专门零售	6	26	1372		1372
医药及医疗器材专门零售	9	1273	27662		27662
汽车、摩托车、燃料及零配件专门零售	19	491	157175	4760	152415
家用电器及电子产品专门零售	2	14	596		596
五金、家具及室内装修材料专门零售	1	30	30	10	20
无店铺及其他零售	2	18	799		799

2-5　续表 6　　单位：万元

行　业	集体联营企业				
	法人单位(个)	从业人数(人)	销售合计	批发额	零售额
总　计	**106**	**1389**	**188593**	**144048**	**44545**
一、批发业	**52**	**851**	**145043**	**140534**	**4510**
农畜产品批发	4	29	4628	4578	50
食品、饮料及烟草制品批发	6	44	1565	1033	532
纺织、服装及日用品批发	4	68	3092	2142	950
文化、体育用品及器材批发	1	1	6	6	
医药及医疗器材批发	1	13	2635	2635	
矿产品、建材及化工产品批发	19	344	113691	111687	2003
机械设备、五金交电及电子产品批发	10	59	14825	14384	442
贸易经纪与代理	1	110	160	160	
其他批发	6	183	4442	3910	533
二、零售业	**54**	**538**	**43550**	**3515**	**40036**
综合零售	6	22	973	60	913
食品、饮料及烟草制品专门零售					
纺织、服装及日用品专门零售	7	53	1325		1325
文化、体育用品及器材专门零售	3	16	158		158
医药及医疗器材专门零售	3	24	516		516
汽车、摩托车、燃料及零配件专门零售	20	235	32728	1573	31154
家用电器及电子产品专门零售	3	40	918		918
五金、家具及室内装修材料专门零售	4	32	589		589
无店铺及其他零售	8	116	6344	1881	4463

2-5　续表 7　　单位：万元

行　业	国有与集体联营企业				
	法人单位(个)	从业人数(人)	销售合计	批发额	零售额
总　计	**28**	**445**	**187715**	**152816**	**34899**
一、批发业	**19**	**260**	**135753**	**135663**	**90**
农畜产品批发					
食品、饮料及烟草制品批发	2	65	7469	7389	80
纺织、服装及日用品批发	1	1			
文化、体育用品及器材批发	2	6	210	200	10
医药及医疗器材批发					
矿产品、建材及化工产品批发	6	125	118782	118782	
机械设备、五金交电及电子产品批发	5	47	8505	8505	
贸易经纪与代理	3	16	787	787	
其他批发					
二、零售业	**9**	**185**	**51962**	**17153**	**34809**
综合零售					
食品、饮料及烟草制品专门零售	1	8	428		428
纺织、服装及日用品专门零售					
文化、体育用品及器材专门零售					
医药及医疗器材专门零售	2	5	28		28
汽车、摩托车、燃料及零配件专门零售	4	144	50580	17153	33427
家用电器及电子产品专门零售					
五金、家具及室内装修材料专门零售	1	10	434		434
无店铺及其他零售	1	18	491		491

2-5 续表 8

单位：万元

行业	其他联营企业				
	法人单位(个)	从业人数(人)	销售合计	批发额	零售额
总计	**149**	**2873**	**471721**	**375311**	**96410**
一、批发业	**102**	**2033**	**392730**	**375311**	**17420**
农畜产品批发	2	56	673	673	
食品、饮料及烟草制品批发	16	219	14384	13966	418
纺织、服装及日用品批发	12	253	89527	89495	33
文化、体育用品及器材批发	7	160	44440	44440	
医药及医疗器材批发	2	16	415	415	
矿产品、建材及化工产品批发	20	221	36398	35507	891
机械设备、五金交电及电子产品批发	31	939	202467	186795	15672
贸易经纪与代理	6	89	1620	1620	
其他批发	6	80	2806	2399	407
二、零售业	**47**	**840**	**78990**		**78990**
综合零售	4	16	90		90
食品、饮料及烟草制品专门零售	1	6	356		356
纺织、服装及日用品专门零售	2	26	2788		2788
文化、体育用品及器材专门零售	1	15	342		342
医药及医疗器材专门零售	16	66	1032		1032
汽车、摩托车、燃料及零配件专门零售	11	537	70655		70655
家用电器及电子产品专门零售	5	68	977		977
五金、家具及室内装修材料专门零售	2	14	151		151
无店铺及其他零售	5	92	2599		2599

2-5 续表 9

单位：万元

行业	有限责任公司				
	法人单位(个)	从业人数(人)	销售合计	批发额	零售额
总计	**21832**	**394666**	**78568776**	**64564622**	**14004155**
一、批发业	**14478**	**220090**	**65121157**	**63819847**	**1301311**
农畜产品批发	170	2189	420048	414605	5443
食品、饮料及烟草制品批发	983	33708	7544236	7416305	127931
纺织、服装及日用品批发	1401	23054	4338116	4284999	53117
文化、体育用品及器材批发	433	8090	947699	919726	27973
医药及医疗器材批发	583	19195	3533284	3046546	486738
矿产品、建材及化工产品批发	4946	57765	33990130	33731405	258725
机械设备、五金交电及电子产品批发	3954	54968	9801829	9495557	306272
贸易经纪与代理	697	7140	2707870	2699958	7912
其他批发	1311	13981	1837946	1810747	27199
二、零售业	**7354**	**174576**	**13447619**	**744775**	**12702844**
综合零售	495	44963	2322319	89763	2232556
食品、饮料及烟草制品专门零售	423	5016	369893	7696	362197
纺织、服装及日用品专门零售	588	11947	571760	5294	566466
文化、体育用品及器材专门零售	503	8512	261980	13910	248070
医药及医疗器材专门零售	648	19263	664222	32634	631588
汽车、摩托车、燃料及零配件专门零售	1292	35981	6164242	355830	5808411
家用电器及电子产品专门零售	1575	31293	2341839	197999	2143840
五金、家具及室内装修材料专门零售	1056	8168	268951	6185	262766
无店铺及其他零售	774	9433	482415	35465	446950

2-5　续表 10　　单位：万元

行　业	国有独资公司				
	法人单位(个)	从业人数(人)	销售合计	批发额	零售额
总　计	**146**	**6641**	**3820321**	**3633655**	**186665**
一、批发业	**124**	**5060**	**3648353**	**3630063**	**18290**
农畜产品批发	8	124	14946	13457	1488
食品、饮料及烟草制品批发	42	2176	1431726	1415685	16041
纺织、服装及日用品批发	12	475	329418	329280	138
文化、体育用品及器材批发	4	101	1452	1439	13
医药及医疗器材批发	4	217	93147	93147	
矿产品、建材及化工产品批发	30	1293	1100960	1100754	207
机械设备、五金交电及电子产品批发	13	376	474862	474457	405
贸易经纪与代理	7	231	186675	186675	
其他批发	4	67	15168	15168	
二、零售业	**22**	**1581**	**171968**	**3593**	**168375**
综合零售	3	69	979		979
食品、饮料及烟草制品专门零售	3	492	138638		138638
纺织、服装及日用品专门零售					
文化、体育用品及器材专门零售	4	850	24731	3593	21139
医药及医疗器材专门零售	2	8	93		93
汽车、摩托车、燃料及零配件专门零售	2	43	4562		4562
家用电器及电子产品专门零售	2	12	266		266
五金、家具及室内装修材料专门零售	3	28	1455		1455
无店铺及其他零售	3	79	1244		1244

2-5　续表 11　　单位：万元

行　业	其他有限责任公司				
	法人单位(个)	从业人数(人)	销售合计	批发额	零售额
总　计	**21686**	**388025**	**74748456**	**60930967**	**13817489**
一、批发业	**14354**	**215030**	**61472804**	**60189784**	**1283020**
农畜产品批发	162	2065	405102	401148	3955
食品、饮料及烟草制品批发	941	31532	6112510	6000620	111891
纺织、服装及日用品批发	1389	22579	4008698	3955719	52979
文化、体育用品及器材批发	429	7989	946247	918287	27960
医药及医疗器材批发	579	18978	3440138	2953400	486738
矿产品、建材及化工产品批发	4916	56472	32889169	32630651	258519
机械设备、五金交电及电子产品批发	3941	54592	9326967	9021100	305868
贸易经纪与代理	690	6909	2521194	2513282	7912
其他批发	1307	13914	1822778	1795579	27199
二、零售业	**7332**	**172995**	**13275652**	**741183**	**12534469**
综合零售	492	44894	2321340	89763	2231577
食品、饮料及烟草制品专门零售	420	4524	231254	7696	223559
纺织、服装及日用品专门零售	588	11947	571760	5294	566466
文化、体育用品及器材专门零售	499	7662	237249	10317	226932
医药及医疗器材专门零售	646	19255	664129	32634	631495
汽车、摩托车、燃料及零配件专门零售	1290	35938	6159680	355830	5803850
家用电器及电子产品专门零售	1573	31281	2341573	197999	2143574
五金、家具及室内装修材料专门零售	1053	8140	267497	6185	261312
无店铺及其他零售	771	9354	481171	35465	445706

2-5 续表 12

单位：万元

行 业	股份有限公司				
	法人单位(个)	从业人数(人)	销售合计	批发额	零售额
总 计	**1791**	**79566**	**39263457**	**30379445**	**8884013**
一、批发业	**1164**	**41940**	**28959588**	**28057574**	**902014**
农畜产品批发	23	449	57614	57429	185
食品、饮料及烟草制品批发	79	5320	788370	779366	9003
纺织、服装及日用品批发	138	2039	576648	571120	5528
文化、体育用品及器材批发	60	766	80085	75906	4179
医药及医疗器材批发	71	2455	552552	532599	19953
矿产品、建材及化工产品批发	330	17033	23948748	23102986	845762
机械设备、五金交电及电子产品批发	317	11927	2278811	2263675	15136
贸易经纪与代理	67	718	362307	360992	1315
其他批发	79	1233	314454	313502	952
二、零售业	**627**	**37626**	**10303870**	**2321871**	**7981999**
综合零售	35	6651	730406	12828	717578
食品、饮料及烟草制品专门零售	42	369	10940	739	10201
纺织、服装及日用品专门零售	57	473	18263		18263
文化、体育用品及器材专门零售	53	784	19710	2078	17632
医药及医疗器材专门零售	50	1064	39300	3979	35321
汽车、摩托车、燃料及零配件专门零售	130	21492	9092985	2297295	6795690
家用电器及电子产品专门零售	116	5540	349865	3594	346271
五金、家具及室内装修材料专门零售	77	559	17358	130	17228
无店铺及其他零售	67	694	25044	1229	23815

2-5 续表 13

单位：万元

行 业	私营企业				
	法人单位(个)	从业人数(人)	销售合计	批发额	零售额
总 计	**101520**	**1076248**	**102235308**	**85076487**	**17158822**
一、批发业	**68361**	**707821**	**86051252**	**84370344**	**1680909**
农畜产品批发	1055	12856	1508055	1387940	120116
食品、饮料及烟草制品批发	4074	56517	4070178	3964562	105617
纺织、服装及日用品批发	11392	119668	12248253	11831309	416944
文化、体育用品及器材批发	3336	33988	2850907	2802958	47949
医药及医疗器材批发	2178	36735	3794375	3672430	121945
矿产品、建材及化工产品批发	14439	133987	34643891	34367986	275906
机械设备、五金交电及电子产品批发	23973	242836	18702201	18183658	518542
贸易经纪与代理	3091	26686	4582883	4564258	18625
其他批发	4823	44548	3650510	3595244	55265
二、零售业	**33159**	**368427**	**16184056**	**706143**	**15477913**
综合零售	2078	61137	1812476	11053	1801423
食品、饮料及烟草制品专门零售	2186	18731	391026	11473	379553
纺织、服装及日用品专门零售	3649	41220	1100662	82246	1018416
文化、体育用品及器材专门零售	2130	16782	378470	11086	367384
医药及医疗器材专门零售	2398	26843	637216	26870	610346
汽车、摩托车、燃料及零配件专门零售	4148	63949	7501009	403879	7097130
家用电器及电子产品专门零售	7828	73990	2622698	125261	2497437
五金、家具及室内装修材料专门零售	4979	36627	996909	21441	975468
无店铺及其他零售	3763	29148	743590	12834	730756

2-5　续表 14　　单位：万元

行　业	私营独资企业				
	法人单位（个）	从业人数（人）	销售合计	批发额	零售额
总　计	**22740**	**195694**	**12442339**	**9139268**	**3303071**
一、批发业	**12079**	**111635**	**9875693**	**9103864**	**771829**
农畜产品批发	476	6673	794468	684557	109911
食品、饮料及烟草制品批发	799	10955	483329	444724	38605
纺织、服装及日用品批发	3058	25817	3125184	2848497	276687
文化、体育用品及器材批发	422	3252	227110	221587	5524
医药及医疗器材批发	215	3163	241138	216609	24529
矿产品、建材及化工产品批发	2633	25597	2520307	2411982	108324
机械设备、五金交电及电子产品批发	2866	22931	1662973	1487164	175810
贸易经纪与代理	406	2954	174401	168854	5547
其他批发	1204	10293	646784	619891	26893
二、零售业	**10661**	**84059**	**2566646**	**35404**	**2531242**
综合零售	973	13914	278140	2659	275481
食品、饮料及烟草制品专门零售	846	6016	113458	2901	110557
纺织、服装及日用品专门零售	1330	8268	187917	3131	184787
文化、体育用品及器材专门零售	546	3377	74476	727	73748
医药及医疗器材专门零售	1066	5590	123725	1950	121775
汽车、摩托车、燃料及零配件专门零售	1830	13495	733144	12135	721009
家用电器及电子产品专门零售	1410	15731	591537	2177	589360
五金、家具及室内装修材料专门零售	1662	11033	300896	5968	294927
无店铺及其他零售	998	6635	163353	3756	159598

2-5　续表 15　　单位：万元

行　业	私营合伙企业				
	法人单位（个）	从业人数（人）	销售合计	批发额	零售额
总　计	**3670**	**30945**	**2140866**	**1716984**	**423882**
一、批发业	**2053**	**18334**	**1757318**	**1712413**	**44905**
农畜产品批发	41	572	44817	42794	2022
食品、饮料及烟草制品批发	170	1587	128373	126435	1938
纺织、服装及日用品批发	296	3603	347151	332032	15119
文化、体育用品及器材批发	105	844	34818	32953	1866
医药及医疗器材批发	43	533	40124	38740	1384
矿产品、建材及化工产品批发	476	4002	726548	714057	12491
机械设备、五金交电及电子产品批发	671	5282	264387	255412	8975
贸易经纪与代理	77	538	47860	47748	112
其他批发	174	1373	123241	122242	999
二、零售业	**1617**	**12611**	**383547**	**4571**	**378977**
综合零售	136	2488	57113	536	56577
食品、饮料及烟草制品专门零售	136	835	20197	782	19415
纺织、服装及日用品专门零售	166	1159	29574	882	28692
文化、体育用品及器材专门零售	112	620	12970	216	12754
医药及医疗器材专门零售	90	626	13139		13139
汽车、摩托车、燃料及零配件专门零售	201	2085	138158	543	137614
家用电器及电子产品专门零售	337	1923	42646	589	42057
五金、家具及室内装修材料专门零售	256	1539	42250	610	41640
无店铺及其他零售	183	1336	27501	414	27088

2-5 续表 16

单位：万元

行 业	私营有限责任公司				
	法人单位(个)	从业人数(人)	销售合计	批发额	零售额
总 计	**72647**	**824980**	**85599151**	**72775146**	**12824005**
一、批发业	**52694**	**563010**	**72963112**	**72132478**	**830634**
农畜产品批发	517	5463	660165	652328	7837
食品、饮料及烟草制品批发	3006	42350	3346196	3283835	62360
纺织、服装及日用品批发	7844	88554	8659557	8539273	120284
文化、体育用品及器材批发	2735	29315	2555784	2516140	39644
医药及医疗器材批发	1866	32253	3442260	3349189	93070
矿产品、建材及化工产品批发	10990	101076	30763366	30616670	146696
机械设备、五金交电及电子产品批发	19891	209959	16457361	16134142	323219
贸易经纪与代理	2529	22464	4307482	4294936	12546
其他批发	3316	31576	2770942	2745965	24977
二、零售业	**19953**	**261970**	**12636039**	**642668**	**11993371**
综合零售	930	42636	1376568	7336	1369232
食品、饮料及烟草制品专门零售	1128	11375	248457	7649	240808
纺织、服装及日用品专门零售	2065	31199	869572	78120	791452
文化、体育用品及器材专门零售	1401	12373	282626	10076	272549
医药及医疗器材专门零售	1171	19949	487367	24807	462560
汽车、摩托车、燃料及零配件专门零售	1999	46228	6280611	372056	5908555
家用电器及电子产品专门零售	5888	54673	1927537	119904	1807633
五金、家具及室内装修材料专门零售	2891	23055	626604	14342	612262
无店铺及其他零售	2480	20482	536698	8377	528321

2-5 续表 17

单位：万元

行 业	私营股份有限公司				
	法人单位(个)	从业人数(人)	销售合计	批发额	零售额
总 计	**2463**	**24629**	**2052953**	**1445089**	**607864**
一、批发业	**1535**	**14842**	**1455129**	**1421589**	**33540**
农畜产品批发	21	148	8606	8261	345
食品、饮料及烟草制品批发	99	1625	112281	109567	2714
纺织、服装及日用品批发	194	1694	116361	111508	4853
文化、体育用品及器材批发	74	577	33194	32279	916
医药及医疗器材批发	54	786	70853	67891	2962
矿产品、建材及化工产品批发	340	3312	633671	625276	8395
机械设备、五金交电及电子产品批发	545	4664	317479	306940	10539
贸易经纪与代理	79	730	53141	52721	420
其他批发	129	1306	109543	107146	2397
二、零售业	**928**	**9787**	**597824**	**23500**	**574324**
综合零售	39	2099	100655	522	100133
食品、饮料及烟草制品专门零售	76	505	8914	140	8774
纺织、服装及日用品专门零售	88	594	13599	114	13486
文化、体育用品及器材专门零售	71	412	8399	67	8332
医药及医疗器材专门零售	71	678	12985	112	12872
汽车、摩托车、燃料及零配件专门零售	118	2141	349097	19145	329952
家用电器及电子产品专门零售	193	1663	60979	2592	58387
五金、家具及室内装修材料专门零售	170	1000	27160	521	26639
无店铺及其他零售	102	695	16037	288	15750

2-5　续表 18　　单位：万元

行　　业	其他企业				
	法人单位(个)	从业人数(人)	销售合计	批发额	零售额
总　　计	**2912**	**26021**	**1714395**	**1156932**	**557463**
一、批发业	**1426**	**12316**	**1193510**	**1152270**	**41240**
农畜产品批发	32	316	12933	11918	1015
食品、饮料及烟草制品批发	129	1971	129816	121133	8683
纺织、服装及日用品批发	235	1363	97739	94730	3009
文化、体育用品及器材批发	57	563	18340	17954	387
医药及医疗器材批发	49	798	58137	54945	3192
矿产品、建材及化工产品批发	352	2851	623400	616276	7124
机械设备、五金交电及电子产品批发	367	2977	175308	160883	14425
贸易经纪与代理	62	423	19821	19521	300
其他批发	143	1054	58015	54911	3104
二、零售业	**1486**	**13705**	**520885**	**4662**	**516223**
综合零售	148	3285	64190	392	63798
食品、饮料及烟草制品专门零售	114	733	16803	430	16373
纺织、服装及日用品专门零售	221	1542	35941	601	35340
文化、体育用品及器材专门零售	91	946	41224	269	40955
医药及医疗器材专门零售	174	1121	24741	342	24399
汽车、摩托车、燃料及零配件专门零售	231	2122	233813	589	233224
家用电器及电子产品专门零售	168	1413	35084	286	34798
五金、家具及室内装修材料专门零售	218	1618	42428	1261	41167
无店铺及其他零售	121	925	26661	493	26169

2-5　续表 19　　单位：万元

行　　业	港、澳、台商投资企业				
	法人单位(个)	从业人数(人)	销售合计	批发额	零售额
总　　计	**1997**	**101581**	**13390472**	**8988648**	**4401824**
一、批发业	**1661**	**51616**	**8559946**	**8441670**	**118276**
农畜产品批发	8	161	43664	43350	314
食品、饮料及烟草制品批发	102	5413	912160	910520	1641
纺织、服装及日用品批发	358	14208	1373743	1324069	49674
文化、体育用品及器材批发	108	5708	539398	536989	2409
医药及医疗器材批发	21	1593	145703	145502	201
矿产品、建材及化工产品批发	223	4340	2490177	2440249	49928
机械设备、五金交电及电子产品批发	696	17103	2696598	2684296	12302
贸易经纪与代理	82	1160	250385	250382	3
其他批发	63	1930	108119	106314	1806
二、零售业	**336**	**49965**	**4830526**	**546978**	**4283547**
综合零售	34	38570	3434525	507557	2926968
食品、饮料及烟草制品专门零售	28	791	23398	46	23352
纺织、服装及日用品专门零售	90	4893	254667	11006	243661
文化、体育用品及器材专门零售	32	922	58555	397	58158
医药及医疗器材专门零售	7	56	2786		2786
汽车、摩托车、燃料及零配件专门零售	39	2265	938563	22052	916511
家用电器及电子产品专门零售	46	755	34793	406	34387
五金、家具及室内装修材料专门零售	28	849	49592	5363	44229
无店铺及其他零售	32	864	33647	150	33497

2-5 续表 20 单位：万元

行 业	合资经营企业(港或澳、台资)				
	法人单位(个)	从业人数(人)	销售合计	批发额	零售额
总 计	**217**	**32842**	**5882139**	**3568857**	**2313282**
一、批发业	**168**	**7085**	**3273136**	**3213119**	**60017**
农畜产品批发	1	52	2641	2328	314
食品、饮料及烟草制品批发	17	662	141797	140781	1016
纺织、服装及日用品批发	31	1779	412064	396701	15363
文化、体育用品及器材批发	10	304	20515	20202	313
医药及医疗器材批发	1	10	183	183	
矿产品、建材及化工产品批发	31	1024	1087231	1044575	42656
机械设备、五金交电及电子产品批发	66	2951	1583055	1583034	21
贸易经纪与代理	5	19	96	96	
其他批发	6	284	25554	25220	334
二、零售业	**49**	**25757**	**2609003**	**355738**	**2253265**
综合零售	16	23904	2253573	350097	1903476
食品、饮料及烟草制品专门零售	3	106	6804	32	6771
纺织、服装及日用品专门零售	7	170	8540	29	8511
文化、体育用品及器材专门零售	2	159	666		666
医药及医疗器材专门零售	2	17	1529		1529
汽车、摩托车、燃料及零配件专门零售	9	786	296262		296262
家用电器及电子产品专门零售	5	201	5928	362	5566
五金、家具及室内装修材料专门零售	1	123	17390	5217	12173
无店铺及其他零售	4	291	18311		18311

2-5 续表 21 单位：万元

行 业	合作经营企业(港或澳、台资)				
	法人单位(个)	从业人数(人)	销售合计	批发额	零售额
总 计	**54**	**1822**	**251665**	**101694**	**149970**
一、批发业	**30**	**494**	**103636**	**101694**	**1942**
农畜产品批发					
食品、饮料及烟草制品批发	4	262	30242	30242	
纺织、服装及日用品批发	8	45	4471	4471	
文化、体育用品及器材批发	1	6	93	93	
医药及医疗器材批发	1	2	2	2	
矿产品、建材及化工产品批发	7	77	55778	53836	1942
机械设备、五金交电及电子产品批发	8	97	5862	5862	
贸易经纪与代理	1	5	7189	7189	
其他批发					
二、零售业	**24**	**1328**	**148028**		**148028**
综合零售	2	718	19947		19947
食品、饮料及烟草制品专门零售	1	3	44		44
纺织、服装及日用品专门零售	4	51	2271		2271
文化、体育用品及器材专门零售					
医药及医疗器材专门零售	1	3	60		60
汽车、摩托车、燃料及零配件专门零售	11	409	114685		114685
家用电器及电子产品专门零售	1	4	81		81
五金、家具及室内装修材料专门零售	3	136	10898		10898
无店铺及其他零售	1	4	42		42

2-5　续表 22　　单位：万元

行　业	港、澳、台商独资经营企业				
	法人单位(个)	从业人数(人)	销售合计	批发额	零售额
总　计	**1659**	**65012**	**6931432**	**5217158**	**1714273**
一、批发业	**1410**	**42962**	**5082165**	**5025918**	**56247**
农畜产品批发	7	109	41022	41022	
食品、饮料及烟草制品批发	76	4419	736701	736077	624
纺织、服装及日用品批发	311	11864	947499	913188	34311
文化、体育用品及器材批发	96	5388	517684	515588	2096
医药及医疗器材批发	17	1570	139094	138894	201
矿产品、建材及化工产品批发	177	3061	1305164	1299834	5330
机械设备、五金交电及电子产品批发	597	13798	1071059	1058849	12210
贸易经纪与代理	74	1129	243092	243089	3
其他批发	55	1624	80849	79378	1472
二、零售业	**249**	**22050**	**1849267**	**191240**	**1658027**
综合零售	16	13948	1161005	157460	1003545
食品、饮料及烟草制品专门零售	24	682	16550	14	16537
纺织、服装及日用品专门零售	75	4544	234861	10977	223884
文化、体育用品及器材专门零售	30	763	57889	397	57492
医药及医疗器材专门零售	4	36	1197		1197
汽车、摩托车、燃料及零配件专门零售	16	882	337592	22052	315540
家用电器及电子产品专门零售	36	452	23661	44	23617
五金、家具及室内装修材料专门零售	23	185	2597	146	2451
无店铺及其他零售	25	558	13915	150	13765

2-5　续表 23　　单位：万元

行　业	港、澳、台商投资股份有限公司				
	法人单位(个)	从业人数(人)	销售合计	批发额	零售额
总　计	**67**	**1905**	**325236**	**100938**	**224298**
一、批发业	**53**	**1075**	**101009**	**100938**	**71**
农畜产品批发					
食品、饮料及烟草制品批发	5	70	3421	3421	
纺织、服装及日用品批发	8	520	9710	9710	
文化、体育用品及器材批发	1	10	1106	1106	
医药及医疗器材批发	2	11	6424	6424	
矿产品、建材及化工产品批发	8	178	42004	42004	
机械设备、五金交电及电子产品批发	25	257	36621	36550	71
贸易经纪与代理	2	7	8	8	
其他批发	2	22	1716	1716	
二、零售业	**14**	**830**	**224227**		**224227**
综合零售					
食品、饮料及烟草制品专门零售					
纺织、服装及日用品专门零售	4	128	8995		8995
文化、体育用品及器材专门零售					
医药及医疗器材专门零售					
汽车、摩托车、燃料及零配件专门零售	3	188	190024		190024
家用电器及电子产品专门零售	4	98	5124		5124
五金、家具及室内装修材料专门零售	1	405	18707		18707
无店铺及其他零售	2	11	1378		1378

2-5 续表 24

单位：万元

行业	外商投资企业				
	法人单位(个)	从业人数(人)	销售合计	批发额	零售额
总计	**1424**	**79816**	**17195736**	**12645537**	**4550199**
一、批发业	**1132**	**33548**	**12303199**	**11920057**	**383142**
农畜产品批发	1	16	4058	4058	
食品、饮料及烟草制品批发	83	4347	855197	839916	15281
纺织、服装及日用品批发	266	7201	1557004	1549069	7935
文化、体育用品及器材批发	50	1212	529385	529304	81
医药及医疗器材批发	16	1793	1016281	722343	293938
矿产品、建材及化工产品批发	188	4218	3528990	3465286	63704
机械设备、五金交电及电子产品批发	427	13179	4524909	4523076	1833
贸易经纪与代理	61	763	70843	70472	371
其他批发	40	819	216532	216532	
二、零售业	**292**	**46268**	**4892537**	**725480**	**4167057**
综合零售	39	28637	2203846	119748	2084098
食品、饮料及烟草制品专门零售	17	608	19153	518	18636
纺织、服装及日用品专门零售	49	3895	665896	360599	305297
文化、体育用品及器材专门零售	17	806	23760	1008	22752
医药及医疗器材专门零售	3	25	174		174
汽车、摩托车、燃料及零配件专门零售	80	5329	1425645	226941	1198704
家用电器及电子产品专门零售	34	707	19777	132	19645
五金、家具及室内装修材料专门零售	25	2374	162440	40	162399
无店铺及其他零售	28	3887	371847	16494	355353

2-5 续表 25

单位：万元

行业	中外合资经营企业				
	法人单位(个)	从业人数(人)	销售合计	批发额	零售额
总计	**255**	**27425**	**6762627**	**4096515**	**2666112**
一、批发业	**155**	**7681**	**4147580**	**3835100**	**312480**
农畜产品批发					
食品、饮料及烟草制品批发	21	913	167602	167579	23
纺织、服装及日用品批发	22	874	69831	69802	29
文化、体育用品及器材批发	5	287	107945	107945	
医药及医疗器材批发	5	1038	915421	621483	293938
矿产品、建材及化工产品批发	44	1972	2469506	2452275	17232
机械设备、五金交电及电子产品批发	46	2367	284915	283657	1259
贸易经纪与代理	7	49	753	753	
其他批发	5	181	131608	131608	
二、零售业	**100**	**19744**	**2615047**	**261415**	**2353631**
综合零售	14	13531	1085296	33722	1051574
食品、饮料及烟草制品专门零售	3	109	11507	8	11499
纺织、服装及日用品专门零售	6	108	3732		3732
文化、体育用品及器材专门零售	3	50	407		407
医药及医疗器材专门零售					
汽车、摩托车、燃料及零配件专门零售	57	4816	1346396	226941	1119455
家用电器及电子产品专门零售	7	273	4485	132	4352
五金、家具及室内装修材料专门零售	3	421	35136		35136
无店铺及其他零售	7	436	128089	612	127477

2-5　续表 26　　　　单位：万元

行　业	中外合作经营企业				
	法人单位（个）	从业人数（人）	销售合计	批发额	零售额
总　计	**58**	**9414**	**1407118**	**848748**	**558370**
一、批发业	**35**	**3057**	**621922**	**573373**	**48549**
农畜产品批发					
食品、饮料及烟草制品批发	6	1264	117583	117583	
纺织、服装及日用品批发	7	616	119146	114803	4343
文化、体育用品及器材批发	2	19	133	133	
医药及医疗器材批发					
矿产品、建材及化工产品批发	9	296	298640	254434	44206
机械设备、五金交电及电子产品批发	9	749	50980	50980	
贸易经纪与代理					
其他批发	2	113	35440	35440	
二、零售业	**23**	**6357**	**785196**	**275375**	**509821**
综合零售	5	3568	368938	86026	282912
食品、饮料及烟草制品专门零售					
纺织、服装及日用品专门零售	2	1725	325827	189348	136478
文化、体育用品及器材专门零售	1	26	55		55
医药及医疗器材专门零售					
汽车、摩托车、燃料及零配件专门零售	10	182	37150		37150
家用电器及电子产品专门零售					
五金、家具及室内装修材料专门零售	2	822	52576		52576
无店铺及其他零售	3	34	650		650

2-5　续表 27　　　　单位：万元

行　业	外资企业				
	法人单位（个）	从业人数（人）	销售合计	批发额	零售额
总　计	**1052**	**39124**	**8775369**	**7609160**	**1166209**
一、批发业	**904**	**21797**	**7459050**	**7437069**	**21981**
农畜产品批发	1	16	4058	4058	
食品、饮料及烟草制品批发	53	2067	564016	548758	15259
纺织、服装及日用品批发	226	5412	1360168	1356605	3562
文化、体育用品及器材批发	41	872	419435	419355	81
医药及医疗器材批发	10	739	100181	100181	
矿产品、建材及化工产品批发	132	1923	759373	757191	2182
机械设备、五金交电及电子产品批发	356	9539	4132633	4132107	526
贸易经纪与代理	52	704	69702	69331	371
其他批发	33	525	49485	49485	
二、零售业	**148**	**17327**	**1316319**	**172091**	**1144229**
综合零售	16	11280	734836		734836
食品、饮料及烟草制品专门零售	12	487	7491	509	6982
纺织、服装及日用品专门零售	39	2046	336253	171250	165002
文化、体育用品及器材专门零售	10	585	18983		18983
医药及医疗器材专门零售	3	25	174		174
汽车、摩托车、燃料及零配件专门零售	7	253	30779	0	30779
家用电器及电子产品专门零售	27	434	15292		15292
五金、家具及室内装修材料专门零售	18	1120	74538	40	74498
无店铺及其他零售	16	1097	97974	291	97683

2-5 续表 28

单位：万元

行业	外商投资股份有限公司				
	法人单位（个）	从业人数（人）	销售合计	批发额	零售额
总　计	**59**	**3853**	**250622**	**91114**	**159508**
一、批发业	**38**	**1013**	**74646**	**74515**	**132**
农畜产品批发					
食品、饮料及烟草制品批发	3	103	5996	5996	
纺织、服装及日用品批发	11	299	7859	7859	
文化、体育用品及器材批发	2	34	1873	1873	
医药及医疗器材批发	1	16	679	679	
矿产品、建材及化工产品批发	3	27	1471	1387	84
机械设备、五金交电及电子产品批发	16	524	56380	56333	48
贸易经纪与代理	2	10	389	389	
其他批发					
二、零售业	**21**	**2840**	**175976**	**16599**	**159376**
综合零售	4	258	14776		14776
食品、饮料及烟草制品专门零售	2	12	155		155
纺织、服装及日用品专门零售	2	16	85		85
文化、体育用品及器材专门零售	3	145	4315	1008	3307
医药及医疗器材专门零售					
汽车、摩托车、燃料及零配件专门零售	6	78	11321		11321
家用电器及电子产品专门零售					
五金、家具及室内装修材料专门零售	2	11	190		190
无店铺及其他零售	2	2320	145134	15591	129542

2-6　各地区批发和零售业法人单位商品销售情况

单位：万元

地　区	法人单位（个）	从业人数（人）	销售合计	批发额	零售额
批发和零售业合计	**141359**	**1948393**	**294425057**	**240145010**	**54280047**
广州市	46031	551453	127364311	111779479	15584832
深圳市	32897	552347	63132950	49740055	13392895
珠海市	6994	65092	8700208	7037333	1662874
汕头市	5312	70153	4847405	2913259	1934146
佛山市	12805	131681	31652672	27060069	4592603
韶关市	1742	28407	2043501	1372019	671482
河源市	725	10986	721108	330632	390476
梅州市	1674	24222	1513227	905004	608223
惠州市	3396	44411	3569496	2097316	1472180
汕尾市	694	11565	854061	590610	263451
东莞市	8825	126187	14245454	9199552	5045902
中山市	3544	68784	8990455	7369256	1621199
江门市	3213	39201	4802985	3493017	1309968
阳江市	1362	21005	1238920	759202	479718
湛江市	2843	43150	4804537	3692563	1111974
茂名市	3536	64505	6731505	5319219	1412286
肇庆市	1478	23526	2416031	1485220	930811
清远市	930	13848	1345250	827148	518102
潮州市	967	12476	1464823	1151616	313207
揭阳市	1746	32686	3124906	2266130	858775
云浮市	645	12708	861254	756310	104944
一、批发业	**93602**	**1185815**	**239660136**	**234460161**	**5199975**
广州市	32944	370398	111209071	109189320	2019750
深圳市	23685	346828	48922647	48490157	432490
珠海市	4379	36745	6957517	6923092	34426
汕头市	2555	38300	3387241	2895854	491386
佛山市	9485	81864	26744284	26604194	140090
韶关市	1093	16500	1692213	1363789	328424
河源市	211	4365	598122	325308	272814
梅州市	551	10286	880673	831158	49515
惠州市	1801	19398	2048098	2027651	20447
汕尾市	410	6609	613353	580037	33316

2-6 续表　　　　单位：万元

地　区	法人单位(个)	从业人数(人)	销售合计	批发额	零售额
东莞市	4246	56292	9016806	8862348	154459
中山市	2696	45025	7198039	7169962	28076
江门市	2199	21690	3368188	3323299	44889
阳江市	609	10981	992068	753213	238855
湛江市	1656	25814	3744645	3618899	125746
茂名市	2065	40579	5327863	5183257	144607
肇庆市	868	12102	1458264	1421668	36596
清远市	485	8302	1067927	797900	270027
潮州市	422	5941	1176283	1143115	33168
揭阳市	949	19489	2494017	2200208	293809
云浮市	293	8307	762815	755730	7085
二、零售业	**47757**	**762578**	**54764921**	**5684849**	**49080072**
广州市	13087	181055	16155241	2590158	13565082
深圳市	9212	205519	14210303	1249898	12960405
珠海市	2615	28347	1742690	114242	1628449
汕头市	2757	31853	1460164	17405	1442760
佛山市	3320	49817	4908388	455875	4452513
韶关市	649	11907	351288	8230	343058
河源市	514	6621	122986	5324	117662
梅州市	1123	13936	632553	73845	558708
惠州市	1595	25013	1521398	69665	1451733
汕尾市	284	4956	240708	10573	230135
东莞市	4579	69895	5228648	337205	4891443
中山市	848	23759	1792417	199294	1593123
江门市	1014	17511	1434797	169718	1265078
阳江市	753	10024	246851	5989	240862
湛江市	1187	17336	1059892	73664	986228
茂名市	1471	23926	1403642	135962	1267679
肇庆市	610	11424	957767	63552	894215
清远市	445	5546	277323	29247	248076
潮州市	545	6535	288540	8501	280039
揭阳市	797	13197	630889	65922	564966
云浮市	352	4401	98439	580	97859

2-7　批发和零售业法人单位分类商品销售情况

单位：万元

商品名称	销售合计	批发额	零售额
批发和零售业合计	**294425057**	**240145010**	**54280047**
1.粮油、食品、饮料、烟酒类	25418300	19760574	5657726
(1)粮油、食品类	12847300	8967465	3879834
其中：粮油类	3091250	2206740	884510
肉禽蛋类	2448222	1806119	642103
水产品类	541461	393059	148402
蔬菜类	426177	275317	150860
干鲜果品类	758269	477124	281145
(2)饮料类	1960876	1382798	578078
(3)烟酒类	10610123	9410310	1199813
2.服装、鞋帽、针纺织品类	18561058	14514359	4046699
(1)服装类	10698630	7848756	2849875
(2)鞋帽类	2576222	1864349	711873
(3)针纺织品类	5286206	4801255	484952
3.化妆品类	1357335	674520	682814
4.金银珠宝类	1680520	1176400	504120
5.日用品类	11052960	8976357	2076603
其中：洗涤用品类	2024510	1551409	473101
儿童玩具类	422360	308155	114205
6.五金、电料类	4723148	3776631	946516
7.体育、娱乐用品类	1075012	851007	224005
8.书报杂志类	980891	627863	353028
9.电子出版物及音像制品类	854939	756467	98472
10.家用电器和音像器材类	11052737	6992472	4060265
11.中西药品类	11156428	8656782	2499646
其中：西药类	7450825	5729477	1721347
中草药及中成药类	2467558	2075103	392455
12.文化办公用品类	6903470	5712682	1190788
13.家具类	1818109	1379118	438991
14.通讯器材类	7664485	6320976	1343509
15.煤炭及制品类	9965618	9899405	66214
16.木材及制品类	704401	698805	5596
17.石油及制品类	62050146	49051517	12998629
18.化工材料及制品类	18544969	18521498	23471
其中：化肥类	2018025	2011437	6589
19.金属材料类	40189935	40182536	7400
20.建筑及装潢材料类	7139036	6223819	915217
21.机电产品及设备类	16451621	15798275	653346
其中：农机类	195183	190595	4587
22.汽车类	20004303	6397364	13606940
23.种子饲料类	663539	659341	4198
24.棉麻类	186895	183316	3579
25.其他类	14225204	12352926	1872279

2-7 续表 1 单位：万元

商品名称	销售合计	批发额	零售额
一、批发业	**239660136**	**234460161**	**5199975**
1.粮油、食品、饮料、烟酒类	19945903	19455451	490452
(1)粮油、食品类	9037191	8729653	307538
其中：粮油类	2243429	2168812	74617
肉禽蛋类	1897536	1787611	109925
水产品类	397750	382997	14753
蔬菜类	272743	265459	7284
干鲜果品类	482794	460855	21939
(2)饮料类	1389937	1351912	38026
(3)烟酒类	9518775	9373886	144889
2.服装、鞋帽、针纺织品类	14428329	14151261	277068
(1)服装类	7676332	7534670	141662
(2)鞋帽类	1877383	1831117	46266
(3)针纺织品类	4874614	4785475	89140
3.化妆品类	432818	425918	6900
4.金银珠宝类	1204797	1171247	33550
5.日用品类	9114275	8790649	323626
其中：洗涤用品类	1438666	1425972	12693
儿童玩具类	304758	300851	3907
6.五金、电料类	3972809	3760161	212648
7.体育、娱乐用品类	855106	844810	10296
8.书报杂志类	644192	603948	40244
9.电子出版物及音像制品类	764798	754267	10531
10.家用电器和音像器材类	6980213	6855687	124526
11.中西药品类	9535516	8547767	987749
其中：西药类	6471462	5653495	817967
中草药及中成药类	2167656	2059396	108260
12.文化办公用品类	5778626	5659174	119452
13.家具类	1384482	1367302	17180
14.通讯器材类	6254827	6128843	125984
15.煤炭及制品类	9949786	9898968	50818
16.木材及制品类	697001	694789	2211
17.石油及制品类	47593142	46176209	1416933
18.化工材料及制品类	18420310	18408766	11544
其中：化肥类	2004656	1999689	4968
19.金属材料类	40168667	40164104	4563
20.建筑及装潢材料类	6428333	6211244	217090
21.机电产品及设备类	15960642	15751604	209038
其中：农机类	172852	170828	2025
22.汽车类	5690240	5474581	215659
23.种子饲料类	661336	658353	2983
24.棉麻类	184365	183309	1056
25.其他类	12609625	12321750	287874

2-7　续表 2　　单位：万元

商品名称	销售合计	批发额	零售额
二、零售业	**54764921**	**5684849**	**49080072**
1.粮油、食品、饮料、烟酒类	5472396	305123	5167274
(1)粮油、食品类	3810109	237812	3572297
其中：粮油类	847821	37928	809893
肉禽蛋类	550686	18508	532178
水产品类	143711	10063	133649
蔬菜类	153434	9858	143576
干鲜果品类	275475	16268	259207
(2)饮料类	570939	30886	540053
(3)烟酒类	1091349	36425	1054924
2.服装、鞋帽、针纺织品类	4132729	363098	3769632
(1)服装类	3022298	314086	2708213
(2)鞋帽类	698839	33232	665607
(3)针纺织品类	411592	15780	395812
3.化妆品类	924517	248603	675914
4.金银珠宝类	475724	5154	470570
5.日用品类	1938685	185709	1752976
其中：洗涤用品类	585844	125437	460407
儿童玩具类	117601	7303	110298
6.五金、电料类	750339	16470	733869
7.体育、娱乐用品类	219906	6196	213709
8.书报杂志类	336700	23915	312784
9.电子出版物及音像制品类	90141	2200	87941
10.家用电器和音像器材类	4072524	136785	3935739
11.中西药品类	1620912	109015	1511897
其中：西药类	979363	75982	903381
中草药及中成药类	299902	15707	284195
12.文化办公用品类	1124843	53508	1071336
13.家具类	433627	11816	421810
14.通讯器材类	1409658	192133	1217525
15.煤炭及制品类	15833	437	15396
16.木材及制品类	7400	4015	3385
17.石油及制品类	14457004	2875308	11581696
18.化工材料及制品类	124659	112732	11927
其中：化肥类	13369	11748	1621
19.金属材料类	21269	18432	2837
20.建筑及装潢材料类	710703	12576	698127
21.机电产品及设备类	490978	46671	444307
其中：农机类	22330	19768	2563
22.汽车类	14314063	922783	13391281
23.种子饲料类	2203	988	1214
24.棉麻类	2530	7	2524
25.其他类	1615580	31175	1584404

2-8 批发业法人单位分类商品销售情况

单位：万元

商品名称	销售合计	批发额	零售额
总　计	**239660136**	**234460161**	**5199975**
1.粮油、食品、饮料、烟酒类	19945903	19455451	490452
(1)粮油、食品类	9037191	8729653	307538
其中：粮油类	2243429	2168812	74617
肉禽蛋类	1897536	1787611	109925
水产品类	397750	382997	14753
蔬菜类	272743	265459	7284
干鲜果品类	482794	460855	21939
(2)饮料类	1389937	1351912	38026
(3)烟酒类	9518775	9373886	144889
2.服装、鞋帽、针纺织品类	14428329	14151261	277068
(1)服装类	7676332	7534670	141662
(2)鞋帽类	1877383	1831117	46266
(3)针纺织品类	4874614	4785475	89140
3.化妆品类	432818	425918	6900
4.金银珠宝类	1204797	1171247	33550
5.日用品类	9114275	8790649	323626
其中：洗涤用品类	1438666	1425972	12693
儿童玩具类	304758	300851	3907
6.五金、电料类	3972809	3760161	212648
7.体育、娱乐用品类	855106	844810	10296
8.书报杂志类	644192	603948	40244
9.电子出版物及音像制品类	764798	754267	10531
10.家用电器和音像器材类	6980213	6855687	124526
11.中西药品类	9535516	8547767	987749
其中：西药类	6471462	5653495	817967
中草药及中成药类	2167656	2059396	108260
12.文化办公用品类	5778626	5659174	119452
13.家具类	1384482	1367302	17180
14.通讯器材类	6254827	6128843	125984
15.煤炭及制品类	9949786	9898968	50818
16.木材及制品类	697001	694789	2211
17.石油及制品类	47593142	46176209	1416933
18.化工材料及制品类	18420310	18408766	11544
其中：化肥类	2004656	1999689	4968
19.金属材料类	40168667	40164104	4563
20.建筑及装潢材料类	6428333	6211244	217090
21.机电产品及设备类	15960642	15751604	209038
其中：农机类	172852	170828	2025
22.汽车类	5690240	5474581	215659
23.种子饲料类	661336	658353	2983
24.棉麻类	184365	183309	1056
25.其他类	12609625	12321750	287874

2-9　零售业法人单位分类商品销售情况

单位：万元

商品名称	销售合计	批发额	零售额
总　计	**54764921**	**5684849**	**49080072**
1.粮油、食品、饮料、烟酒类	5472396	305123	5167274
(1)粮油、食品类	3810109	237812	3572297
其中：粮油类	847821	37928	809893
肉禽蛋类	550686	18508	532178
水产品类	143711	10063	133649
蔬菜类	153434	9858	143576
干鲜果品类	275475	16268	259207
(2)饮料类	570939	30886	540053
(3)烟酒类	1091349	36425	1054924
2.服装、鞋帽、针纺织品类	4132729	363098	3769632
(1)服装类	3022298	314086	2708213
(2)鞋帽类	698839	33232	665607
(3)针纺织品类	411592	15780	395812
3.化妆品类	924517	248603	675914
4.金银珠宝类	475724	5154	470570
5.日用品类	1938685	185709	1752976
其中：洗涤用品类	585844	125437	460407
儿童玩具类	117601	7303	110298
6.五金、电料类	750339	16470	733869
7.体育、娱乐用品类	219906	6196	213709
8.书报杂志类	336700	23915	312784
9.电子出版物及音像制品类	90141	2200	87941
10.家用电器和音像器材类	4072524	136785	3935739
11.中西药品类	1620912	109015	1511897
其中：西药类	979363	75982	903381
中草药及中成药类	299902	15707	284195
12.文化办公用品类	1124843	53508	1071336
13.家具类	433627	11816	421810
14.通讯器材类	1409658	192133	1217525
15.煤炭及制品类	15833	437	15396
16.木材及制品类	7400	4015	3385
17.石油及制品类	14457004	2875308	11581696
18.化工材料及制品类	124659	112732	11927
其中：化肥类	13369	11748	1621
19.金属材料类	21269	18432	2837
20.建筑及装潢材料类	710703	12576	698127
21.机电产品及设备类	490978	46671	444307
其中：农机类	22330	19768	2563
22.汽车类	14314063	922783	13391281
23.种子饲料类	2203	988	1214
24.棉麻类	2530	7	2524
25.其他类	1615580	31175	1584404

2-10 按登记注册类型分批发和零售业法人单位资产负债状况

单位：万元

登记注册类型	所有者权益
批发和零售业合计	**38888246**
内资企业	34770289
国有企业	4046445
集体企业	813905
股份合作企业	88307
联营企业	257952
国有联营企业	116037
集体联营企业	27975
国有与集体联营企业	18155
其他联营企业	95785
有限责任公司	8881977
国有独资公司	1307296
其他有限责任公司	7574681
股份有限公司	5556709
私营企业	14834699
私营独资企业	2610839
私营合伙企业	289657
私营有限责任公司	11507928
私营股份有限公司	426274
其他企业	290297
港、澳、台商投资企业	2268916
合资经营企业(港或澳、台资)	701442
合作经营企业(港或澳、台资)	36073
港、澳、台商独资经营企业	1500107
港、澳、台商投资股份有限公司	31293
外商投资企业	1849041
中外合资经营企业	551859
中外合作经营企业	92119
外资企业	1055210
外商投资股份有限公司	149854
一、批发业合计	**29946119**
内资企业	27323832
国有企业	3501121
集体企业	587592
股份合作企业	58695
联营企业	229256
国有联营企业	102761
集体联营企业	20300
国有与集体联营企业	14203
其他联营企业	91992
有限责任公司	7098031
国有独资公司	1140311
其他有限责任公司	5957720
股份有限公司	3805613
私营企业	11855199
私营独资企业	1985317
私营合伙企业	205021
私营有限责任公司	9344985
私营股份有限公司	319876
其他企业	188325
港、澳、台商投资企业	1322735
合资经营企业(港或澳、台资)	295531
合作经营企业(港或澳、台资)	22643
港、澳、台商独资经营企业	998393
港、澳、台商投资股份有限公司	6168
外商投资企业	1299553
中外合资经营企业	314562
中外合作经营企业	56928
外资企业	925693
外商投资股份有限公司	2370
二、零售业合计	**8942126**
内资企业	7446457
国有企业	545324
集体企业	226313
股份合作企业	29612
联营企业	28695
国有联营企业	13275
集体联营企业	7675
国有与集体联营企业	3952
其他联营企业	3794
有限责任公司	1783945
国有独资公司	166985
其他有限责任公司	1616961
股份有限公司	1751096
私营企业	2979499
私营独资企业	625522
私营合伙企业	84636
私营有限责任公司	2162943
私营股份有限公司	106398
其他企业	101972
港、澳、台商投资企业	946181
合资经营企业(港或澳、台资)	405911
合作经营企业(港或澳、台资)	13430
港、澳、台商独资经营企业	501714
港、澳、台商投资股份有限公司	25125
外商投资企业	549489
中外合资经营企业	237297
中外合作经营企业	35191
外资企业	129517
外商投资股份有限公司	147484

2-11　按行业分批发和零售业法人单位资产负债状况

单位：万元

行　　业	所有者权益	行　　业	所有者权益
总　　计	**38888246**		
一、批发业	**29946119**	**二、零售业**	**8942126**
农畜产品批发	387850	综合零售	1587915
谷物、豆及薯类批发	80986	百货零售	1126053
种子、饲料批发	132697	超级市场零售	373396
棉、麻批发	9469	其他综合零售	88466
牲畜批发	30645	食品、饮料及烟草制品专门零售	505285
其他农畜产品批发	134054	粮油零售	26278
食品、饮料及烟草制品批发	3711347	糕点、面包零售	21885
米、面制品及食用油批发	380831	果品、蔬菜零售	22221
糕点、糖果及糖批发	210191	肉、禽、蛋及水产品零售	25451
果品、蔬菜批发	136399	饮料及茶叶零售	52406
肉、禽、蛋及水产品批发	345580	烟草制品零售	300135
盐及调味品批发	109133	其他食品零售	56910
饮料及茶叶批发	412950	纺织、服装及日用品专门零售	670412
烟草制品批发	1892696	纺织品及针织品零售	52952
其他食品批发	223567	服装零售	340197
纺织、服装及日用品批发	3173878	鞋帽零售	53491
纺织品、针织品及原料批发	1072970	钟表、眼镜零售	75777
服装批发	711833	化妆品及卫生用品零售	65804
鞋帽批发	150256	其他日用品零售	82192
厨房、卫生间用具及日用杂货批发	214688	文化、体育用品及器材专门零售	430136
化妆品及卫生用品批发	282345	文具用品零售	41202
其他日用品批发	741787	体育用品零售	25112
文化、体育用品及器材批发	1044835	图书零售	177697
文具用品批发	199451	报刊零售	23662
体育用品批发	88458	音像制品及电子出版物零售	9958
图书批发	149127	珠宝首饰零售	95608
报刊批发	12446	工艺美术品及收藏品零售	35288
音像制品及电子出版物批发	62818	照相器材零售	4749
首饰、工艺品及收藏品批发	294141	其他文化用品零售	16861
其他文化用品批发	238394	医药及医疗器材专门零售	284356
医药及医疗器材批发	1548733	药品零售	220999
西药批发	1044648	医疗用品及器材零售	63356
中药材及中成药批发	272237	汽车、摩托车、燃料及零配件专门零售	3325008
医疗用品及器材批发	231848	汽车零售	1221077
矿产品、建材及化工产品批发	11775203	汽车零配件零售	115109
煤炭及制品批发	669690	摩托车及零配件零售	55266
石油及制品批发	4826439	机动车燃料零售	1933557
非金属矿及制品批发	78475	家用电器及电子产品专门零售	978059
金属及金属矿批发	2580775	家用电器零售	332931
建材批发	1677384	计算机、软件及辅助设备零售	278831
化肥批发	292195	通信设备零售	121025
农药批发	30603	其他电子产品零售	245271
农用薄膜批发	3878	五金、家具及室内装修材料专门零售	532355
其他化工产品批发	1615765	五金零售	192652
机械设备、五金交电及电子产品批发	6050190	家具零售	111343
农业机械批发	55763	涂料零售	30936
汽车、摩托车及零配件批发	666464	其他室内装修材料零售	197424
五金、交电批发	800753	无店铺及其他零售	628601
家用电器批发	335662	流动货摊零售	963
计算机、软件及辅助设备批发	646865	邮购及电子销售	4786
通讯及广播电视设备批发	718695	生活用燃料零售	300439
其他机械设备及电子产品批发	2825988	花卉零售	19002
贸易经纪与代理	1122482	旧货零售	9564
贸易经纪与代理	1122482	其他未列明的零售	293847
其他批发	1131601		
再生物资回收与批发	196896		
其他未列明的批发	934706		

2-12 按行业分批发和零售业法人

行业	内资企业	国有企业	集体企业	股份合作企业	联营企业	国有联营企业
总计	**34770289**	**4046445**	**813905**	**88307**	**257952**	**116037**
一、批发业	**27323832**	**3501121**	**587592**	**58695**	**229256**	**102761**
农畜产品批发	383138	96931	15503	1129	2368	2170
食品、饮料及烟草制品批发	3548381	875419	59844	8955	61872	53931
纺织、服装及日用品批发	2639582	338401	39619	2716	16963	3527
文化、体育用品及器材批发	782136	98052	10167	1134	4786	931
医药及医疗器材批发	1386876	-14554	6514	4336	-432	
矿产品、建材及化工产品批发	11171951	1789391	323413	29514	80483	36233
机械设备、五金交电及电子产品批发	5366537	189362	52322	8826	42278	4845
贸易经纪与代理	987596	-5325	18668	278	14022	1125
其他批发	1057634	133443	61542	1806	6917	
二、零售业	**7446457**	**545324**	**226313**	**29612**	**28695**	**13275**
综合零售	794696	70065	84429	2230	-195	-98
食品、饮料及烟草制品专门零售	492961	177745	12297	1629	895	875
纺织、服装及日用品专门零售	453324	-3198	35904	2742	118	-37
文化、体育用品及器材专门零售	382956	94516	9399	1634	689	459
医药及医疗器材专门零售	281957	8286	-164	2239	-1390	-1699
汽车、摩托车、燃料及零配件专门零售	3181484	186791	42424	9237	25490	13363
家用电器及电子产品专门零售	949827	1815	7840	3011	827	181
五金、家具及室内装修材料专门零售	506781	669	15712	4781	1060	185
无店铺及其他零售	402472	8636	18472	2111	1202	47

2-12 续表

行业	私营合伙企业	私营有限责任公司	私营股份有限公司	其他企业	港、澳、台商投资企业
总计	**289657**	**11507928**	**426274**	**290297**	**2268916**
一、批发业	**205021**	**9344985**	**319876**	**188325**	**1322735**
农畜产品批发	4944	108959	2704	2086	3752
食品、饮料及烟草制品批发	20508	469977	18532	15486	85085
纺织、服装及日用品批发	34793	977745	22162	13518	186538
文化、体育用品及器材批发	9767	458440	17011	8074	156134
医药及医疗器材批发	-1679	477767	9823	7392	55094
矿产品、建材及化工产品批发	67747	2994584	111228	86746	308104
机械设备、五金交电及电子产品批发	42033	2894953	110821	35416	373911
贸易经纪与代理	9022	536040	14268	10575	114249
其他批发	17886	426521	13327	9032	39867
二、零售业	**84636**	**2162943**	**106398**	**101972**	**946181**
综合零售	13151	113381	32343	10075	612748
食品、饮料及烟草制品专门零售	4841	67625	4212	5267	9554
纺织、服装及日用品专门零售	4984	210408	3422	388	150587
文化、体育用品及器材专门零售	2924	103262	5323	28135	39522
医药及医疗器材专门零售	2844	108416	3237	5111	2056
汽车、摩托车、燃料及零配件专门零售	20092	655635	26227	22233	76155
家用电器及电子产品专门零售	13916	489524	17864	8055	16334
五金、家具及室内装修材料专门零售	13304	232170	8140	17101	14579
无店铺及其他零售	8581	182522	5632	5607	24647

单位资产负债状况(按登记注册类型分)

单位：万元

集体联营企　　业	国有与集体联营企业	其他联营企　　业	有限责任公　　司	国有独资公　　司	其他有限责任公司	股份有限公　　司	私营企业	私营独资企　　业
27975	**18155**	**95785**	**8881977**	**1307296**	**7574681**	**5556709**	**14834699**	**2610839**
20300	**14203**	**91992**	**7098031**	**1140311**	**5957720**	**3805613**	**11855199**	**1985317**
191		7	70285	5627	64658	20683	174154	57546
238	232	7471	1744307	630258	1114050	206671	575827	66810
338		13098	528177	75671	452506	68261	1631928	597228
5	58	3792	132762	795	131967	7529	519632	34414
-553		121	234276	2067	232209	431213	718131	232220
7871	9614	26765	2367657	231916	2135740	2752558	3742190	568632
4626	634	32174	1439301	147811	1291489	240313	3358718	310912
1100	3665	8131	336842	34245	302597	16720	595817	36486
6485		432	244425	11920	232504	61667	538803	81069
7675	**3952**	**3794**	**1783945**	**166985**	**1616961**	**1751096**	**2979499**	**625522**
66		-164	167531	197	167334	229471	231091	72216
	10	10	178656	128839	49817	4387	112087	35410
155			138567		138567	9465	269337	50523
175		55	101663	31459	70204	12054	134867	23358
12	10	288	113041	-168	113209	6897	147937	33441
5920	3512	2695	627614	100	627514	1409963	857733	155780
263		384	241570	1358	240212	64497	622213	100909
592	100	184	102284	5050	97234	8344	356829	103215
493	320	342	113022	150	112872	6018	247404	50670

单位：万元

合资经营企业(港或澳、台资)	合作经营企业(港或澳、台资)	港、澳、台商独资经营企业	港、澳、台商投资股份有限公司	外商投资企　　业	中外合资经营企业	中外合作经营企业	外资企业	外商投资股份有限公　　司
701442	**36073**	**1500107**	**31293**	**1849041**	**551859**	**92119**	**1055210**	**149854**
295531	**22643**	**998393**	**6168**	**1299553**	**314562**	**56928**	**925693**	**2370**
2072		1680		959			959	
20551	1386	62624	525	77881	23856	-31304	84960	369
25393	4491	156705	-51	347758	20158	35819	293789	-2007
23336	27	132593	178	106565	4832	-55	101415	373
7	21	55041	25	106763	95869		10478	416
165824	4045	136429	1806	295148	100999	15290	175024	3835
44766	10307	315455	3384	309741	55479	27623	227340	-700
70	2367	111810	2	20637	578		19974	84
13512		26056	300	34100	12791	9556	11754	
405911	**13430**	**501714**	**25125**	**549489**	**237297**	**35191**	**129517**	**147484**
348411	-4032	268368		180472	120598	4440	49457	5977
1508	32	8013		2770	1433		1214	123
4050	-913	128670	18779	66502	5734	18370	40328	2071
882		38640		7658	175	-376	8962	-1102
300	23	1733		343			343	
24818	14531	33779	3027	67370	54539	7403	1329	4098
2155	41	8210	5927	11898	2713		9185	
7827	3736	5683	-2667	10994	-1095	4568	7372	150
15959	12	8617	59	201482	53201	787	11327	136167

2-13 各地区批发和零售业法人单位资产负债状况

单位：万元

地　区	所有者权益	地　区	所有者权益
批发和零售业合计	**38888246**	东莞市	997686
广州市	13703157	中山市	616611
深圳市	11882531	江门市	362021
珠海市	1661130	阳江市	178198
汕头市	1164296	湛江市	561374
佛山市	2792436	茂名市	374135
韶关市	421611	肇庆市	162365
河源市	176812	清远市	217836
梅州市	375995	潮州市	162142
惠州市	516933	揭阳市	349572
汕尾市	156171	云浮市	165904
东莞市	1556010	**二、零售业**	**8942126**
中山市	735845	广州市	2398312
江门市	570436	深圳市	2841135
阳江市	305409	珠海市	367922
湛江市	783856	汕头市	234013
茂名市	584977	佛山市	621898
肇庆市	328608	韶关市	81171
清远市	264298	河源市	59452
潮州市	230793	梅州市	165570
揭阳市	480243	惠州市	247884
云浮市	196702	汕尾市	35435
一、批发业	**29946119**	东莞市	558324
广州市	11304845	中山市	119234
深圳市	9041396	江门市	208416
珠海市	1293208	阳江市	127211
汕头市	930283	湛江市	222483
佛山市	2170538	茂名市	210842
韶关市	340440	肇庆市	166243
河源市	117359	清远市	46463
梅州市	210425	潮州市	68651
惠州市	269048	揭阳市	130671
汕尾市	120736	云浮市	30798

2-14　按登记注册类型分批发和零售业法人单位损益状况

单位：万元

登记注册类型	主营业务收入	主营业务成本	主营业务税金及附加	利润总额
批发和零售业合计	**268672045**	**240310700**	**840939**	**9216434**
内资企业	241725518	216924794	778414	8327443
国有企业	31424099	28969289	57362	986559
集体企业	4594342	4001086	50481	206107
股份合作企业	966774	823498	9027	45165
联营企业	2178692	2021024	4994	58584
国有联营企业	1380726	1289040	3549	46763
集体联营企业	183274	169516	514	5163
国有与集体联营企业	176199	167845	209	
其他联营企业	438493	394623	722	6956
有限责任公司	72296468	65784954	158577	2443738
国有独资公司	3449654	3102210	4148	266076
其他有限责任公司	68846814	62682745	154430	2177662
股份有限公司	34551785	31752115	51588	1566393
私营企业	94109431	82257962	433887	2910559
私营独资企业	11561600	8962360	118927	1017476
私营合伙企业	1989399	1690174	13103	98725
私营有限责任公司	78774049	70059656	292382	1723275
私营股份有限公司	1784383	1545772	9476	71083
其他企业	1603928	1314866	12497	110337
港、澳、台商投资企业	11680078	10081644	39883	466120
合资经营企业(港或澳、台资)	4899654	4334419	17392	225727
合作经营企业(港或澳、台资)	220608	197299	695	4323
港、澳、台商独资经营企业	6241044	5279385	21003	223928
港、澳、台商投资股份有限公司	318773	270542	794	12142
外商投资企业	15266449	13304262	22643	422871
中外合资经营企业	5892071	5399759	6172	100256
中外合作经营企业	1253100	1047646	792	34689
外资企业	7880595	6681171	14592	266931
外商投资股份有限公司	240683	175686	1087	20996
一、批发业合计	**219457506**	**198395395**	**605343**	**6983810**
按登记注册类型分组				
内资企业	200744624	181852621	567616	6387274
国有企业	29002365	26808820	48980	893556
集体企业	3412978	3019145	34080	146531
股份合作企业	667108	578474	5150	33131
联营企业	1830677	1703740	4262	51444
国有联营企业	1195411	1120485	3249	42631
集体联营企业	143338	135012	266	3918
国有与集体联营企业	132778	127207	169	
其他联营企业	359150	321036	579	6501
有限责任公司	60000233	55030947	110845	2047841
国有独资公司	3311874	3014922	3769	227607
其他有限责任公司	56688360	52016025	107076	1820234
股份有限公司	25428015	23982887	29767	692354
私营企业	79277851	69800028	327387	2439422

2-14 续表

单位：万元

登记注册类型	主营业务收入	主营业务成本	主营业务税金及附加	利润总额
私营独资企业	9129296	7077735	83455	805280
私营合伙企业	1627966	1414076	8725	73786
私营有限责任公司	67168351	60131512	228813	1507444
私营股份有限公司	1352239	1176705	6395	52912
其他企业	1125397	928582	7145	82996
港、澳、台商投资企业	7701592	6731447	20326	271902
合资经营企业(港或澳、台资)	2847363	2628578	11056	86442
合作经营企业(港或澳、台资)	90491	84756	281	1418
港、澳、台商独资经营企业	4670976	3940182	8757	181441
港、澳、台商投资股份有限公司	92762	77932	232	2602
外商投资企业	11011290	9811327	17402	324634
中外合资经营企业	3684002	3449839	3830	33985
中外合作经营企业	560397	470049	335	21942
外资企业	6700991	5840129	12605	269515
外商投资股份有限公司	65900	51310	632	
二、零售业合计	**49214539**	**41915305**	**235596**	**2232624**
按登记注册类型分组				
内资企业	40980895	35072173	210799	1940169
国有企业	2421734	2160469	8382	93004
集体企业	1181364	981941	16401	59576
股份合作企业	299665	245024	3878	12035
联营企业	348015	317285	732	7140
国有联营企业	185314	168555	300	4132
集体联营企业	39935	34504	249	1246
国有与集体联营企业	43421	40638	40	1308
其他联营企业	79344	73587	143	455
有限责任公司	12296235	10754008	47733	395897
国有独资公司	137781	87288	379	38469
其他有限责任公司	12158454	10666720	47354	357428
股份有限公司	9123770	7769228	21821	874039
私营企业	14831580	12457934	106500	471137
私营独资企业	2432304	1884624	35473	212196
私营合伙企业	361434	276099	4378	24939
私营有限责任公司	11605699	9928145	63569	215831
私营股份有限公司	432144	369066	3080	18171
其他企业	478532	386284	5352	27342
港、澳、台商投资企业	3978486	3350197	19557	194218
合资经营企业(港或澳、台资)	2052291	1705841	6336	139285
合作经营企业(港或澳、台资)	130116	112543	414	2905
港、澳、台商独资经营企业	1570068	1339204	12246	42488
港、澳、台商投资股份有限公司	226011	192610	562	9540
外商投资企业	4255159	3492935	5241	98237
中外合资经营企业	2208069	1949920	2342	66270
中外合作经营企业	692703	577597	458	12747
外资企业	1179603	841042	1986	
外商投资股份有限公司	174783	124375	455	21804

2-15　按行业分批发和零售业法人单位损益状况

单位：万元

行　业	主营业务收入	主营业务成本	主营业务税金及附加	利润总额
总　计	**268672045**	**240310700**	**840939**	**9216434**
一、批发业	**219457506**	**198395395**	**605343**	**6983810**
农畜产品批发	2372529	1885648	20468	209479
谷物、豆及薯类批发	400065	363522	1868	16311
种子、饲料批发	606136	529357	3795	23873
棉、麻批发	89416	84827	306	1199
牲畜批发	162444	131960	1999	13940
其他农畜产品批发	1114469	775982	12501	154156
食品、饮料及烟草制品批发	17918827	14717477	75097	1854184
米、面制品及食用油批发	1803497	1650742	7640	45157
糕点、糖果及糖批发	941748	815964	2371	15810
果品、蔬菜批发	544592	445008	3752	28879
肉、禽、蛋及水产品批发	2643409	2353818	9855	109945
盐及调味品批发	551027	417290	1848	29470
饮料及茶叶批发	2662101	2187431	11529	122646
烟草制品批发	6936888	5282871	28637	1456673
其他食品批发	1835565	1564353	9465	45605
纺织、服装及日用品批发	22133496	19533679	66429	698302
纺织品、针织品及原料批发	7369733	6719728	13736	188280
服装批发	5823813	5123808	15193	198317
鞋帽批发	1394061	1187897	4384	47624
厨房、卫生间用具及日用杂货批发	2156418	1912513	6871	31733
化妆品及卫生用品批发	1187063	961063	9278	49516
其他日用品批发	4202408	3628670	16969	182832
文化、体育用品及器材批发	5132856	4562311	17398	154957
文具用品批发	1331375	1199121	4603	23349
体育用品批发	619586	544147	1600	30006
图书批发	577776	505906	2080	26023
报刊批发	53018	45207	569	1509
音像制品及电子出版物批发	151785	123135	1348	3341
首饰、工艺品及收藏品批发	1370855	1223044	3665	44639
其他文化用品批发	1028461	921752	3533	26091
医药及医疗器材批发	9314708	8091539	34297	340693
西药批发	5453391	4874965	14737	175249
中药材及中成药批发	2888128	2425198	12846	125854
医疗用品及器材批发	973188	791376	6714	39591
矿产品、建材及化工产品批发	109544427	102292305	199670	2218904
煤炭及制品批发	8782981	8021216	13110	164463

2-15 续表 1

单位：万元

行 业	主营业务收入	主营业务成本	主营业务税金及附加	利润总额
石油及制品批发	41685258	39614833	32700	600708
非金属矿及制品批发	815449	753791	3755	21253
金属及金属矿批发	29500549	27598259	50144	663711
建材批发	11770484	10996692	28394	250098
化肥批发	2178163	1927484	26852	98081
农药批发	209082	173765	1555	10344
农用薄膜批发	75855	64771	286	2835
其他化工产品批发	14526606	13141493	42875	407411
机械设备、五金交电及电子产品批发	37291914	33117329	131793	969307
农业机械批发	256585	220684	2861	9436
汽车、摩托车及零配件批发	5297317	4761895	10534	266427
五金、交电批发	3908289	3278839	26110	178799
家用电器批发	4560978	4028100	10307	37709
计算机、软件及辅助设备批发	4673814	4281317	21426	78864
通讯及广播电视设备批发	5178465	4739802	8106	64935
其他机械设备及电子产品批发	13416467	11806692	52449	333137
贸易经纪与代理	9049828	8381787	24924	196767
贸易经纪与代理	9049828	8381787	24924	196767
其他批发	6698921	5813321	35268	341217
再生物资回收与批发	2228434	1909682	12517	144539
其他未列明的批发	4470487	3903639	22751	196678
二、零售业	**49214539**	**41915305**	**235596**	**2232624**
综合零售	9429083	7832864	57986	390000
百货零售	4625351	3712915	35804	272436
超级市场零售	4331381	3752156	15059	102078
其他综合零售	472352	367793	7124	15487
食品、饮料及烟草制品专门零售	990970	740451	12505	127029
粮油零售	109459	90780	1508	8407
糕点、面包零售	65824	43387	1188	3876
果品、蔬菜零售	58865	45669	564	4292
肉、禽、蛋及水产品零售	113479	92417	1353	5326
饮料及茶叶零售	178025	136126	2795	10630
烟草制品零售	222295	149298	1518	72212
其他食品零售	243024	182775	3579	22285
纺织、服装及日用品专门零售	2542878	1719660	18405	130901
纺织品及针织品零售	125683	94434	1630	7951
服装零售	1420690	1030792	8897	90161
鞋帽零售	196373	115698	1752	8271
钟表、眼镜零售	164507	118200	920	6186
化妆品及卫生用品零售	359696	160721	1508	3818
其他日用品零售	275929	199815	3698	14514

2-15 续表 2

单位：万元

行 业	主营业务收入	主营业务成本	主营业务税金及附加	利润总额
文化、体育用品及器材专门零售	945437	688271	13417	41457
文具用品零售	147928	116001	2149	6293
体育用品零售	61884	45632	810	498
图书零售	334369	237712	3186	14791
报刊零售	13403	9050	340	514
音像制品及电子出版物零售	13589	9287	306	1128
珠宝首饰零售	198544	135572	4652	11408
工艺美术品及收藏品零售	80660	58501	978	4676
照相器材零售	17969	14946	177	411
其他文化用品零售	77090	61571	820	1739
医药及医疗器材专门零售	1415593	1066109	10716	104286
药品零售	1204042	903492	8630	91683
医疗用品及器材零售	211550	162616	2087	12604
汽车、摩托车、燃料及零配件专门零售	25551456	22935860	53117	1111372
汽车零售	12686632	11768059	21194	119587
汽车零配件零售	429618	360916	3439	11455
摩托车及零配件零售	267306	205463	2490	18891
机动车燃料零售	12167899	10601422	25994	961439
家用电器及电子产品专门零售	4959019	4297808	29688	144169
家用电器零售	2669221	2408244	11160	75207
计算机、软件及辅助设备零售	819417	672375	7778	28586
通信设备零售	860498	743384	3722	18516
其他电子产品零售	609883	473805	7028	21860
五金、家具及室内装修材料专门零售	1565045	1196700	22781	66368
五金零售	599722	465682	9458	35644
家具零售	357146	260063	4766	16205
涂料零售	85195	67954	1175	6267
其他室内装修材料零售	522982	403001	7383	8251
无店铺及其他零售	1815058	1437583	16980	117042
流动货摊零售	1683	1308	27	75
邮购及电子销售	20661	15485	264	-3002
生活用燃料零售	854503	682739	4772	72955
花卉零售	28963	18961	858	3471
旧货零售	15546	13154	143	319
其他未列明的零售	893702	705937	10916	43225

2-16 按行业分批发和零售业

行业	内资企业			
	主营业务收入	主营业务成本	主营业务税金及附加	利润总额
总计	**241725518**	**216924794**	**778414**	**8327443**
一、批发业	**200744624**	**181852621**	**567616**	**6387274**
农畜产品批发	2330765	1848289	20443	208799
食品、饮料及烟草制品批发	16348979	13423573	71323	1822197
纺织、服装及日用品批发	19473394	17376960	61708	530487
文化、体育用品及器材批发	4145999	3692384	16131	103406
医药及医疗器材批发	8305240	7181390	34045	309556
矿产品、建材及化工产品批发	104175161	97264116	195034	2100586
机械设备、五金交电及电子产品批发	30823891	27359849	111971	832771
贸易经纪与代理	8742014	8139163	22435	155242
其他批发	6399182	5566898	34527	324230
二、零售业	**40980895**	**35072173**	**210799**	**1940169**
综合零售	4893989	4008098	39351	217743
食品、饮料及烟草制品专门零售	955188	716838	12162	126494
纺织、服装及日用品专门零售	1758544	1251502	17357	98323
文化、体育用品及器材专门零售	868140	636280	12859	42499
医药及医疗器材专门零售	1412760	1063985	10704	104519
汽车、摩托车、燃料及零配件专门零售	23390708	20939241	51205	1054203
家用电器及电子产品专门零售	4909049	4260028	29402	143869
五金、家具及室内装修材料专门零售	1372762	1055411	21741	80685
无店铺及其他零售	1419754	1140790	16018	71836

2-16 续表 1

行业	股份合作企业			
	主营业务收入	主营业务成本	主营业务税金及附加	利润总额
总计	**966774**	**823498**	**9027**	**45165**
一、批发业	**667108**	**578474**	**5150**	**33131**
农畜产品批发	16555	15212	35	285
食品、饮料及烟草制品批发	93800	75027	362	11639
纺织、服装及日用品批发	59041	44279	2837	3244
文化、体育用品及器材批发	10769	8618	78	579
医药及医疗器材批发	33195	27851	303	2872
矿产品、建材及化工产品批发	353561	322743	875	10893
机械设备、五金交电及电子产品批发	78184	66804	541	2327
贸易经纪与代理	2621	2236	13	176
其他批发	19383	15704	106	1116
二、零售业	**299665**	**245024**	**3878**	**12035**
综合零售	45880	38191	344	788
食品、饮料及烟草制品专门零售	28651	21769	696	1922
纺织、服装及日用品专门零售	29488	21245	519	1948
文化、体育用品及器材专门零售	18288	14153	270	769
医药及医疗器材专门零售	19193	15248	466	939
汽车、摩托车、燃料及零配件专门零售	91470	82991	405	1758
家用电器及电子产品专门零售	13060	10189	201	706
五金、家具及室内装修材料专门零售	38447	29704	690	2167
无店铺及其他零售	15188	11535	287	1038

法人单位损益状况(按登记注册类型分)

单位：万元

国有企业				集体企业			
主营业务收入	主营业务成本	主营业务税金及附加	利润总额	主营业务收入	主营业务成本	主营业务税金及附加	利润总额
31424099	**28969289**	**57362**	**986559**	**4594342**	**4001086**	**50481**	**206107**
29002365	**26808820**	**48980**	**893556**	**3412978**	**3019145**	**34080**	**146531**
366759	332644	1721	16348	45062	35515	1319	2645
4199152	3335823	19257	634538	203138	154060	2513	14335
2991754	2955169	2346	42709	212321	190771	1177	8275
441677	395604	1534	11034	54217	45716	268	2352
926846	785413	3644	36512	126224	116142	333	2757
17172202	16244152	15019	124666	1981836	1781561	24226	66779
1112266	1047041	3155	12307	380239	339984	1612	10188
1196081	1146922	1124	4853	180307	171228	305	2437
595629	566053	1182	10589	229633	184168	2328	36763
2421734	**2160469**	**8382**	**93004**	**1181364**	**981941**	**16401**	**59576**
181909	130478	1398	30850	263911	209960	4852	17064
135139	112202	1018	28079	70364	54976	1562	5081
21092	17501	321	960	89872	65080	2006	8927
157420	110391	1740	4537	39593	29895	975	2823
70402	52393	709	4885	32761	24484	593	2299
1761347	1659890	2309	18638	490728	443950	1799	11134
7086	5216	124	806	27797	22599	529	1348
12510	9326	248	647	80081	62036	2089	5468
74829	63074	516	3603	86257	68962	1996	5432

单位：万元

联营企业				国有联营企业			
主营业务收入	主营业务成本	主营业务税金及附加	利润总额	主营业务收入	主营业务成本	主营业务税金及附加	利润总额
2178692	**2021024**	**4994**	**58584**	**1380726**	**1289040**	**3549**	**46763**
1830677	**1703740**	**4262**	**51444**	**1195411**	**1120485**	**3249**	**42631**
12448	10621	114	655	7147	6000	101	229
244832	190270	2796	37400	222970	171522	2675	37697
113741	105000	79		32247	31816	21	251
42924	39532	19	102	1457	984	3	
2659	2684	16					
1130106	1096799	827	9612	860860	841672	429	5677
274460	251564	268	3780	70663	68443	19	
2635	1330	105	113	68	48	1	
6872	5939	38	263				
348015	**317285**	**732**	**7140**	**185314**	**168555**	**300**	**4132**
3825	3123	30	81	2750	2207	19	53
2123	1518	22	507	1339	861	9	477
3958	3022	38	113	312	182	7	38
1794	1412	18	98	1296	1031	10	74
29748	23012	133	641	28294	21945	110	610
293800	274604	395	5175	149964	141358	112	2697
2327	1800	32	178	596	446	22	77
1199	897	15	17	30	10	1	5
9240	7898	50	332	734	517	11	101

2-16 续表 2

行业	集体联营企业			
	主营业务收入	主营业务成本	主营业务税金及附加	利润总额
总计	**183274**	**169516**	**514**	**5163**
一、批发业	**143338**	**135012**	**266**	**3918**
农畜产品批发	4628	3981	5	414
食品、饮料及烟草制品批发	1519	1285	10	123
纺织、服装及日用品批发	3092	2686	12	106
文化、体育用品及器材批发	6	4	0	1
医药及医疗器材批发	2252	2374	12	
矿产品、建材及化工产品批发	113308	107804	140	3210
机械设备、五金交电及电子产品批发	14037	13129	52	298
贸易经纪与代理	160	58	5	
其他批发	4337	3691	30	142
二、零售业	**39935**	**34504**	**249**	**1246**
综合零售	986	874	7	18
食品、饮料及烟草制品专门零售				
纺织、服装及日用品专门零售	1264	876	29	69
文化、体育用品及器材专门零售	156	105	1	13
医药及医疗器材专门零售	510	409	12	45
汽车、摩托车、燃料及零配件专门零售	29925	26157	169	881
家用电器及电子产品专门零售	900	671	7	55
五金、家具及室内装修材料专门零售	589	408	14	76
无店铺及其他零售	5605	5005	11	89

2-16 续表 3

行业	有限责任公司			
	主营业务收入	主营业务成本	主营业务税金及附加	利润总额
总计	**72296468**	**65784954**	**158577**	**2443738**
一、批发业	**60000233**	**55030947**	**110845**	**2047841**
农畜产品批发	420220	392891	874	9028
食品、饮料及烟草制品批发	6966531	5746604	19773	879656
纺织、服装及日用品批发	4164324	3850720	7554	95160
文化、体育用品及器材批发	867349	781238	2993	29978
医药及医疗器材批发	3178007	2864696	8787	75614
矿产品、建材及化工产品批发	30826757	29020118	39365	543632
机械设备、五金交电及电子产品批发	9207122	8365621	20166	278442
贸易经纪与代理	2616646	2444919	4871	64762
其他批发	1753278	1564141	6463	71568
二、零售业	**12296235**	**10754008**	**47733**	**395897**
综合零售	2054511	1725884	10269	57533
食品、饮料及烟草制品专门零售	323217	226674	2166	66346
纺织、服装及日用品专门零售	506692	382073	4117	28931
文化、体育用品及器材专门零售	241854	175480	3315	14033
医药及医疗器材专门零售	624970	483019	2606	48677
汽车、摩托车、燃料及零配件专门零售	5698825	5247770	11162	100791
家用电器及电子产品专门零售	2109894	1904252	7291	45855
五金、家具及室内装修材料专门零售	250504	197486	3605	14930
无店铺及其他零售	485768	411371	3202	18801

单位：万元

国有与集体联营企业				其他联营企业			
主营业务收　入	主营业务成　本	主营业务税金及附加	利润总额	主营业务收　入	主营业务成　本	主营业务税金及附加	利润总额
176199	**167845**	**209**		**438493**	**394623**	**722**	**6956**
132778	**127207**	**169**		**359150**	**321036**	**579**	**6501**
				673	640	7	12
6413	5567	56	81	13931	11896	56	
				78402	70498	47	
188	141	3	3	41272	38404	13	420
				407	309	4	6
118108	114056	71		37830	33267	187	2416
7282	6797	14		182479	163196	184	4225
787	647	25	18	1620	578	74	312
				2536	2248	8	121
43421	**40638**	**40**	**1308**	**79344**	**73587**	**143**	**455**
				90	42	4	10
428	380	5	16	356	277	9	14
				2383	1965	1	6
				343	276	8	11
28	18	1		916	641	11	
42111	39572	34	1303	71800	67518	81	294
				831	683	3	45
434	361			146	118	0	
420	308	1	49	2481	2068	27	93

单位：万元

国有独资公司				其他有限责任公司			
主营业务收　入	主营业务成　本	主营业务税金及附加	利润总额	主营业务收　入	主营业务成　本	主营业务税金及附加	利润总额
3449654	**3102210**	**4148**	**266076**	**68846814**	**62682745**	**154430**	**2177662**
3311874	**3014922**	**3769**	**227607**	**56688360**	**52016025**	**107076**	**1820234**
14662	13622	97	330	405558	379269	777	8698
1280132	1067821	1849	187168	5686399	4678782	17923	692488
322889	313974	73	4065	3841435	3536747	7481	91095
1331	937	14	235	866018	780301	2979	29744
80417	75691	47	629	3097590	2789005	8740	74985
994584	942563	1232	11925	29832173	28077555	38133	531708
413630	405205	208	21904	8793491	7960416	19958	256538
182436	174816	159	2012	2434210	2270103	4712	62750
21792	20294	91		1731486	1543848	6373	72229
137781	**87288**	**379**	**38469**	**12158454**	**10666720**	**47354**	**357428**
979	879	5		2053531	1725005	10264	57606
107204	64647	248	36664	216014	162027	1917	29683
				506692	382073	4117	28931
21992	15496	76	1808	219862	159984	3239	12225
90	68	0	2	624880	482951	2605	48675
4562	3769	2	7	5694263	5244001	11160	100784
256	156	5	29	2109638	1904096	7286	45826
1455	1321	1	6	249050	196165	3605	14924
1244	953	42	27	484525	410418	3160	18774

2-16 续表 4

行　　业	股份有限公司			
	主营业务收入	主营业务成本	主营业务税金及附加	利润总额
总　　计	**34551785**	**31752115**	**51588**	**1566393**
一、批发业	**25428015**	**23982887**	**29767**	**692354**
农畜产品批发	57360	53052	190	2870
食品、饮料及烟草制品批发	712240	573999	2185	105543
纺织、服装及日用品批发	535707	478123	1255	13484
文化、体育用品及器材批发	75140	70042	328	1559
医药及医疗器材批发	493111	405682	2302	68251
矿产品、建材及化工产品批发	20710067	19806643	19181	444434
机械设备、五金交电及电子产品批发	2168168	1959258	3470	48528
贸易经纪与代理	366297	349935	316	
其他批发	309925	286154	540	8646
二、零售业	**9123770**	**7769228**	**21821**	**874039**
综合零售	629967	518241	6734	47029
食品、饮料及烟草制品专门零售	10250	7721	168	1021
纺织、服装及日用品专门零售	17655	14574	176	694
文化、体育用品及器材专门零售	17407	11528	634	865
医药及医疗器材专门零售	34608	28803	165	1375
汽车、摩托车、燃料及零配件专门零售	8058319	6879745	12726	810527
家用电器及电子产品专门零售	314309	275847	647	10155
五金、家具及室内装修材料专门零售	16882	13421	202	881
无店铺及其他零售	24373	19349	370	1492

2-16 续表 5

行　　业	私营合伙企业			
	主营业务收入	主营业务成本	主营业务税金及附加	利润总额
总　　计	**1989399**	**1690174**	**13103**	**98725**
一、批发业	**1627966**	**1414076**	**8725**	**73786**
农畜产品批发	42545	34629	826	2623
食品、饮料及烟草制品批发	118420	92340	1332	9526
纺织、服装及日用品批发	324112	275356	1134	18393
文化、体育用品及器材批发	31967	25971	302	1214
医药及医疗器材批发	38613	33105	198	1786
矿产品、建材及化工产品批发	668988	605364	2060	23538
机械设备、五金交电及电子产品批发	245505	207880	1914	10012
贸易经纪与代理	44927	40576	197	1606
其他批发	112889	98856	764	5090
二、零售业	**361434**	**276099**	**4378**	**24939**
综合零售	53676	41418	730	3765
食品、饮料及烟草制品专门零售	18990	14048	356	1447
纺织、服装及日用品专门零售	27347	18821	392	2054
文化、体育用品及器材专门零售	12325	9347	167	583
医药及医疗器材专门零售	12331	9224	213	1094
汽车、摩托车、燃料及零配件专门零售	130971	105403	989	7746
家用电器及电子产品专门零售	39874	28936	589	2482
五金、家具及室内装修材料专门零售	39244	29076	661	3361
无店铺及其他零售	26678	19826	281	2407

单位：万元

私营企业				私营独资企业			
主营业务收入	主营业务成本	主营业务税金及附加	利润总额	主营业务收入	主营业务成本	主营业务税金及附加	利润总额
94109431	**82257962**	**433887**	**2910559**	**11561600**	**8962360**	**118927**	**1017476**
79277851	**69800028**	**327387**	**2439422**	**9129296**	**7077735**	**83455**	**805280**
1399674	998473	15953	175755	723688	392442	12799	164846
3803370	3239842	23374	131385	471841	355700	6187	46384
11305637	9688616	45744	362664	2811271	2206701	14970	203558
2636554	2337936	10743	56577	209809	173350	1725	13599
3487192	2929815	18412	119634	224373	181805	2262	
31421453	28503831	93658	856357	2365788	1973213	21161	175971
17438304	15193448	81310	466204	1526947	1184070	14385	121137
4357797	4007566	14981	82045	171018	138001	2367	14669
3427871	2900500	23211	188802	624561	472453	7599	69552
14831580	**12457934**	**106500**	**471137**	**2432304**	**1884624**	**35473**	**212196**
1653502	1335566	14796	61025	266950	195891	4543	24796
369336	280681	6122	21837	109079	77486	2491	11253
1056289	723943	9501	54818	177376	121167	2949	17288
352406	264260	5507	15571	70165	49409	1533	7761
577633	421326	5681	42567	118126	83272	2173	14318
6789132	6162411	21802	102236	696912	558384	8459	58636
2401779	2015249	20154	82022	553847	481727	4336	35158
932641	714648	13854	52140	283423	205925	5686	26258
698863	539851	9084	38922	156426	111364	3302	16729

单位：万元

私营有限责任公司				私营股份有限公司			
主营业务收入	主营业务成本	主营业务税金及附加	利润总额	主营业务收入	主营业务成本	主营业务税金及附加	利润总额
78774049	**70059656**	**292382**	**1723275**	**1784383**	**1545772**	**9476**	**71083**
67168351	**60131512**	**228813**	**1507444**	**1352239**	**1176705**	**6395**	**52912**
625490	564643	2267	7991	7951	6759	62	296
3107169	2701209	15363	71607	105940	90595	492	3867
8061553	7113814	29089	135975	108702	92746	552	4738
2363410	2112786	8517	40658	31368	25829	201	1107
3156711	2656466	15641	120302	67495	58439	312	1981
27807480	25406804	68405	640100	579197	518450	2033	16748
15368562	13547388	63434	321431	297289	254110	1578	13624
4091516	3788192	12004	61242	50336	40797	413	4529
2586460	2240210	14095	108139	103962	88982	753	6022
11605699	**9928145**	**63569**	**215831**	**432144**	**369066**	**3080**	**18171**
1236366	1017463	8747	23914	96511	80795	776	8550
232923	183473	3127	8632	8345	5674	148	506
838447	574566	5986	34767	13118	9390	174	710
261921	199900	3682	7206	7994	5603	125	21
435335	320032	3152	26271	11841	8798	142	885
5760542	5316085	11518	31231	200707	182539	837	4623
1754728	1459476	14827	43616	53330	45110	402	765
584581	459512	7178	21222	25394	20134	329	1300
500855	397638	5353	18974	14904	11023	148	812

2-16 续表 6

行　业	其他企业			
	主营业务收　入	主营业务成　本	主营业务税金及附加	利润总额
总　计	**1603928**	**1314866**	**12497**	**110337**
一、批发业	**1125397**	**928582**	**7145**	**82996**
农畜产品批发	12687	9882	237	1211
食品、饮料及烟草制品批发	125917	107948	1064	7702
纺织、服装及日用品批发	90870	64282	717	5106
文化、体育用品及器材批发	17370	13697	168	1225
医药及医疗器材批发	58006	49108	249	4246
矿产品、建材及化工产品批发	579180	488270	1883	44213
机械设备、五金交电及电子产品批发	165148	136130	1448	10994
贸易经纪与代理	19630	15027	720	1817
其他批发	56590	44238	659	6482
二、零售业	**478532**	**386284**	**5352**	**27342**
综合零售	60483	46657	929	3372
食品、饮料及烟草制品专门零售	16110	11297	408	1702
纺织、服装及日用品专门零售	33499	24064	680	1933
文化、体育用品及器材专门零售	39379	29163	401	3803
医药及医疗器材专门零售	23445	15701	353	3135
汽车、摩托车、燃料及零配件专门零售	207087	187881	607	3944
家用电器及电子产品专门零售	32797	24878	424	2801
五金、家具及室内装修材料专门零售	40497	27894	1038	4434
无店铺及其他零售	25236	18750	514	2217

2-16 续表 7

行　业	合作经营企业(港或澳、台资)			
	主营业务收　入	主营业务成　本	主营业务税金及附加	利润总额
总　计	**220608**	**197299**	**695**	**4323**
一、批发业	**90491**	**84756**	**281**	**1418**
农畜产品批发				
食品、饮料及烟草制品批发	24971	23369	144	162
纺织、服装及日用品批发	4428	3320	54	606
文化、体育用品及器材批发	93	68	1	5
医药及医疗器材批发	2	1		
矿产品、建材及化工产品批发	47984	46350	30	849
机械设备、五金交电及电子产品批发	5825	4687	52	
贸易经纪与代理	7189	6962		90
其他批发				
二、零售业	**130116**	**112543**	**414**	**2905**
综合零售	17049	11510	305	
食品、饮料及烟草制品专门零售	39	25	2	2
纺织、服装及日用品专门零售	2139	1421	7	121
文化、体育用品及器材专门零售				
医药及医疗器材专门零售	57	45	0	
汽车、摩托车、燃料及零配件专门零售	101383	91666	54	4499
家用电器及电子产品专门零售	79	67	0	
五金、家具及室内装修材料专门零售	9329	7775	44	761
无店铺及其他零售	42	34	2	1

单位：万元

港、澳、台商投资企业				合资经营企业(港或澳、台资)			
主营业务收入	主营业务成本	主营业务税金及附加	利润总额	主营业务收入	主营业务成本	主营业务税金及附加	利润总额
11680078	**10081644**	**39883**	**466120**	**4899654**	**4334419**	**17392**	**225727**
7701592	**6731447**	**20326**	**271902**	**2847363**	**2628578**	**11056**	**86442**
37789	34389	25	53	2641	2408		19
811680	687612	673	15073	127283	119597	154	1706
1261419	985030	2542	74249	357199	293335	327	28225
498371	424748	966	33369	20296	16988	34	
132503	85798	123	20100	183	155	7	10
2202311	2048597	2524	67703	939070	878728	1297	49561
2411409	2183152	11665	23463	1373363	1293538	9069	9044
242229	195438	1213	34896	87	55	2	
103883	86684	594	2997	27242	23775	166	502
3978486	**3350197**	**19557**	**194218**	**2052291**	**1705841**	**6336**	**139285**
2660373	2243452	16699	147151	1713018	1399820	5782	130317
18486	10802	96		3779	2509	7	
235619	162016	887	16175	6966	3892	18	73
54525	33691	395	2418	666	467	62	134
2720	2056	10		1529	1102	2	61
897348	813984	377	21238	283805	264378	165	8876
31586	24538	90	1239	5565	4387	28	
40872	29264	815	7641	14914	10512	261	441
36957	30394	189		22049	18774	12	

单位：万元

港、澳、台商独资经营企业				港、澳、台商投资股份有限公司			
主营业务收入	主营业务成本	主营业务税金及附加	利润总额	主营业务收入	主营业务成本	主营业务税金及附加	利润总额
6241044	**5279385**	**21003**	**223928**	**318773**	**270542**	**794**	**12142**
4670976	**3940182**	**8757**	**181441**	**92762**	**77932**	**232**	**2602**
35147	31982	25	33				
656042	541531	365	13211	3384	3115	10	
890783	684035	2014	45239	9009	4340	148	179
477037	406814	931	35976	945	878	0	13
126802	80596	111	20043	5517	5046	4	62
1178438	1090365	1194	16743	36819	33153	3	549
996608	854624	2479	12971	35614	30303	65	1726
234945	188419	1211	34815	8	3	0	
75175	61816	427	2410	1467	1093	1	85
1570068	**1339204**	**12246**	**42488**	**226011**	**192610**	**562**	**9540**
930306	832122	10613	19301				
14668	8268	87					
218684	150195	860	15817	7830	6508	3	164
53859	33225	333	2284				
1133	908	7					
313806	285706	99	6212	198355	172235	59	1651
21398	16649	59	798	4545	3436	2	483
2526	1545	14		14104	9433	496	7141
13688	10586	174	5	1178	1000	2	102

2-16 续表 8

行业	外商投资企业			
	主营业务收入	主营业务成本	主营业务税金及附加	利润总额
总计	**15266449**	**13304262**	**22643**	**422871**
一、批发业	**11011290**	**9811327**	**17402**	**324634**
农畜产品批发	3976	2970		628
食品、饮料及烟草制品批发	758168	606293	3100	16914
纺织、服装及日用品批发	1398684	1171688	2179	93566
文化、体育用品及器材批发	488487	445180	301	18182
医药及医疗器材批发	876965	824351	129	11037
矿产品、建材及化工产品批发	3166956	2979592	2112	50615
机械设备、五金交电及电子产品批发	4056615	3574328	8157	113073
贸易经纪与代理	65585	47186	1276	6630
其他批发	195856	159739	147	13991
二、零售业	**4255159**	**3492935**	**5241**	**98237**
综合零售	1874722	1581314	1936	25107
食品、饮料及烟草制品专门零售	17296	12812	247	1653
纺织、服装及日用品专门零售	548715	306142	161	16403
文化、体育用品及器材专门零售	22772	18299	163	
医药及医疗器材专门零售	113	68	3	
汽车、摩托车、燃料及零配件专门零售	1263399	1182634	1536	35932
家用电器及电子产品专门零售	18384	13242	196	
五金、家具及室内装修材料专门零售	151412	112025	225	
无店铺及其他零售	358347	266399	774	45512

2-16 续表 9

行业	外资企业			
	主营业务收入	主营业务成本	主营业务税金及附加	利润总额
总计	**7880595**	**6681171**	**14592**	**266931**
一、批发业	**6700991**	**5840129**	**12605**	**269515**
农畜产品批发	3976	2970		628
食品、饮料及烟草制品批发	497621	403403	506	27740
纺织、服装及日用品批发	1212413	1033018	1704	78983
文化、体育用品及器材批发	394083	359593	227	18005
医药及医疗器材批发	92101	72219	20	2028
矿产品、建材及化工产品批发	683654	606410	1477	23652
机械设备、五金交电及电子产品批发	3708756	3286842	7315	106666
贸易经纪与代理	64496	46502	1243	6501
其他批发	43892	29172	114	5313
二、零售业	**1179603**	**841042**	**1986**	
综合零售	666579	552315	1070	12629
食品、饮料及烟草制品专门零售	7317	4194	228	1634
纺织、服装及日用品专门零售	286886	106637	143	
文化、体育用品及器材专门零售	18068	14213	139	
医药及医疗器材专门零售	113	68	3	
汽车、摩托车、燃料及零配件专门零售	26410	24784	65	
家用电器及电子产品专门零售	14041	10354	147	18
五金、家具及室内装修材料专门零售	68222	48507	108	
无店铺及其他零售	91969	79970	85	

单位：万元

中外合资经营企业				中外合作经营企业			
主营业务收入	主营业务成本	主营业务税金及附加	利润总额	主营业务收入	主营业务成本	主营业务税金及附加	利润总额
5892071	**5399759**	**6172**	**100256**	**1253100**	**1047646**	**792**	**34689**
3684002	**3449839**	**3830**	**33985**	**560397**	**470049**	**335**	**21942**
150063	108928	2450	868	105232	91509	138	
64458	52310	294	936	115004	81107	103	14975
92399	84684	42	238	133	65	7	
784283	751701	107	8994				
2217780	2126275	610	20792	264206	245822	17	6286
252955	211911	267		45222	34643	63	6110
700	364	33	100				
121364	113666	26	2691	30601	16902	6	5987
2208069	**1949920**	**2342**	**66270**	**692703**	**577597**	**458**	**12747**
848818	708169	579	12608	345097	307573	286	
9835	8529	11	7				
3615	2896	17		258134	196545		19946
348	262	14		53	16	2	
1189463	1114402	1377	34796	36206	33069	74	1900
4343	2888	50					
30424	23390	28		52576	39983	81	
121223	89385	267	24886	638	411	15	

单位：万元

外商投资股份有限公司			
主营业务收入	主营业务成本	主营业务税金及附加	利润总额
240683	**175686**	**1087**	**20996**
65900	**51310**	**632**	
5252	2452	6	
6809	5254	78	
1873	838	25	52
580	431	2	16
1316	1085	8	
49681	40932	512	931
389	320	0	28
174783	**124375**	**455**	**21804**
14228	13257	1	2041
144	88	9	12
80	64	2	4
4304	3809	8	
11321	10380	21	491
190	145	8	16
144518	96632	407	21364

2-17 各地区批发和零售业法人单位损益状况

单位：万元

地　区	主营业务收入	主营业务成本	主营业务税金及附加	利润总额
批发和零售业合计	**268672045**	**240310700**	**840939**	**9216434**
广州市	112487598	102369980	304802	2697599
深圳市	59383409	53442720	103005	1384496
珠海市	7887440	7127836	19236	186942
汕头市	4775973	3898989	65932	370178
佛山市	29486422	26076815	66976	1437140
韶关市	1976645	1721090	5939	118923
河源市	686281	574625	3884	63523
梅州市	1505643	1168813	19576	146326
惠州市	3419397	3044826	15058	148733
汕尾市	805762	690385	7891	73192
东莞市	12990781	11607748	51434	430002
中山市	8024719	7372444	12418	180276
江门市	4620810	3992504	31637	308234
阳江市	1176662	877796	20681	168114
湛江市	4609823	3952043	25761	260605
茂名市	5852808	5070645	17067	465666
肇庆市	2323963	1872327	19386	198555
清远市	1244169	976580	3686	86927
潮州市	1452866	1177770	9797	101671
揭阳市	3100256	2540264	34341	323146
云浮市	860621	754502	2433	66187
一、批发业	**219457506**	**198395395**	**605343**	**6983810**
广州市	98198102	90354409	242923	1956670
深圳市	46815632	42633542	68822	978763
珠海市	6341120	5797205	13078	132814
汕头市	3346807	2741219	35662	284725
佛山市	25038521	22287274	52618	1155630
韶关市	1628939	1423262	4782	105385
河源市	565239	477516	2327	58965
梅州市	881461	709850	11763	115956
惠州市	1947004	1728951	8560	108786
汕尾市	600659	511163	5671	56685

2-17　续表　　单位：万元

地　区	主营业务收　入	主营业务成　本	主营业务税金及附加	利润总额
东莞市	8310969	7473792	33792	325552
中山市	6478432	5965505	9313	156710
江门市	3282042	2816527	21409	250091
阳江市	933234	702071	13209	143309
湛江市	3638414	3136507	20947	209524
茂名市	4636099	4121255	12749	311084
肇庆市	1438265	1122885	14159	150412
清远市	981071	741819	2771	79650
潮州市	1163835	942579	5877	80250
揭阳市	2470171	2034669	23695	262463
云浮市	761490	673394	1219	60387
二、零售业	**49214539**	**41915305**	**235596**	**2232624**
广州市	14289496	12015571	61879	740928
深圳市	12567776	10809178	34183	405733
珠海市	1546320	1330632	6159	54129
汕头市	1429167	1157770	30270	85453
佛山市	4447901	3789540	14359	281510
韶关市	347706	297828	1157	13537
河源市	121042	97109	1557	4558
梅州市	624182	458962	7813	30370
惠州市	1472393	1315875	6498	39947
汕尾市	205103	179222	2220	16507
东莞市	4679812	4133956	17642	104449
中山市	1546287	1406939	3105	23566
江门市	1338769	1175977	10228	58144
阳江市	243428	175726	7473	24805
湛江市	971409	815535	4814	51081
茂名市	1216709	949390	4319	154582
肇庆市	885698	749441	5227	48143
清远市	263098	234760	916	7277
潮州市	289030	235191	3920	21420
揭阳市	630084	505595	10646	60683
云浮市	99131	81108	1214	5801

2-18 其他行业法人附属批发和零售业产业单位按经营地商品购销存情况

单位：万元

项目	单位数(个)	年末从业人员数(人)	商品购进额	商品销售额			年末商品库存额	年末零售营业面积(平方米)
					批发额	零售额		
总计	**3479**	**41675**	**3083576**	**3888062**	**2712479**	**1175583**	**185546**	**461668**
一、批发业	**1142**	**24140**	**1914197**	**2424281**	**2280564**	**143717**	**126358**	**177963**
1.按批发行业小类分组								
农畜产品批发	80	291	11835	12294	12292	2	290	5199
谷物、豆及薯类批发	1	7	430	322	322		160	
种子、饲料批发	59	173	2094	4665	4665		120	3056
棉、麻批发								
牲畜批发	4	17	1931	3266	3264	2	10	1523
其他农畜产品批发	16	94	7381	4041	4041			620
食品、饮料及烟草制品批发	129	5000	439112	510769	505390	5379	46296	109517
米、面制品及食用油批发	21	133	450	3344	3344		25	2336
糕点、糖果及糖批发	20	1410	61930	83589	82129	1460	9400	298
果品、蔬菜批发	6	59	644	1049	1049		20	300
肉、禽、蛋及水产品批发	17	191	13252	14237	14237		340	7254
盐及调味品批发	3	5	16	59	59			
饮料及茶叶批发	52	2741	271510	323222	319435	3787	29836	98771
烟草制品批发	1	5	136	166	129	38	27	98
其他食品批发	9	456	91175	85103	85008	95	6648	460
纺织、服装及日用品批发	112	3511	196771	248633	134351	114282	14317	4262
纺织品、针织品及原料批发	21	211	3525	6497	6497		507	698
服装批发	30	1262	120647	134011	20071	113940	7373	931
鞋帽批发	2	4	21	21	21			100
厨房、卫生间用具及日用杂货批发	16	497	23873	23923	23759	165	50	476
化妆品及卫生用品批发	19	401	29441	54639	54639		3466	200
其他日用品批发	24	1136	19264	29542	29365	177	2921	1857
文化、体育用品及器材批发	59	3490	51760	163420	163176	244	2826	3323
文具用品批发	7	56	5295	5420	5420		1	58
体育用品批发	2	10	391	335	335		63	152
图书批发	11	163	9346	10678	10653	24	2019	400
报刊批发	12	1709	32922	140080	140080		178	
音像制品及电子出版物批发	2	27	1000	1018	1018			
首饰、工艺品及收藏品批发	18	1445	1399	1591	1540	51	381	1920
其他文化用品批发	7	80	1407	4298	4129	169	184	793
医药及医疗器材批发	12	170	499	908	905	2	34	195
西药批发								
中药材及中成药批发	6	118	1	141	141		0	
医疗用品及器材批发	6	52	498	766	764	2	34	195
矿产品、建材及化工产品批发	338	5323	1057232	1236948	1229668	7280	41011	31311
煤炭及制品批发	3	41	34972	30945	30945		26	1000
石油及制品批发	1	15	14374	14802	14802		435	
非金属矿及制品批发	2	2	121	130	130			13058
金属及金属矿批发	24	2578	663476	762075	762075		35099	1533
建材批发	60	1358	242734	299387	292115	7272	2458	2600
化肥批发	166	618	15855	32270	32266	4	922	10164

2-18　续表 1　　　　单位：万元

项　目	单位数（个）	年末从业人员数（人）	商品购进额	商品销售额			年末商品库存额	年末零售营业面积（平方米）
					批发额	零售额		
农药批发	36	95	1417	1651	1651		157	1142
农用薄膜批发	1	3	303	368	368		9	100
其他化工产品批发	45	613	83980	95320	95316	4	1907	1714
机械设备、五金交电及电子产品批发	287	4863	133912	217962	201453	16509	9815	19548
农业机械批发	3	180	84	4776	4776		41	60
汽车、摩托车及零配件批发	19	224	33777	36399	25267	11132	743	2730
五金、交电批发	54	1405	37551	42092	41678	414	2583	744
家用电器批发	21	968	22716	70332	67322	3010	695	1162
计算机、软件及辅助设备批发	23	234	3032	9210	9210		55	711
通讯及广播电视设备批发	10	167	1572	6226	6226		114	150
其他机械设备及电子产品批发	157	1685	35181	48928	46975	1954	5583	13991
贸易经纪与代理	21	743	2326	2924	2917	7	53	387
贸易经纪与代理	21	743	2326	2924	2917	7	53	387
其他批发	104	749	20750	30424	30412	12	11716	4221
再生物资回收与批发	60	260	1925	2128	2128		149	955
其他未列明的批发	44	489	18825	28295	28284	12	11567	3266
2.按登记注册类型分组								
内资企业	978	14292	1278861	1610840	1591535	19305	83897	71824
国有企业	147	5186	172490	324032	323527	505	25576	13448
集体企业	245	1042	26082	26463	26257	207	11687	6618
股份合作企业	27	288	4029	4217	4168	49	292	618
联营企业	14	122	275	1920	1920		108	65
国有联营企业	3	83	251	1700	1700		1	
集体联营企业	5	18	24	63	63		2	65
国有与集体联营企业								
其他联营企业	6	21		157	157		105	
有限责任公司	182	3176	1021441	1137704	1119520	18184	40732	18970
国有独资公司	10	160	57127	74935	74935		1387	80
其他有限责任公司	172	3016	964314	1062770	1044585	18184	39345	18890
股份有限公司	25	1108	3702	39706	39706		708	2148
私营企业	282	3161	44546	73270	72932	338	3939	27981
私营独资企业	69	877	14324	14185	14005	180	1081	5557
私营合伙企业	10	102	1376	1766	1766		101	465
私营有限责任公司	195	2144	22729	49057	48899	158	2709	21867
私营股份有限公司	8	38	6117	8262	8262		49	92
其他企业	56	209	6297	3527	3505	22	854	1976
港、澳、台商投资企业	76	4616	410163	519116	401341	117775	21685	8624
合资经营企业(港或澳、台资)	28	2437	204182	234639	230855	3784	12365	5283
合作经营企业(港或澳、台资)	13	499	41364	44577	44577		122	
港、澳、台商独资经营企业	33	1663	164500	176267	62275	113992	9199	3341
港、澳、台商投资股份有限公司	2	17	117	63633	63633			
外商投资企业	88	5232	225174	294325	287689	6637	20776	97515
中外合资经营企业	13	472	43974	36534	31685	4849	5212	3058
中外合作经营企业	2	8	10	22	22			
外资企业	62	3840	124642	203367	201580	1787	12102	94457
外商投资股份有限公司	11	912	56547	54402	54402		3462	

2-18 续表 2 单位：万元

项　　目	单位数(个)	年末从业人员数(人)	商品购进额	商品销售额	批发额	零售额	年末商品库存额	年末零售营业面积(平方米)
二、零售业	**2337**	**17535**	**1169380**	**1463781**	**431915**	**1031865**	**59189**	**283705**
1.按零售行业小类分组								
综合零售	141	2062	319493	431129	395169	35961	2818	47252
百货零售	58	715	7989	12310		12310	1462	18397
超级市场零售	16	726	304752	395799	394410	1389	270	18910
其他综合零售	67	621	6752	23020	759	22261	1086	9945
食品、饮料及烟草制品专门零售	560	3666	39960	51363	575	50788	4036	38130
粮油零售	39	300	3141	3067	5	3062	319	8240
糕点、面包零售	320	2016	17711	21396	342	21054	895	17086
果品、蔬菜零售	19	61	2408	1292		1292	449	1133
肉、禽、蛋及水产品零售	42	126	3214	4354		4354	258	1837
饮料及茶叶零售	68	407	5611	7527	97	7430	937	3003
烟草制品零售	15	60	3913	6282	26	6256	296	696
其他食品零售	57	696	3963	7447	106	7341	882	6135
纺织、服装及日用品专门零售	287	2388	79274	114957	939	114018	3768	29583
纺织品及针织品零售	53	570	9264	11336		11336	438	5414
服装零售	154	1237	32124	40386	936	39450	2230	18119
鞋帽零售	4	94	3201	3241		3241	1	150
钟表、眼镜零售	3	7	123	135		135	27	99
化妆品及卫生用品零售	14	199	29071	53014		53014	15	1995
其他日用品零售	59	281	5492	6845	3	6842	1057	3806
文化、体育用品及器材专门零售	445	1955	29167	55559	12	55547	8166	14631
文具用品零售	30	138	2654	2710		2710	252	1351
体育用品零售	7	27	27	716		716	6	330
图书零售	21	112	1591	2634		2634	93	1771
报刊零售	273	576	221	22708	12	22696	21	2172
音像制品及电子出版物零售	47	417	13329	10972	1	10971	3240	1817
珠宝首饰零售	34	278	10560	11185		11185	4273	5037
工艺美术品及收藏品零售	27	389	760	4566		4566	282	2076
照相器材零售	1	4	5	5		5		20
其他文化用品零售	5	14	19	64		64		57
医药及医疗器材专门零售	236	724	9734	13271	2107	11164	1833	13341
药品零售	233	691	9144	12499	2107	10392	1778	13225
医疗用品及器材零售	3	33	590	772		772	54	116
汽车、摩托车、燃料及零配件专门零售	62	837	69023	74182	86	74096	6242	44221
汽车零售	4	43	891	989		989	65	620
汽车零配件零售	16	173	2073	2327		2327	75	1280
摩托车及零配件零售								
机动车燃料零售	42	621	66060	70866	86	70780	6101	42321
家用电器及电子产品专门零售	182	2435	251577	274464	10670	263794	17792	12768
家用电器零售	44	1377	218412	233284		233284	14480	3508
计算机、软件及辅助设备零售	40	217	2460	5313	277	5036	90	2302
通信设备零售	33	294	22574	26603	10360	16243	1557	955
其他电子产品零售	65	547	8131	9264	33	9231	1664	6003

2-18　续表 3　　　　单位：万元

项　目	单位数(个)	年末从业人员数(人)	商品购进额	商品销售额	批发额	零售额	年末商品库存额	年末零售营业面积(平方米)
五金、家具及室内装修材料专门零售	182	1669	84392	98896	288	98608	1588	43136
五金零售	75	814	71589	82102	20	82082	521	8047
家具零售	67	502	10117	13680	68	13612	739	32045
涂料零售	4	18	23	321		321	2	323
其他室内装修材料零售	36	335	2663	2793	200	2593	326	2721
无店铺及其他零售	242	1799	286760	349960	22069	327891	12947	40643
流动货摊零售								
邮购及电子销售	2	5	55	71		71	2	206
生活用燃料零售	63	639	67805	67629	20355	47274	1695	15480
花卉零售	7	34	121	189		189	20	675
旧货零售								
其他未列明的零售	170	1121	218779	282072	1714	280358	11229	24282
2.按登记注册类型分组								
内资企业	2065	14272	582871	667345	15751	651594	42468	237554
国有企业	460	2656	83151	94482	874	93608	3698	23993
集体企业	325	2149	50415	42376	49	42327	9779	34000
股份合作企业	38	183	4442	7780	752	7028	449	4118
联营企业	13	29	70	108		108	9	396
国有联营企业	2	3	6	6		6		21
集体联营企业	4	8	15	14		14	3	89
国有与集体联营企业	1	2		5		5		60
其他联营企业	6	16	49	83		83	6	226
有限责任公司	340	4186	268660	294498	2486	292012	16647	67125
国有独资公司	10	67	1235	1362	1	1361	120	1025
其他有限责任公司	330	4119	267425	293136	2485	290651	16527	66100
股份有限公司	32	249	22228	24163	10445	13718	1592	2253
私营企业	764	4265	86804	123791	1143	122647	8789	94638
私营独资企业	166	884	4882	19537	54	19483	424	9046
私营合伙企业	13	72	4213	4266		4266	141	970
私营有限责任公司	564	3214	74294	95007	1069	93938	8182	83408
私营股份有限公司	21	95	3416	4981	21	4961	42	1214
其他企业	93	555	67102	80147	2	80145	1505	11031
港、澳、台商投资企业	123	1781	324584	424067	394410	29658	3132	19162
合资经营企业(港或澳、台资)	40	476	1068	5574		5574	185	1709
合作经营企业(港或澳、台资)	5	71	94	223		223	19	184
港、澳、台商独资经营企业	75	1197	323416	417787	394410	23377	2929	17194
港、澳、台商投资股份有限公司	3	37	6	483		483		75
外商投资企业	149	1482	261924	372369	21755	350614	13588	26989
中外合资经营企业	39	374	5323	34822	20355	14467	1236	3707
中外合作经营企业	3	98	1365	2106		2106	89	231
外资企业	107	1010	255237	335441	1400	334041	12263	23051
外商投资股份有限公司								

2-19 其他行业法人单位附属批发零售业产业活动单位按市分商品购销存情况

单位：万元

地区	产业活动单位数(个)	年末从业人员数(人)	商品购进额	商品销售额			年末商品库存额	年末零售营业面积(平方米)
					批发额	零售额		
总计	**3479**	**41675**	**3083576**	**3888062**	**2712479**	**1175583**	**185546**	**461668**
广州市	1028	14237	1014164	1519079	1102133	416945	44742	88392
深圳市	460	8046	273915	370379	187819	182560	34198	63227
珠海市	100	566	18409	32178	13416	18762	1810	100426
汕头市	226	2313	70314	98920	52311	46609	9012	12077
佛山市	355	6122	1092359	1166064	898208	267856	60959	71620
韶关市	49	496	20039	21272	15384	5888	1662	4252
河源市	86	173	1008	977	153	824	122	4655
梅州市	43	452	182010	185925	175017	10908	568	4390
惠州市	90	651	39177	42483	28700	13782	1690	34906
汕尾市	4	181	7520	8810	6961	1850	343	1865
东莞市	86	1814	94906	119676	88314	31362	8835	12921
中山市	457	2202	91011	111858	14158	97700	1084	25260
江门市	48	474	36892	36095	29694	6401	11979	4179
阳江市	3	67	6722	6812	5893	920	211	500
湛江市	174	1663	85495	111834	61091	50743	6120	14415
茂名市	42	302	11779	13061	6581	6480	417	7728
肇庆市	70	682	15925	17803	12016	5787	720	1465
清远市	63	423	11085	13257	11002	2255	547	1831
潮州市	30	145	4599	4746	80	4666	241	1577
揭阳市	41	537	4163	4590	2804	1786	170	5377
云浮市	24	129	2087	2244	744	1500	116	605
一、批发业	**1142**	**24140**	**1914197**	**2424281**	**2280564**	**143717**	**126358**	**177963**
广州市	410	8091	511282	839800	703169	136632	35091	13085
深圳市	78	5495	130127	178400	177421	979	26002	6385
珠海市	31	228	10200	12843	12663	180	1095	93154
汕头市	27	861	26904	52288	52288		1439	2859
佛山市	162	3580	839179	897980	897978	2	39511	31676
韶关市	33	436	15395	15425	15384	41	1262	1311
河源市	10	12	42	47	47		9	175
梅州市	20	242	178437	180418	174993	5425	93	840
惠州市	47	398	27268	28706	28699	7	957	2177
汕尾市	3	79	6225	6961	6961		253	565

2-19　续表　　　　　　　　　　　　　　　　　　　　　　　单位：万元

地　区	产业活动单位数（个）	年末从业人员数（人）	商品购进额	商品销售额			年末商品库存额	年末零售营业面积（平方米）
					批发额	零售额		
东莞市	38	1358	72332	87426	87426		7550	8527
中山市	29	807	10039	14103	14103		241	982
江门市	30	366	30124	29709	29694	15	10733	2091
阳江市	2	63	5893	5893	5893			
湛江市	60	738	18813	40966	40710	255	1012	6100
茂名市	30	204	6566	6581	6581		108	5551
肇庆市	64	643	11472	12016	12016		460	230
清远市	34	225	9726	10997	10997		451	290
潮州市	2	15	801	80	80			
揭阳市	18	206	2777	2985	2804	181	78	1950
云浮市	14	93	593	659	659		14	15
二、零售业	**2337**	**17535**	**1169380**	**1463781**	**431915**	**1031865**	**59189**	**283705**
广州市	618	6146	502882	679278	398965	280313	9652	75307
深圳市	382	2551	143787	191979	10399	181581	8196	56842
珠海市	69	338	8208	19335	754	18582	715	7272
汕头市	199	1452	43410	46632	23	46609	7573	9218
佛山市	193	2542	253180	268084	230	267854	21449	39944
韶关市	16	60	4644	5847		5847	400	2941
河源市	76	161	965	930	106	824	113	4480
梅州市	23	210	3573	5508	24	5484	475	3550
惠州市	43	253	11909	13776	1	13775	733	32729
汕尾市	1	102	1295	1850		1850	90	1300
东莞市	48	456	22575	32250	888	31362	1285	4394
中山市	428	1395	80971	97756	55	97700	843	24278
江门市	18	108	6768	6386		6386	1246	2088
阳江市	1	4	829	920		920	211	500
湛江市	114	925	66682	70869	20381	50488	5108	8315
茂名市	12	98	5213	6480		6480	309	2177
肇庆市	6	39	4453	5787		5787	261	1235
清远市	29	198	1359	2260	5	2255	96	1541
潮州市	28	130	3799	4666		4666	241	1577
揭阳市	23	331	1386	1605		1605	92	3427
云浮市	10	36	1493	1584	85	1500	102	590

2-20 批发和零售业

项目	连锁总店(总部)数(个)	门店总数(个)			年末零售营业面积(平方米)	年末从业人数(人)
		合计	直营店	加盟店		
总计	**259**	**23585**	**8652**	**14933**	**17902421**	**254186**
一、按行业分组						
1.批发业	**31**	**8153**	**3143**	**5010**	**8595268**	**62618**
农畜产品批发						
食品、饮料及烟草制品批发	7	3506	88	3418	100226	11089
纺织、服装及日用品批发	5	231	70	161	22222	733
文化、体育用品及器材批发	6	44	28	16	14299	1133
医药及医疗器材批发	2	1339	38	1301	96560	5903
矿产品、建材及化工产品批发	5	2843	2802	41	8318123	39268
机械设备、五金交电及电子产品批发	6	190	117	73	43838	4492
2.零售业	**228**	**15432**	**5509**	**9923**	**9307153**	**191568**
综合零售	78	1943	1716	227	5449696	105881
食品、饮料及烟草制品专门零售	14	381	243	138	23618	2140
纺织、服装及日用品专门零售	24	8017	452	7565	391777	37319
文化、体育用品及器材专门零售	11	124	123	1	48903	2313
医药及医疗器材专门零售	49	4064	2097	1967	546932	19330
汽车、摩托车、燃料及零配件专门零售	12	468	450	18	1786884	7847
家用电器及电子产品专门零售	31	379	373	6	765838	14017
五金、家具及室内装修材料专门零售	7	33	32	1	292505	2575
无店铺及其他零售	2	23	23		1000	146
二、按登记注册类型分组						
内资企业	213	15163	7176	7987	13576051	153860
国有企业	12	2064	905	1159	906691	21593
集体企业	7	881	105	776	101020	2834
股份合作企业	2	36	36		21000	824
联营企业	2	206	206		19547	1239
有限责任公司	94	7406	2235	5171	2318980	60719
股份有限公司	14	2392	2390	2	9196319	38035
私营企业	79	2124	1245	879	1006773	27999
其他企业	3	54	54		5721	617
港、澳、台商投资企业	22	1047	951	96	2082630	41611
合资经营企业(港或澳、台资)	11	643	570	73	1385629	25008
合作经营企业(港或澳、台资)	1	77	77		8008	712
港、澳、台商独资经营企业	9	320	297	23	576595	15506
港、澳、台商投资股份有限公司	1	7	7		112398	385
外商投资企业	24	7375	525	6850	2243740	58715
中外合资经营企业	11	273	249	24	834949	13675
中外合作经营企业	6	598	94	504	284693	13972
外资企业	7	6504	182	6322	1124098	31068
三、按连锁零售业态分组						
便利店	10	2892	751	2141	464505	17109
超市	36	674	538	136	1457437	17762
大型超市	23	364	322	42	1922288	52555
仓储会员店	1	11	11			
百货商店	18	206	176	30	1768883	28262
专业店	127	15881	6063	9818	11849906	114336
其中：加油站	5	2855	2855		8721199	40145
专卖店	36	3465	699	2766	208211	21882
家居建材商店	4	26	26		219162	1897
其他	4	66	66		12029	383

连锁经营情况

单位：万元

连锁门店商品购进额		连锁门店商品销售额			销售额中：零售额		
	统一配送商品购进额	合　计	直营店	加盟店	合　计	直营店	加盟店
27010442.2	**24001943.2**	**30906114.2**	**29275627.7**	**1630486.5**	**22949644.1**	**21709443.3**	**1240200.8**
16171911.1	**14494450.3**	**17506243.3**	**17276969.5**	**229273.8**	**11844209.8**	**11663694.5**	**180515.3**
374006	373559.2	390982.9	243262	147720.9	154864.9	7144	147720.9
66266.9	66266.9	83619.4	75306.2	8313.2	38850.6	30537.4	8313.2
158814.6	158814.6	488209.7	487599.7	610	142975.3	142365.3	610
18948.7	18948.7	27179.9	3582.2	23597.7	27115.9	3582.2	23533.7
15258688.8	13581674.8	16229927.5	16221491.5	8436	11465824.7	11465487.2	337.5
295186.1	295186.1	286323.9	245727.9	40596	14578.4	14578.4	
10838531.1	**9507492.9**	**13399870.9**	**11998658.2**	**1401212.7**	**11105434.3**	**10045748.8**	**1059685.5**
5963414.2	5075503.4	7489589.9	6943824.1	545765.8	6371654.3	5825888.5	545765.8
68468.5	61383.5	86796.9	64044.7	22752.2	75087.4	56470.8	18616.6
864195.7	672941.8	1193418.6	695090.6	498328	695413.6	494237.5	201176.1
89087.6	83806.6	97931.4	97749.4	182	77875.8	77875.8	
398282.7	393466.3	517455.2	428631.4	88823.8	514024.4	425378.7	88645.7
1857605.8	1806653.9	2391219.1	2154758.2	236460.9	1776329.6	1576036.7	200292.9
1487772.5	1328870.7	1477362.1	1472059.4	5302.7	1448951.5	1447360.4	1591.1
106874.7	82037.3	142565.2	138967.9	3597.3	142565.2	138967.9	3597.3
2829.4	2829.4	3532.5	3532.5		3532.5	3532.5	
21495723.3	18643420.5	23951783.5	23208319.7	743463.8	17679712.6	17153864.4	525848.2
5851950.8	5825303.6	6200837.7	5934458.1	266379.6	4442238.1	4214778.5	227459.6
85793.5	15520.6	99184.2	91018.7	8165.5	95769.2	87603.7	8165.5
24685.2	24685.2	28099.3	28099.3		28099.3	28099.3	
45224.9	22957.4	52261.3	52261.3		38415.3	38415.3	
2820865.9	2441298	3359205.7	3036621.2	322584.5	2929860.2	2720478.7	209381.5
11202399.2	9033816.1	12516010	12494901	21109	9144823.4	9123714.4	21109
1432821.8	1247857.6	1654869.8	1529644.6	125225.2	962414	902681.4	59732.6
31982	31982	41315.5	41315.5		38093.1	38093.1	
2749984.4	2624846.1	3339405.2	3222986.5	116418.7	2479061.5	2364208.4	114853.1
1754232.5	1660329.5	2199539	2106612.4	92926.6	1500034.3	1408673.3	91361
17113.2	11975	19650.5	19650.5		19650.5	19650.5	
968531.6	942434.5	1103714.5	1080222.4	23492.1	942875.5	919383.4	23492.1
10107.1	10107.1	16501.2	16501.2		16501.2	16501.2	
2764734.5	2733676.6	3614925.5	2844321.5	770604	2790870	2191370.5	599499.5
1453777	1433444.8	1666760.2	1658314.2	8446	1323862.8	1315416.8	8446
671705	660979.3	967685.9	737583.1	230102.8	664840.3	434737.5	230102.8
639252.5	639252.5	980479.4	448424.2	532055.2	802166.9	441216.2	360950.7
301334.6	288421.8	370810	214230.4	156579.6	368948	212368.4	156579.6
819723.3	719678.6	999347.3	967320	32027.3	667100.2	635072.9	32027.3
2733334.5	2575098.7	3523382.3	3118702.1	404680.2	3183969	2779288.8	404680.2
115847.5	115847.5						
2384160.3	1654519.9	2955274.5	2841307.5	113967	2508363.2	2394396.2	113967
19933612.1	17973067.4	21821655.1	21123469.8	698185.3	15644673.5	15210726.5	433947
15412068.4	13712786.9	16544684.9	16544684.9		11835022.7	11835022.7	
639529.9	610322.1	1129691.5	904644.4	225047.1	471983.1	372983.4	98999.7
72651.2	57440	95427.7	95427.7		95427.7	95427.7	
10248.8	7547.2	10525.8	10525.8		9179.4	9179.4	

2-21 亿元以上商品交易市场情况

项 目	市场数(个)	摊位总数(个)	年末出租摊位数	个体户承租摊位数	年末营业面积(平方米)	成交额(万元)
总 计	**341**	**192543**	**167537**	**157807**	**17386049**	**35029003**
一、按市场类别分组						
1.综合市场	76	44419	39773	38514	1401938	3612019
工业消费品综合市场	13	9757	8797	8686	379392	1381027
农产品综合市场	49	26591	23617	22743	764832	1909424
其他综合市场	14	8071	7359	7085	257714	321568
2.专业市场	265	148124	127764	119293	15984111	31416984
生产资料市场	20	6440	5660	3732	2091049	4798436
农业生产用具市场	1	180	180	180	115015	45990
农用生产资料市场	1	1	1	1	43956	100000
木材市场	2	1067	1000	1000	123035	251771
建材市场	1	608	608	456	172889	274339
化工材料及制品市场	2	282	256	84	11657	64907
金属材料市场	10	3232	2730	1615	1132497	3895486
机械设备市场	2	960	804	326	487000	155843
其他生产资料市场	1	110	81	70	5000	10100
农产品市场	74	31574	27448	25438	3034444	10285591
粮油市场	7	2118	2012	1972	170175	776059
肉禽蛋市场	14	4467	3652	3628	1286797	1086804
水产品市场	16	4045	3552	3542	228716	1862830
蔬菜市场	7	2734	2496	2315	229528	489663
干鲜果品市场	12	7959	6191	6151	873085	3387451
其他农产品市场	18	10251	9545	7830	246143	2682784
食品、饮料及烟酒市场	12	5748	5297	5111	217617	411221
食品饮料市场	7	4070	3634	3630	100167	109275
茶叶市场	3	1026	1026	889	77250	159161
其他食品饮料及烟酒市场	2	652	637	592	40200	142785
纺织、服装、鞋帽市场	63	60720	51005	49912	1866047	7658500
布料及纺织品市场	10	17990	13302	13236	870747	4410794
服装市场	45	34300	29681	28864	773135	2365177
鞋帽市场	6	4480	4157	3947	173418	797142
其他纺织服装鞋帽市场	2	3950	3865	3865	48747	85387
日用品及文化用品市场	22	13141	12163	11660	812973	1819775
小商品市场	11	6517	6080	5803	217454	331345
箱包市场	2	3839	3645	3604	390526	1134773
玩具市场	1	115	100	100	12750	78000
文具市场	2	425	325	318	15343	85840
图书、报刊杂志市场	1	86	86	80	12989	14823
音像制品及电子出版物市场	1	300	154	154	19268	26683
体育用品市场	1	80	80	80	6700	11396
其他日用品及文化用品市场	3	1779	1693	1521	137943	136915
黄金、珠宝、玉器等首饰市场	2	1130	1096	1096	91000	73543
黄金、珠宝、玉器等首饰市场	2	1130	1096	1096	91000	73543
电器、通讯器材、电子设备市场	20	16328	12627	11694	264264	981254
家电市场	5	1849	1633	1606	62532	127929
通讯器材市场	6	6957	6032	6032	89100	337930
计算机及辅助设备市场	7	2117	2030	1124	61632	376364
其他电器、通讯器材、电子设备市场	2	5405	2932	2932	51000	139031
医药、医疗用品及器材市场	2	758	670	670	14971	96620
中药材市场	2	758	670	670	14971	96620
家具、五金及装饰材料市场	16	4962	4625	4070	1090918	607420
家具市场	2	607	587	550	158000	43900
装饰材料市场	10	3295	3126	2608	906754	387017
五金材料市场	4	1060	912	912	26164	176503

2-21　续表

项　目	市场数(个)	摊位总数(个)	年末出租摊位数	个体户承租摊位数	年末营业面积(平方米)	成交额(万元)
汽车、摩托车及零配件市场	29	4241	4131	3215	1244636	4267840
汽车市场	19	1999	1939	1380	1083465	3985515
摩托车市场	1	610	597	597	53540	66262
机动车零配件市场	9	1632	1595	1238	107631	216063
花、鸟、鱼、虫市场	3	2172	2136	1789	5248000	385860
花卉市场	3	2172	2136	1789	5248000	385860
旧货市场	1	630	630	630	3000	16720
古玩、古董、字画市场	1	630	630	630	3000	16720
其他专业市场	1	280	276	276	5192	14204
二、按商品销售类值分组						
1.食品、饮料、烟酒类			53641			12615253
(1)粮油、食品类			50801			11988629
其中：粮油类			6036			1194128
肉禽蛋类			12276			2367357
水产品类			8659			2303025
蔬菜类			13952			2296668
干鲜果品类			8382			3562024
(2)饮料类			1926			407656
(3)烟酒类			914			218968
2.服装、鞋帽、针纺织品类			59512			8317764
(1)服装类			36173			2588902
(2)鞋帽类			7070			944228
(3)针纺织品类			16269			4784634
3.化妆品类			1814			140051
4.金银珠宝类			1980			115933
5.日用品类			13777			1671621
其中：洗涤用品类			1310			110387
儿童玩具类			1339			174277
6.五金、电料类			3218			689446
7.体育、娱乐用品类			407			57955
8.书报杂志类			116			16246
9.电子出版物及音像制品类			227			29775
10.家用电器和音像器材类			1953			233539
11.中西药品类			889			113310
其中：西药类			51			5600
中草药及中成药类			822			106444
12.文化办公用品类			3905			562939
13.家具类			499			68472
14.通讯器材类			7698			455807
15.煤炭及制品类			1			28
16.木材及制品类			1471			332106
17.石油及制品类						
18.化工材料及制品类			351			224678
其中：化肥类			1			6
19.金属材料类			2009			3739729
20.建筑及装潢材料类			3733			498555
21.机电产品及设备类			1522			248211
其中：农机类			180			45990
22.汽车类			3534			4201578
23.种子饲料类			29			329
24.棉麻类			82			1314
25.其他类			5169			694364

2-22 全省批发零售业个体经营户情况表

地　区	个体经营户数(个)	有证照	从业人数(人)	有证照
批发零售业	**2203927**	**1462651**	**5485772**	**3907537**
广州市	402535	272904	1026662	734807
深圳市	268762	152848	668175	421142
珠海市	46783	34640	129009	106865
汕头市	89298	49344	259085	152858
佛山市	172755	112151	439633	330821
韶关市	57040	37122	136451	99098
河源市	39522	27546	76645	57060
梅州市	67420	46498	157940	114101
惠州市	114299	82555	297759	231027
汕尾市	43751	27792	115588	77382
东莞市	200953	128798	442927	309398
中山市	93184	70255	197732	159592
江门市	76659	65030	169476	146967
阳江市	40661	31244	153496	127773
湛江市	118827	72576	318295	207399
茂名市	82754	63606	197812	159430
肇庆市	66431	51888	181873	144424
清远市	63116	44359	124776	94428
潮州市	47155	25147	112627	63252
揭阳市	80724	39481	212452	110592
云浮市	31298	26867	67359	59121

第3篇

住宿和餐饮业商品销售及财务状况

3-1　按登记注册类型分住宿和餐饮业法人单位经营情况

单位：万元

登记注册类型	法人单位(个)	从业人数(人)	营业额	#客房收入	#餐费收入
总　　计	**13309**	**808251**	**8637905**	**2014658**	**5954589**
内资企业	**12603**	**644306**	**6311384**	**1459082**	**4352507**
国有企业	614	50968	602017	275284	226739
集体企业	516	22666	210091	61378	125081
股份合作企业	235	6672	72059	6396	64375
联营企业	59	4563	48954	18671	24253
国有联营企业	18	2014	23868	11647	7804
集体联营企业	20	740	3272	1369	1605
国有与集体联营企业	6	524	7702	4226	3037
其他联营企业	15	1285	14113	1430	11808
有限责任公司	1242	138079	1408436	407644	846170
国有独资公司	26	2872	28150	14804	10894
其他有限责任公司	1216	135207	1380286	392840	835276
股份有限公司	145	10228	116727	31298	72607
私营企业	9168	388464	3636853	632280	2809983
私营独资企业	5101	148700	1320292	217394	1048660
私营合伙企业	860	27474	251025	45675	189945
私营有限责任公司	2989	201992	1976059	351957	1503429
私营股份有限公司	218	10298	89478	17254	67950
其他企业	624	22666	216247	26131	183298
港、澳、台商投资企业	**423**	**82253**	**1042227**	**257483**	**680861**
合资经营企业(港或澳、台资)	101	20270	236164	77033	131620
合作经营企业(港或澳、台资)	64	16893	242594	80682	128322
港、澳、台商独资经营企业	246	44264	555431	98889	413795
港、澳、台商投资股份有限公司	12	826	8038	879	7124
外商投资企业	**283**	**81692**	**1284293**	**298093**	**921221**
中外合资经营企业	74	14460	219326	88507	98385
中外合作经营企业	50	10400	128352	46366	67073
外资企业	147	56387	932661	162679	752351
外商投资股份有限公司	12	445	3954	542	3412

3-2 按登记注册类型、行业分住宿业法人单位经营情况

单位：万元

登记注册类型/行业	法人单位(个)	从业人数(人)	营业额		
				#客房收入	#餐费收入
总　计	**5228**	**374577**	**3807698**	**1881548**	**1398792**
一、按登记注册类型分组					
内资企业	4921	300262	2776400	1345523	1043645
国有企业	513	44568	535201	265267	184211
集体企业	328	14647	123335	57132	45368
股份合作企业	40	1341	11448	6153	4518
联营企业	43	3284	35242	18671	10542
国有联营企业	16	1864	21478	11647	5414
集体联营企业	15	643	2628	1369	961
国有与集体联营企业	6	524	7702	4226	3037
其他联营企业	6	253	3436	1430	1130
有限责任公司	663	89701	865834	388997	353746
国有独资公司	22	2597	24726	14780	7520
其他有限责任公司	641	87104	841108	374218	346226
股份有限公司	77	4796	44410	20682	14995
私营企业	3078	136055	1113542	565524	411277
私营独资企业	1634	43795	338006	193411	108971
私营合伙企业	299	9087	72273	42142	21250
私营有限责任公司	1066	79326	673110	314145	270341
私营股份有限公司	79	3847	30153	15826	10715
其他企业	179	5870	47388	23097	18989
港、澳、台商投资企业	196	46209	528699	241727	205280
合资经营企业(港或澳、台资)	58	12910	145569	71393	57509
合作经营企业(港或澳、台资)	49	13459	176362	78745	70110
港、澳、台商独资经营企业	81	19305	204446	90710	76252
港、澳、台商投资股份有限公司	8	535	2323	879	1409
外商投资企业	111	28106	502598	294299	149867
中外合资经营企业	36	10740	177484	85877	63839
中外合作经营企业	34	8433	97290	45757	37803
外资企业	38	8844	226993	162123	47936
外商投资股份有限公司	3	89	832	542	289
二、按住宿行业中类分组					
旅游饭店	1821	289886	3053032	1337240	1266290
一般饭店	3091	74849	672547	496709	109839
其他住宿服务	316	9842	82119	47599	22663

3-3　按登记注册类型、行业分住宿业法人单位经营情况（按星级分）

单位：万元

登记注册类型/行业	五星				四星			
	法人单位（个）	营业额	#客房收入	#餐费收入	法人单位（个）	营业额	#客房收入	#餐费收入
总　　计	**98**	**827120**	**363062.7**	**342177.8**	**225**	**710014**	**283640.2**	**311237.1**
一、按登记注册类型分组								
内资企业	63	481780	199751	215799.9	178	503450	197708.1	224775.6
国有企业	7	152526	67794.1	57437.3	19	77396.7	37792.8	29503.2
集体企业					9	14687.5	7214.8	2842
股份合作企业								
联营企业					3	16579.9	7033.2	6156.7
国有联营企业					2	9740.3	3622.4	3167
集体联营企业								
国有与集体联营企业					1	6839.6	3410.8	2989.7
其他联营企业								
有限责任公司	24	209909	87692.4	99479	49	142040	55960.8	66973.2
国有独资公司					3	7436.8	2860.8	4536.3
其他有限责任公司	24	209909	87692.4	99479	46	134603	53100	62436.9
股份有限公司	2	71	21	30	5	16559.8	5278.1	4576.4
私营企业	29	112362	42675.8	54301.4	89	232263	82935.9	112620.8
私营独资企业	10	24701.9	8498.7	11851.4	19	46357.1	16841.2	19740.4
私营合伙企业	2	6865.5	4069.8	2606.3	2	2449.3	667.4	1125.1
私营有限责任公司	16	74107.2	27432.5	37503.2	66	179597	63161.8	90423
私营股份有限公司	1	6687	2674.8	2340.5	2	3860.3	2265.5	1332.3
其他企业	1	6912.4	1567.7	4552.2	4	3922.8	1492.5	2103.3
港、澳、台商投资企业	19	171984	86839.4	56668.3	35	131716	55828.8	53233.9
合资经营企业(港或澳、台资)	6	64445.3	34251.4	24999.3	10	30071.7	12648.5	13626.9
合作经营企业(港或澳、台资)	4	25998.8	14494.2	8377.4	9	55789.6	20700.9	22521.8
港、澳、台商独资经营企业	9	81540	38093.8	23291.6	15	45042.5	22315.3	16437.2
港、澳、台商投资股份有限公司					1	812.1	164.1	648
外商投资企业	16	173355	76472.3	69709.6	12	74848.4	30103.3	33227.6
中外合资经营企业	4	63496.4	25678.9	24357.7	6	44470.7	17050.3	18532.9
中外合作经营企业	4	33816.6	14722.1	12278.2	5	22718.5	8850.6	11657.5
外资企业	8	76042.4	36071.3	33073.7	1	7659.2	4202.4	3037.2
外商投资股份有限公司								
二、按住宿行业分组								
旅游饭店	91	826784	362936.2	342000.8	199	657367	260011.6	290669.1
一般饭店	5	242.5	82.8	147	24	45358	22310	16488.3
其他住宿服务	2	93.7	43.7	30	2	7289.1	1318.6	4079.7

3-3 续表 1

单位：万元

登记注册类型/行业	三星				二星			
	法人单位(个)	营业额	#客房收入	#餐费收入	法人单位(个)	营业额	#客房收入	#餐费收入
总　计	**566**	**673608**	**274330**	**292378.7**	**230**	**129856**	**64419.4**	**44406.8**
一、按登记注册类型分组								
内资企业	496	556085	229589.9	236610	215	111712	54868.5	37590
国有企业	85	141944	64406.5	47779.8	57	31804.7	16948	8574.4
集体企业	34	44749.8	14604.6	25480	24	17265.2	6283.1	6202.5
股份合作企业	3	2211.8	927.4	878	3	1712.3	1373.1	77.6
联营企业	8	6368.4	4499.2	1169.8				
国有联营企业	5	6099.8	4327.6	1169.8				
集体联营企业	1	242.3	145.3					
国有与集体联营企业	2	26.3	26.3					
其他联营企业								
有限责任公司	125	149749	59663.2	62382.3	40	24457.9	11931.6	7760.3
国有独资公司	4	6334.3	2487.2	2598.9	4	2142.2	1762.4	
其他有限责任公司	121	143415	57176	59783.4	36	22315.7	10169.2	7760.3
股份有限公司	12	9717.9	4505.8	4942.9	4	1408.6	655.4	530.6
私营企业	220	196204	78674.9	91880.1	81	31246.7	16904.9	11727.8
私营独资企业	66	51597.8	20406.2	24703.7	34	12057.3	4967.9	5785.2
私营合伙企业	17	17573.9	7211	8285.9	7	1338.3	955.6	328.7
私营有限责任公司	131	122553	49268.3	56852.2	31	15259.5	8873.6	5168.4
私营股份有限公司	6	4479.2	1789.4	2038.3	9	2591.6	2107.8	445.5
其他企业	9	5140.4	2308.3	2097.1	6	3816.9	772.4	2716.8
港、澳、台商投资企业	52	87319.8	32983.8	40587.3	8	6485.2	1534.2	4518.1
合资经营企业(港或澳、台资)	16	19703.9	8372.8	8322.6	3	1656.4	850.9	549.6
合作经营企业(港或澳、台资)	14	28116.6	13041.7	10579.2	3	2167.2	419.3	1744.3
港、澳、台商独资经营企业	22	39499.3	11569.3	21685.5	2	2661.6	264	2224.2
港、澳、台商投资股份有限公司								
外商投资企业	18	30203.4	11756.3	15181.4	7	11658.3	8016.7	2298.7
中外合资经营企业	6	15248.3	5164.1	8695.5	1	43.5	43.5	
中外合作经营企业	9	11210.3	4665.7	5047.2	6	11614.8	7973.2	2298.7
外资企业	2	3174.8	1510.7	1285				
外商投资股份有限公司	1	570	415.8	153.7				
二、按住宿行业分组								
旅游饭店	454	612631	244457.6	272037.1	145	106393	49541.9	39069
一般饭店	92	44298	22855.1	13339.5	77	20079.7	12445.4	4990
其他住宿服务	20	16679.7	7017.3	7002.1	8	3382.7	2432.1	347.8

3-3　续表 2　　　　单位：万元

登记注册类型/行业	一星				其他			
	法人单位(个)	营业额	#客房收入	#餐费收入	法人单位(个)	营业额	#客房收入	#餐费收入
总　计	**29**	**30658.3**	**9874.9**	**16945.6**	**4080**	**1436441**	**886221**	**391646.2**
一、按登记注册类型分组								
内资企业	29	30658.3	9874.9	16945.6	3940	1092714	653730.3	311923.8
国有企业	5	1110.5	481.4	481.9	340	130419	77843.9	40434.6
集体企业					261	46632.9	29029.7	10843.5
股份合作企业	1	227	215.3		33	7296.7	3637	3562.1
联营企业	2	1058.9	913.9	47.1	30	11234.9	6225	3167.9
国有联营企业	1	593.3	495.4		8	5044.1	3202	1077
集体联营企业					14	2385.3	1223.3	960.8
国有与集体联营企业	1	465.6	418.5	47.1	2	370	370	
其他联营企业					6	3435.5	1429.7	1130.1
有限责任公司	5	25206.3	6672.7	15718.5	420	314471	167076.5	101432.7
国有独资公司					11	8813.1	7669.2	385.1
其他有限责任公司	5	25206.3	6672.7	15718.5	409	305658	159407.3	101047.6
股份有限公司					54	16652.7	10221.8	4914.7
私营企业	15	3055.6	1591.6	698.1	2644	538411	342740.5	140048.7
私营独资企业	7	971	681.8	239.2	1498	202321	142015.6	46651.2
私营合伙企业	3	987.1	637.9	288.2	268	43058.6	28600	8615.7
私营有限责任公司	5	1097.5	271.9	170.7	817	280496	165136.9	80223.2
私营股份有限公司					61	12534.9	6988	4558.6
其他企业	1				158	27595.2	16955.9	7519.6
港、澳、台商投资企业					82	131194	64540.6	50272.7
合资经营企业(港或澳、台资)					23	29691.7	15268.9	10010.6
合作经营企业(港或澳、台资)					19	64289.7	30088.9	26887.6
港、澳、台商独资经营企业					33	35702.4	18467.7	12613.6
港、澳、台商投资股份有限公司					7	1510.5	715.1	760.9
外商投资企业					58	212533	167950.1	29449.7
中外合资经营企业					19	54225	37939.9	12252.7
中外合作经营企业					10	17929.8	9545.3	6521.3
外资企业					27	140117	120338.6	10540.5
外商投资股份有限公司					2	261.5	126.3	135.2
二、按住宿行业分组								
旅游饭店	8	27936.4	7979.8	16356.2	924	821921	412313.2	306158.2
一般饭店	19	2515.1	1826.2	451.5	2874	560053	437189.4	74422.9
其他住宿服务	2	206.8	68.9	137.9	282	54467	36718.4	11065.1

3-4 按登记注册类型、行业分餐饮业法人单位经营情况

单位：万元

登记注册类型/行业	法人单位(个)	从业人数(人)	营业额	#客房收入	#餐费收入
总　计	**8081**	**433674**	**4830207.2**	**133109.6**	**4555797.1**
一、按登记注册类型分组					
内资企业	7682	344044	3534984.6	113558.8	3308861.7
国有企业	101	6400	66816.1	10016.9	42527.6
集体企业	188	8019	86755.3	4245.8	79712.8
股份合作企业	195	5331	60611.3	242.9	59857
联营企业	16	1279	13711.8		13711.8
国有联营企业	2	150	2390.4		2390.4
集体联营企业	5	97	643.9		643.9
国有与集体联营企业					
其他联营企业	9	1032	10677.5		10677.5
有限责任公司	579	48378	542601.8	18646.8	492424.4
国有独资公司	4	275	3423.1	24.7	3373.9
其他有限责任公司	575	48103	539178.7	18622.1	489050.5
股份有限公司	68	5432	72317.4	10616	57612.7
私营企业	6090	252409	2523311.6	66755.9	2398706.2
私营独资企业	3467	104905	982285.5	23982.1	939688.6
私营合伙企业	561	18387	178752.5	3533.7	168694.8
私营有限责任公司	1923	122666	1302948.9	37812.1	1233088.2
私营股份有限公司	139	6451	59324.7	1428	57234.6
其他企业	445	16796	168859.3	3034.5	164309.2
港、澳、台商投资企业	227	36044	513527.7	15756.2	475581.1
合资经营企业(港或澳、台资)	43	7360	90594.9	5640.9	74110.7
合作经营企业(港或澳、台资)	15	3434	66232.1	1936.6	58211.7
港、澳、台商独资经营企业	165	24959	350985.3	8178.7	337543.3
港、澳、台商投资股份有限公司	4	291	5715.4		5715.4
外商投资企业	172	53586	781694.9	3794.6	771354.3
中外合资经营企业	38	3720	41842.5	2629.9	34546.2
中外合作经营企业	16	1967	31061.7	608.6	29270.3
外资企业	109	47543	705667.9	556.1	704415
外商投资股份有限公司	9	356	3122.8		3122.8
二、按行业分组					
正餐服务	6292	330576	3556572.7	127938	3302954.3
快餐服务	823	81261	1008927	3450.1	1002372.6
饮料及冷饮服务	364	7067	74171.6	564.4	70173.8
其他餐饮服务	602	14770	190535.9	1157.1	180296.4

3-5　按行业分住宿和餐饮业法人单位经营情况（按登记注册类型分）

行　业	内资企业				
	法人单位（个）	从业人数（人）	营业额（万元）	#客房收入	#餐费收入
总　计	**12603**	**644306**	**6311384.4**	**1459081.5**	**4352506.6**
一、住宿业	**4921**	**300262**	**2776399.8**	**1345522.7**	**1043644.9**
旅游饭店	1578	222452	2180667.8	928080.3	931268.5
一般饭店	3039	69356	527379	377449.3	93828.2
其他住宿服务	304	8454	68353	39993.1	18548.2
二、餐饮业	**7682**	**344044**	**3534984.6**	**113558.8**	**3308861.7**
正餐服务	5999	297762	3132708.3	109885.5	2922049.8
快餐服务	756	28253	236643.8	1989.8	232179.2
饮料及冷饮服务	345	5888	40862.9	564.4	36927.2
其他餐饮服务	582	12141	124769.6	1119.1	117705.5

3-5　续表 1

行　业	国有企业				
	法人单位（个）	从业人数（人）	营业额（万元）	#客房收入	#餐费收入
总　计	**614**	**50968**	**602017.3**	**275283.6**	**226738.8**
一、住宿业	**513**	**44568**	**535201.2**	**265266.7**	**184211.2**
旅游饭店	210	34268	454973.7	215099	162628.7
一般饭店	274	9011	69489.8	44109.6	18054.7
其他住宿服务	29	1289	10737.7	6058.1	3527.8
二、餐饮业	**101**	**6400**	**66816.1**	**10016.9**	**42527.6**
正餐服务	83	6141	64880.4	9986.9	40712.3
快餐服务	9	110	670.9		670.9
饮料及冷饮服务	2	32	149.7		149.7
其他餐饮服务	7	117	1115.1	30	994.7

3-5 续表 2

行业	集体企业				
	法人单位(个)	从业人数(人)	营业额(万元)	#客房收入	#餐费收入
总　计	**516**	**22666**	**210090.7**	**61378**	**125080.8**
一、住宿业	**328**	**14647**	**123335.4**	**57132.2**	**45368**
旅游饭店	98	10172	90761.6	33398.8	41655.4
一般饭店	200	3726	27847.3	20580.9	3365.1
其他住宿服务	30	749	4726.5	3152.5	347.5
二、餐饮业	**188**	**8019**	**86755.3**	**4245.8**	**79712.8**
正餐服务	140	7365	79517.1	4245.8	72538.6
快餐服务	21	369	3503.6		3439.6
饮料及冷饮服务	4	42	570.8		570.8
其他餐饮服务	23	243	3163.8		3163.8

3-5 续表 3

行业	股份合作企业				
	法人单位(个)	从业人数(人)	营业额(万元)	#客房收入	#餐费收入
总　计	**235**	**6672**	**72059.1**	**6395.7**	**64374.7**
一、住宿业	**40**	**1341**	**11447.8**	**6152.8**	**4517.7**
旅游饭店	13	961	8134.5	3667.9	4034.7
一般饭店	22	335	2956.9	2320.5	346.5
其他住宿服务	5	45	356.4	164.4	136.5
二、餐饮业	**195**	**5331**	**60611.3**	**242.9**	**59857**
正餐服务	98	4418	53887.9	242.9	53162
快餐服务	52	476	2956.2		2952.9
饮料及冷饮服务	11	173	1658.4		1633.3
其他餐饮服务	34	264	2108.8		2108.8

3-5　续表 4

行　　业	联营企业				
	法人单位(个)	从业人数(人)	营业额(万元)	#客房收入	#餐费收入
总　　计	**59**	**4563**	**48953.9**	**18671.3**	**24253.3**
一、住宿业	**43**	**3284**	**35242.1**	**18671.3**	**10541.5**
旅游饭店	19	2773	30503.4	14937.5	9964.5
一般饭店	21	497	4563	3596.1	557
其他住宿服务	3	14	175.7	137.7	20
二、餐饮业	**16**	**1279**	**13711.8**		**13711.8**
正餐服务	12	1034	10467.2		10467.2
快餐服务	1	9	85		85
饮料及冷饮服务					
其他餐饮服务	3	236	3159.6		3159.6

3-5　续表 5

行　　业	国有联营企业				
	法人单位(个)	从业人数(人)	营业额(万元)	#客房收入	#餐费收入
总　　计	**18**	**2014**	**23867.9**	**11647.4**	**7804.2**
一、住宿业	**16**	**1864**	**21477.5**	**11647.4**	**5413.8**
旅游饭店	11	1677	18746	9372.6	5183.8
一般饭店	5	187	2731.5	2274.8	230
其他住宿服务					
二、餐饮业	**2**	**150**	**2390.4**		**2390.4**
正餐服务	1	141	2305.4		2305.4
快餐服务	1	9	85		85
饮料及冷饮服务					
其他餐饮服务					

3-5 续表 6

行业	集体联营企业				
	法人单位(个)	从业人数(人)	营业额(万元)	#客房收入	#餐费收入
总计	**20**	**740**	**3271.5**	**1368.6**	**1604.7**
一、住宿业	**15**	**643**	**2627.6**	**1368.6**	**960.8**
旅游饭店	4	477	1548.6	700.3	751.3
一般饭店	8	152	903.3	530.6	189.5
其他住宿服务	3	14	175.7	137.7	20
二、餐饮业	**5**	**97**	**643.9**		**643.9**
正餐服务	3	71	509.2		509.2
快餐服务					
饮料及冷饮服务					
其他餐饮服务	2	26	134.7		134.7

3-5 续表 7

行业	国有与集体联营企业				
	法人单位(个)	从业人数(人)	营业额(万元)	#客房收入	#餐费收入
总计	**6**	**524**	**7701.5**	**4225.6**	**3036.8**
一、住宿业	**6**	**524**	**7701.5**	**4225.6**	**3036.8**
旅游饭店	2	445	7305.2	3829.3	3036.8
一般饭店	4	79	396.3	396.3	
其他住宿服务					
二、餐饮业					
正餐服务					
快餐服务					
饮料及冷饮服务					
其他餐饮服务					

3-5　续表 8

行　业	其他联营企业				
	法人单位(个)	从业人数(人)	营业额(万元)	#客房收入	#餐费收入
总　计	**15**	**1285**	**14113**	**1429.7**	**11807.6**
一、住宿业	**6**	**253**	**3435.5**	**1429.7**	**1130.1**
旅游饭店	2	174	2903.6	1035.3	992.6
一般饭店	4	79	531.9	394.4	137.5
其他住宿服务					
二、餐饮业	**9**	**1032**	**10677.5**		**10677.5**
正餐服务	8	822	7652.6		7652.6
快餐服务					
饮料及冷饮服务					
其他餐饮服务	1	210	3024.9		3024.9

3-5　续表 9

行　业	有限责任公司				
	法人单位(个)	从业人数(人)	营业额(万元)	#客房收入	#餐费收入
总　计	**1242**	**138079**	**1408435.9**	**407644**	**846170.4**
一、住宿业	**663**	**89701**	**865834.1**	**388997.2**	**353746**
旅游饭店	373	73641	732936.6	307786.9	319969.9
一般饭店	255	14470	118651.5	74104.2	29116.1
其他住宿服务	35	1590	14246	7106.1	4660
二、餐饮业	**579**	**48378**	**542601.8**	**18646.8**	**492424.4**
正餐服务	434	35778	436732.2	17623	390925.1
快餐服务	55	11181	88794.3	541.1	87657.2
饮料及冷饮服务	26	350	3922.9	420	2744.4
其他餐饮服务	64	1069	13152.4	62.7	11097.7

3-5 续表 10

行业	国有独资公司				
	法人单位(个)	从业人数(人)	营业额(万元)	#客房收入	#餐费收入
总计	**26**	**2872**	**28149.5**	**14804.3**	**10894.2**
一、住宿业	**22**	**2597**	**24726.4**	**14779.6**	**7520.3**
旅游饭店	11	1774	15440.4	6653.6	7158.8
一般饭店	11	823	9286	8126	361.5
其他住宿服务					
二、餐饮业	**4**	**275**	**3423.1**	**24.7**	**3373.9**
正餐服务	2	259	3208.5		3208.5
快餐服务	1	13	169.2	24.7	120
饮料及冷饮服务					
其他餐饮服务	1	3	45.4		45.4

3-5 续表 11

行业	其他有限责任公司				
	法人单位(个)	从业人数(人)	营业额(万元)	#客房收入	#餐费收入
总计	**1216**	**135207**	**1380286.4**	**392839.7**	**835276.2**
一、住宿业	**641**	**87104**	**841107.7**	**374217.6**	**346225.7**
旅游饭店	362	71867	717496.2	301133.3	312811.1
一般饭店	244	13647	109365.5	65978.2	28754.6
其他住宿服务	35	1590	14246	7106.1	4660
二、餐饮业	**575**	**48103**	**539178.7**	**18622.1**	**489050.5**
正餐服务	432	35519	433523.7	17623	387716.6
快餐服务	54	11168	88625.1	516.4	87537.2
饮料及冷饮服务	26	350	3922.9	420	2744.4
其他餐饮服务	63	1066	13107	62.7	11052.3

3-5　续表 12

行　业	股份有限公司				
	法人单位（个）	从业人数（人）	营业额（万元）	#客房收入	#餐费收入
总　计	**145**	**10228**	**116727.4**	**31298.1**	**72607.3**
一、住宿业	**77**	**4796**	**44410**	**20682.1**	**14994.6**
旅游饭店	33	3472	33332.3	13139.7	12785.2
一般饭店	36	671	5232.1	3814.7	748.3
其他住宿服务	8	653	5845.6	3727.7	1461.1
二、餐饮业	**68**	**5432**	**72317.4**	**10616**	**57612.7**
正餐服务	50	4313	63488	10447.3	49009.1
快餐服务	6	118	840.2		840.2
饮料及冷饮服务	2	27	162.1		162.1
其他餐饮服务	10	974	7827.1	168.7	7601.3

3-5　续表 13

行　业	私营企业				
	法人单位（个）	从业人数（人）	营业额（万元）	#客房收入	#餐费收入
总　计	**9168**	**388464**	**3636853.1**	**632279.5**	**2809983.1**
一、住宿业	**3078**	**136055**	**1113541.5**	**565523.6**	**411276.9**
旅游饭店	797	93644	801247.5	330138	365065.7
一般饭店	2108	38722	284113.9	218375.1	38869.1
其他住宿服务	173	3689	28180.1	17010.5	7342.1
二、餐饮业	**6090**	**252409**	**2523311.6**	**66755.9**	**2398706.2**
正餐服务	4848	223416	2268968	64305.1	2154866.1
快餐服务	549	15160	133564.9	1448.7	130306.7
饮料及冷饮服务	283	5028	32362	144.4	29779.9
其他餐饮服务	410	8805	88416.7	857.7	83753.5

3-5 续表 14

行业	私营独资企业				
	法人单位（个）	从业人数（人）	营业额（万元）	#客房收入	#餐费收入
总计	**5101**	**148700**	**1320291.5**	**217393.5**	**1048659.7**
一、住宿业	**1634**	**43795**	**338006**	**193411.4**	**108971.1**
旅游饭店	292	26250	206113.8	81558.6	96031
一般饭店	1243	16154	122727.4	105017	11332.6
其他住宿服务	99	1391	9164.8	6835.8	1607.5
二、餐饮业	**3467**	**104905**	**982285.5**	**23982.1**	**939688.6**
正餐服务	2871	96693	917978.8	22774.2	879616
快餐服务	286	3880	31714	473.5	30657.3
饮料及冷饮服务	161	2255	15225.6	44	13982.7
其他餐饮服务	149	2077	17367.1	690.4	15432.6

3-5 续表 15

行业	私营合伙企业				
	法人单位（个）	从业人数（人）	营业额（万元）	#客房收入	#餐费收入
总计	**860**	**27474**	**251025.2**	**45675.4**	**189944.7**
一、住宿业	**299**	**9087**	**72272.7**	**42141.7**	**21249.9**
旅游饭店	60	5130	39680	16311.8	18196.5
一般饭店	226	3626	28565.2	23647	2903.8
其他住宿服务	13	331	4027.5	2182.9	149.6
二、餐饮业	**561**	**18387**	**178752.5**	**3533.7**	**168694.8**
正餐服务	417	16648	163912.9	3425.1	154439.5
快餐服务	62	699	5640.3	80.6	5502.2
饮料及冷饮服务	30	563	4317.7	28	4183
其他餐饮服务	52	477	4881.6		4570.1

3-5　续表 16

行　业	私营有限责任公司				
	法人单位（个）	从业人数（人）	营业额（万元）	#客房收入	#餐费收入
总　计	**2989**	**201992**	**1976058.7**	**351957.1**	**1503428.9**
一、住宿业	**1066**	**79326**	**673109.8**	**314145**	**270340.7**
旅游饭店	414	59490	531016.4	220122.6	241652.4
一般饭店	596	17931	127477.1	86318.9	23133.3
其他住宿服务	56	1905	14616.3	7703.5	5555
二、餐饮业	**1923**	**122666**	**1302948.9**	**37812.1**	**1233088.2**
正餐服务	1461	104379	1131960.8	37000.7	1067297.9
快餐服务	176	10071	93779.1	571.7	92038.6
饮料及冷饮服务	89	2165	12538.6	72.4	11334.1
其他餐饮服务	197	6051	64670.4	167.3	62417.6

3-5　续表 17

行　业	私营股份有限公司				
	法人单位（个）	从业人数（人）	营业额（万元）	#客房收入	#餐费收入
总　计	**218**	**10298**	**89477.7**	**17253.5**	**67949.8**
一、住宿业	**79**	**3847**	**30153**	**15825.5**	**10715.2**
旅游饭店	31	2774	24437.3	12145	9185.8
一般饭店	43	1011	5344.2	3392.2	1499.4
其他住宿服务	5	62	371.5	288.3	30
二、餐饮业	**139**	**6451**	**59324.7**	**1428**	**57234.6**
正餐服务	99	5696	55115.5	1105.1	53512.7
快餐服务	25	510	2431.5	322.9	2108.6
饮料及冷饮服务	3	45	280.1		280.1
其他餐饮服务	12	200	1497.6		1333.2

3-5 续表 18

行业	其他企业				
	法人单位（个）	从业人数（人）	营业额（万元）	#客房收入	#餐费收入
总计	**624**	**22666**	**216247**	**26131.3**	**183298.2**
一、住宿业	**179**	**5870**	**47387.7**	**23096.8**	**18989**
旅游饭店	35	3521	28778.2	9912.5	15164.4
一般饭店	123	1924	14524.5	10548.2	2771.4
其他住宿服务	21	425	4085	2636.1	1053.2
二、餐饮业	**445**	**16796**	**168859.3**	**3034.5**	**164309.2**
正餐服务	334	15297	154767.5	3034.5	150369.4
快餐服务	63	830	6228.7		6226.7
饮料及冷饮服务	17	236	2037		1887
其他餐饮服务	31	433	5826.1		5826.1

3-5 续表 19

行业	港、澳、台商投资企业				
	法人单位（个）	从业人数（人）	营业额（万元）	#客房收入	#餐费收入
总计	**423**	**82253**	**1042227**	**257483**	**680861.4**
一、住宿业	**196**	**46209**	**528699.3**	**241726.8**	**205280.3**
旅游饭店	157	43270	494497.8	223664	191915.7
一般饭店	36	2665	31366.5	16509.6	12082.8
其他住宿服务	3	274	2835	1553.2	1281.8
二、餐饮业	**227**	**36044**	**513527.7**	**15756.2**	**475581.1**
正餐服务	173	22186	296379.2	14257.9	263383.8
快餐服务	30	10792	137190	1460.3	135414.2
饮料及冷饮服务	9	923	31186.6		31186.6
其他餐饮服务	15	2143	48771.9	38	45596.5

3-5　续表 20

行　业	合资经营企业(港或澳、台资)				
	法人单位(个)	从业人数(人)	营业额(万元)	#客房收入	#餐费收入
总　计	**101**	**20270**	**236163.9**	**77033.4**	**131619.7**
一、住宿业	**58**	**12910**	**145569**	**71392.5**	**57509**
旅游饭店	46	12126	137770.1	66565.1	54752.8
一般饭店	10	514	4963.9	3274.2	1474.4
其他住宿服务	2	270	2835	1553.2	1281.8
二、餐饮业	**43**	**7360**	**90594.9**	**5640.9**	**74110.7**
正餐服务	37	6682	80123.7	5602.9	66854.9
快餐服务	2	100	538.3		498.3
饮料及冷饮服务					
其他餐饮服务	4	578	9932.9	38	6757.5

3-5　续表 21

行　业	合作经营企业(港或澳、台资)				
	法人单位(个)	从业人数(人)	营业额(万元)	#客房收入	#餐费收入
总　计	**64**	**16893**	**242594**	**80681.6**	**128322**
一、住宿业	**49**	**13459**	**176361.9**	**78745**	**70110.3**
旅游饭店	36	11851	153905.9	68725.9	60155.4
一般饭店	13	1608	22456	10019.1	9954.9
其他住宿服务					
二、餐饮业	**15**	**3434**	**66232.1**	**1936.6**	**58211.7**
正餐服务	12	2407	32640.6	529.9	26026.9
快餐服务	1	55	2009.6	1406.7	602.9
饮料及冷饮服务					
其他餐饮服务	2	972	31581.9		31581.9

3-5 续表 22

行业	港、澳、台商独资经营企业				
	法人单位(个)	从业人数(人)	营业额(万元)	#客房收入	#餐费收入
总 计	**246**	**44264**	**555431.1**	**98888.8**	**413795.4**
一、住宿业	**81**	**19305**	**204445.8**	**90710.1**	**76252.1**
旅游饭店	71	18881	201305	87922.1	75976.1
一般饭店	10	424	3140.8	2788	276
其他住宿服务					
二、餐饮业	**165**	**24959**	**350985.3**	**8178.7**	**337543.3**
正餐服务	121	12807	177899.5	8125.1	164786.6
快餐服务	27	10637	134642.1	53.6	134313
饮料及冷饮服务	9	923	31186.6		31186.6
其他餐饮服务	8	592	7257.1		7257.1

3-5 续表 23

行业	港、澳、台商投资股份有限公司				
	法人单位(个)	从业人数(人)	营业额(万元)	#客房收入	#餐费收入
总 计	**12**	**826**	**8038**	**879.2**	**7124.3**
一、住宿业	**8**	**535**	**2322.6**	**879.2**	**1408.9**
旅游饭店	4	412	1516.8	450.9	1031.4
一般饭店	4	123	805.8	428.3	377.5
其他住宿服务					
二、餐饮业	**4**	**291**	**5715.4**		**5715.4**
正餐服务	4	291	5715.4		5715.4
快餐服务					
饮料及冷饮服务					
其他餐饮服务					

3-5　续表 24

行　业	外商投资企业				
	法人单位(个)	从业人数(人)	营业额(万元)	#客房收入	#餐费收入
总　计	**283**	**81692**	**1284293.3**	**298093.3**	**921221.3**
一、住宿业	**111**	**28106**	**502598.4**	**294298.7**	**149867**
旅游饭店	86	24164	377866.3	185496	143106.2
一般饭店	16	2828	113801.1	102750	3928.2
其他住宿服务	9	1114	10931	6052.7	2832.6
二、餐饮业	**172**	**53586**	**781694.9**	**3794.6**	**771354.3**
正餐服务	120	10628	127485.2	3794.6	117520.7
快餐服务	37	42216	635093.2		634779.2
饮料及冷饮服务	10	256	2122.1		2060
其他餐饮服务	5	486	16994.4		16994.4

3-5　续表 25

行　业	中外合资经营企业				
	法人单位(个)	从业人数(人)	营业额(万元)	#客房收入	#餐费收入
总　计	**74**	**14460**	**219326.4**	**88506.6**	**98385**
一、住宿业	**36**	**10740**	**177483.9**	**85876.7**	**63838.8**
旅游饭店	26	9537	165186	79273	60018.6
一般饭店	4	373	3748.5	1595.6	2088.2
其他住宿服务	6	830	8549.4	5008.1	1732
二、餐饮业	**38**	**3720**	**41842.5**	**2629.9**	**34546.2**
正餐服务	25	3013	31545.1	2629.9	24310.9
快餐服务	10	641	9180.5		9180.5
饮料及冷饮服务	1	18	126.4		64.3
其他餐饮服务	2	48	990.5		990.5

3-5 续表 26

行业	中外合作经营企业				
	法人单位（个）	从业人数（人）	营业额（万元）	#客房收入	#餐费收入
总计	**50**	**10400**	**128351.7**	**46365.5**	**67073.2**
一、住宿业	**34**	**8433**	**97290**	**45756.9**	**37802.9**
旅游饭店	29	7785	92671.9	43611.3	35862.6
一般饭店	4	433	3052.1	1606.4	957.2
其他住宿服务	1	215	1566	539.2	983.1
二、餐饮业	**16**	**1967**	**31061.7**	**608.6**	**29270.3**
正餐服务	13	1294	12956.3	608.6	11164.9
快餐服务	2	668	18075.4		18075.4
饮料及冷饮服务	1	5	30		30
其他餐饮服务					

3-5 续表 27

行业	外资企业				
	法人单位（个）	从业人数（人）	营业额（万元）	#客房收入	#餐费收入
总计	**147**	**56387**	**932660.9**	**162679.1**	**752351.4**
一、住宿业	**38**	**8844**	**226993**	**162123**	**47936.4**
旅游饭店	30	6797	119438.4	62195.9	47071.3
一般饭店	7	1982	106814	99496.7	747.6
其他住宿服务	1	65	740.6	430.4	117.5
二、餐饮业	**109**	**47543**	**705667.9**	**556.1**	**704415**
正餐服务	74	5977	79906.4	556.1	78967.5
快餐服务	25	40897	607791.9		607477.9
饮料及冷饮服务	8	233	1965.7		1965.7
其他餐饮服务	2	436	16003.9		16003.9

3-5 续表 28

行业	外商投资股份有限公司				
	法人单位（个）	从业人数（人）	营业额（万元）	#客房收入	#餐费收入
总计	**12**	**445**	**3954.3**	**542.1**	**3411.7**
一、住宿业	**3**	**89**	**831.5**	**542.1**	**288.9**
旅游饭店	1	45	570	415.8	153.7
一般饭店	1	40	186.5	51.3	135.2
其他住宿服务	1	4	75	75	
二、餐饮业	**9**	**356**	**3122.8**		**3122.8**
正餐服务	8	344	3077.4		3077.4
快餐服务	1	12	45.4		45.4
饮料及冷饮服务					
其他餐饮服务					

3-6　各地区住宿和餐饮业法人单位经营情况

单位：万元

地　　区	法人单位（个）	从业人数（人）	营业额	#客房收入	#餐费收入
住宿和餐饮业合计	**13309**	**808251**	**8637904.7**	**2014657.8**	**5954589.3**
广州市	4804	248529	3003305.3	598378.4	2194038
深圳市	1999	165602	1998921	510530.6	1378655.9
珠海市	484	28556	300368.8	101824.3	162724.9
汕头市	388	15848	179865.3	42462.8	124443.2
佛山市	1047	54473	614060.3	121788.6	437468.8
韶关市	562	17259	124825.4	22794.1	95769.7
河源市	138	7201	54968.7	20814	28092.6
梅州市	247	8580	79617.8	21897.7	46042.7
惠州市	416	24748	221990.9	67983.4	133301.3
汕尾市	112	5147	31215.9	10379.7	17319.7
东莞市	849	88533	774997.9	180386	514602.3
中山市	293	26507	254766.4	48618.6	181853.9
江门市	342	25492	242066.1	48086.3	164930.2
阳江市	182	10621	93491	27876	60025.7
湛江市	457	23654	209263	49459	148195.8
茂名市	304	13608	108029.8	27583.9	72820.4
肇庆市	235	13965	128226.1	49066.5	67259.9
清远市	134	13788	94531	28719.4	49024.6
潮州市	100	4000	30157.6	6942.2	20296
揭阳市	151	8117	64226.5	22912.2	38007.1
云浮市	65	4023	29009.9	6154.1	19716.6
一、住宿业	**5228**	**374577**	**3807697.5**	**1881548.2**	**1398792.2**
广州市	1327	82506	1065313.3	560558	339862.4
深圳市	870	65682	796875.1	483156.6	227331.5
珠海市	268	18211	191770.7	101818.1	54535.4
汕头市	163	10412	85839.7	42129.8	33214.7
佛山市	432	25210	266014.6	113900.1	115238.4
韶关市	110	6585	42906.4	18896.4	19521.1
河源市	80	4346	34054.1	16089.4	13473.4
梅州市	129	5817	56358.4	20601.3	26008
惠州市	232	15750	133808.9	61912.1	56045.8
汕尾市	67	2462	14688.6	8293.4	3874.7

3-6 续表 单位：万元

地 区	法人单位(个)	从业人数(人)	营业额	#客房收入	#餐费收入
东莞市	477	58830	474111.9	170074.9	236652.5
中山市	173	15881	131293.2	47704	61756.4
江门市	151	14460	132208.4	44738.5	62545.5
阳江市	78	2719	33064.9	22721.9	8065.1
湛江市	193	11425	86168.1	43453.9	35083
茂名市	117	6729	44601	23833.1	17629.9
肇庆市	132	8683	83211.3	45571.8	28031.6
清远市	91	10434	75260.4	27619.4	32994.4
潮州市	43	2009	15568.5	5618.6	8170.8
揭阳市	65	4180	30101	17609.8	11095.7
云浮市	30	2246	14479	5247.1	7661.9
二、餐饮业	**8081**	**433674**	**4830207.2**	**133109.6**	**4555797.1**
广州市	3477	166023	1937992	37820.4	1854175.6
深圳市	1129	99920	1202045.9	27374	1151324.4
珠海市	216	10345	108598.1	6.2	108189.5
汕头市	225	5436	94025.6	333	91228.5
佛山市	615	29263	348045.7	7888.5	322230.4
韶关市	452	10674	81919	3897.7	76248.6
河源市	58	2855	20914.6	4724.6	14619.2
梅州市	118	2763	23259.4	1296.4	20034.7
惠州市	184	8998	88182	6071.3	77255.5
汕尾市	45	2685	16527.3	2086.3	13445
东莞市	372	29703	300886	10311.1	277949.8
中山市	120	10626	123473.2	914.6	120097.5
江门市	191	11032	109857.7	3347.8	102384.7
阳江市	104	7902	60426.1	5154.1	51960.6
湛江市	264	12229	123094.9	6005.1	113112.8
茂名市	187	6879	63428.8	3750.8	55190.5
肇庆市	103	5282	45014.8	3494.7	39228.3
清远市	43	3354	19270.6	1100	16030.2
潮州市	57	1991	14589.1	1323.6	12125.2
揭阳市	86	3937	34125.5	5302.4	26911.4
云浮市	35	1777	14530.9	907	12054.7

3-7　分地区、行业住宿和餐饮业法人单位设施状况

地　区	客房数(间)	床位数(个)	餐位数(位)
住宿和餐饮业合计	**476376**	**787816**	**2829913**
按地区分组			
广州市	115767	197464	899603
深圳市	89606	138502	421816
珠海市	22538	37020	85833
汕头市	12131	21476	52069
佛山市	43534	67291	273132
韶关市	8652	16759	106823
河源市	6127	11335	23448
梅州市	7935	13351	63812
惠州市	19336	30915	85451
汕尾市	4062	7361	20199
东莞市	50623	69705	228974
中山市	19540	31325	90307
江门市	13521	25493	101194
阳江市	7229	13715	39863
湛江市	13740	24955	89785
茂名市	8527	17035	83348
肇庆市	13435	25603	59778
清远市	8873	17786	43206
潮州市	2563	4423	13320
揭阳市	6256	11888	31043
云浮市	2381	4414	16909
一、住宿业	**440585**	**726752**	**744347**
广州市	108605	184483	140836
深圳市	85284	132131	84677
珠海市	22527	36995	29415
汕头市	11905	21070	19739
佛山市	41217	63128	63334
韶关市	6709	12856	20163
河源市	4418	8128	10226
梅州市	6265	11596	41005
惠州市	17395	27582	35773
汕尾市	3256	6038	7372
东莞市	47871	65905	96254
中山市	19312	30990	36635
江门市	12279	23343	38775
阳江市	5731	10924	3802
湛江市	11805	21414	17337
茂名市	7543	15122	19368
肇庆市	12410	23758	26818
清远市	8140	16413	25916
潮州市	1917	3418	3829
揭阳市	4126	8075	15550
云浮市	1870	3383	7523
二、餐饮业	**35791**	**61064**	**2085566**
广州市	7162	12981	758767
深圳市	4322	6371	337139
珠海市	11	25	56418
汕头市	226	406	32330
佛山市	2317	4163	209798
韶关市	1943	3903	86660
河源市	1709	3207	13222
梅州市	1670	1755	22807
惠州市	1941	3333	49678
汕尾市	806	1323	12827
东莞市	2752	3800	132720
中山市	228	335	53672
江门市	1242	2150	62419
阳江市	1498	2791	36061
湛江市	1935	3541	72448
茂名市	984	1913	63980
肇庆市	1025	1845	32960
清远市	733	1373	17290
潮州市	646	1005	9491
揭阳市	2130	3813	15493
云浮市	511	1031	9386
按行业分组			
一、住宿业	**440585**	**726752**	**744347**
旅游饭店	224966	376988	622140
一般饭店	199192	322091	103921
其他住宿服务	16427	27673	18286
二、餐饮业	**35791**	**61064**	**2085566**
正餐服务	34338	58526	1717287
快餐服务	975	1751	245459
饮料及冷饮服务	70	126	39849
其他餐饮服务	408	661	82971

3-8 按登记注册类型、行业分住宿和餐饮业法人单位资产负债状况

单位：万元

登记注册类型/行业	所有者权益		
	住宿和餐饮业	住宿业	餐饮业
总　计	**4599125**	**3328970**	**1270155**
一、按登记注册类型分组			
内资企业	2998933	2083291	915642
国有企业	661514	578031	83483
集体企业	97711	73987	23725
股份合作企业	13091	5501	7590
联营企业	68012	68866	
国有联营企业	27473	27449	23
集体联营企业	2720	2591	130
国有与集体联营企业	17638	17638	
其他联营企业	20182	21189	
有限责任公司	817208	676618	140590
国有独资公司	82282	81555	727
其他有限责任公司	734926	595064	139862
股份有限公司	107953	33705	74248
私营企业	1179859	629618	550241
私营独资企业	541881	262679	279202
私营合伙企业	90329	45927	44402
私营有限责任公司	514628	296037	218592
私营股份有限公司	33021	24975	8046
其他企业	53584	16965	36620
港、澳、台商投资企业	828573	638644	189930
合资经营企业(港或澳、台资)	152600	123049	29551
合作经营企业(港或澳、台资)	179787	136347	43440
港、澳、台商独资经营企业	487601	372525	115077
港、澳、台商投资股份有限公司	8585	6723	1862
外商投资企业	771618	607035	164583
中外合资经营企业	263796	256125	7672
中外合作经营企业	46136	32309	13826
外资企业	458928	316888	142040
外商投资股份有限公司	2759	1713	1046
二、按行业分组			
住宿业			
旅游饭店	2533386	2533386	
一般饭店	719172	719172	
其他住宿服务	76412	76412	
餐饮业			
正餐服务	934129		934129
快餐服务	251619		251619
饮料及冷饮服务	24838		24838
其他餐饮服务	59570		59570

3-9　住宿和餐饮业法人单位分行业资产负债状况（按登记注册类型分）

单位：万元

行　业	所有者权益						
	内资企业	国有企业	集体企业	股份合作企　业	联营企业	国有联营企　业	集体联营企　业
总　计	**2998932.9**	**661514**	**97711.3**	**13091.4**	**68012.3**	**27472.6**	**2720.4**
一、住宿业	**2083290.9**	**578031.4**	**73986.5**	**5501.4**	**68866.1**	**27449.2**	**2590.5**
旅游饭店	1544771.6	471922.8	36796.8	4202.7	60903.9	26633.8	1538.5
一般饭店	480840.9	99724.2	31135.8	1045.3	7830.6	815.4	920.4
其他住宿服务	57678.4	6384.4	6053.9	253.4	131.6		131.6
二、餐饮业	**915642**	**83482.6**	**23724.8**	**7590**	**-853.8**	**23.4**	**129.9**
正餐服务	782813.6	82912.2	22379.6	6732	-1075.4	5.4	57.1
快餐服务	83688.6	259.1	981.9	429.2	18	18	
饮料及冷饮服务	15245.6	56.6	27.7	272			
其他餐饮服务	33894.2	254.7	335.6	156.8	203.6		72.8

3-9　续表 1

单位：万元

行　业	所有者权益						
	国有与集体联营企业	其他联营企　业	有限责任公　司	国有独资公　司	其他有限责任公司	股份有限公　司	私营企业
总　计	**17637.7**	**20181.6**	**817207.7**	**82281.9**	**734925.8**	**107952.9**	**1179858.9**
一、住宿业	**17637.7**	**21188.7**	**676618.1**	**81554.5**	**595063.6**	**33705.2**	**629617.7**
旅游饭店	12517.7	20213.9	562861.2	79958.8	482902.4	22233.3	383367.5
一般饭店	5120	974.8	110798.1	1595.7	109202.4	4321.4	220842.1
其他住宿服务			2958.8		2958.8	7150.5	25408.1
二、餐饮业		**-1007.1**	**140589.6**	**727.4**	**139862.2**	**74247.7**	**550241.2**
正餐服务		-1137.9	85659.9	396.1	85263.8	71678.8	481728.2
快餐服务			47486.3	313.3	47173	209	32713
饮料及冷饮服务			1848.9		1848.9	396.9	12094.6
其他餐饮服务		130.8	5594.5	18	5576.5	1963	23705.4

3-9 续表 2

单位：万元

行　业	所有者权益							
	私营独资企　业	私营合伙企　业	私营有限责任公司	私营股份有限公司	其他企业	港、澳、台商投资企业	合资经营企　业	合作经营企　业
总　计	**541880.9**	**90328.8**	**514628.4**	**33020.8**	**53584.4**	**828573.2**	**152599.9**	**179787.1**
一、住宿业	**262679.4**	**45927.1**	**296036.7**	**24974.5**	**16964.5**	**638643.6**	**123048.9**	**136347.2**
旅游饭店	149795.7	18395.4	195896.8	19279.6	2483.4	549795.9	106859.3	70313.5
一般饭店	104645.8	22612.4	88297.2	5286.7	5143.4	83473.1	10815	66033.7
其他住宿服务	8237.9	4919.3	11842.7	408.2	9337.7	5374.6	5374.6	
二、餐饮业	**279201.5**	**44401.7**	**218591.7**	**8046.3**	**36619.9**	**189929.6**	**29551**	**43439.9**
正餐服务	258224.4	38939.9	177913.3	6650.6	32798.3	116159.4	23107.1	27771
快餐服务	9295.5	1575.8	21254.4	587.3	1592.1	43130.6	291.9	3745.8
饮料及冷饮服务	5430.1	2593.1	3882.4	189	548.9	7024		
其他餐饮服务	6251.5	1292.9	15541.6	619.4	1680.6	23615.6	6152	11923.1

3-9 续表 3

单位：万元

行　业	所有者权益						
	港、澳、台商独资经营企业	港、澳、台商投资股份有限公司	外商投资企　业	中外合资经营企业	中外合作经营企业	外资企业	外商投资股份有限公司
总　计	**487601.3**	**8584.9**	**771618.4**	**263796.3**	**46135.5**	**458927.6**	**2759**
一、住宿业	**372524.7**	**6722.8**	**607035.2**	**256124.5**	**32309.4**	**316887.9**	**1713.4**
旅游饭店	366888.5	5734.6	438818.2	243355.2	26753.9	167314.2	1394.9
一般饭店	5636.2	988.2	154857.7	4251.2	1230.8	149357.2	18.5
其他住宿服务			13359.3	8518.1	4324.7	216.5	300
二、餐饮业	**115076.6**	**1862.1**	**164583.2**	**7671.8**	**13826.1**	**142039.7**	**1045.6**
正餐服务	63469.2	1812.1	35155.7	965.7	13213.4	19997.2	979.4
快餐服务	39092.9		124799.7	4679.8	582.7	119471	66.2
饮料及冷饮服务	7024		2568	1890.5	30	647.5	
其他餐饮服务	5490.5	50	2059.8	135.8		1924	

3-10　各地区住宿和餐饮业法人单位资产负债状况

单位：万元

地　　区	所有者权益	地　　区	所有者权益
住宿和餐饮业合计	**4599125**	东莞市	208253
广州市	1481283	中山市	59565
深圳市	986697	江门市	123122
珠海市	189232	阳江市	51391
汕头市	101168	湛江市	50494
佛山市	248963	茂名市	36960
韶关市	67530	肇庆市	80895
河源市	43073	清远市	36937
梅州市	110965	潮州市	29655
惠州市	168046	揭阳市	37951
汕尾市	79996	云浮市	27310
东莞市	356470	**二、餐饮业**	**1270155**
中山市	69358	广州市	421533
江门市	151399	深圳市	221530
阳江市	84006	珠海市	20091
湛江市	94752	汕头市	18727
茂名市	66888	佛山市	73041
肇庆市	110691	韶关市	35106
清远市	47410	河源市	17732
潮州市	39843	梅州市	20655
揭阳市	67032	惠州市	39634
云浮市	34323	汕尾市	22466
一、住宿业	**3328970**	东莞市	148217
广州市	1059750	中山市	9793
深圳市	765168	江门市	28277
珠海市	169140	阳江市	32615
汕头市	82441	湛江市	44258
佛山市	175922	茂名市	29929
韶关市	32424	肇庆市	29795
河源市	25341	清远市	10473
梅州市	90311	潮州市	10188
惠州市	128412	揭阳市	29081
汕尾市	57530	云浮市	7014

3-11 按登记注册类型分住宿和餐饮业法人单位损益状况

单位：万元

登记注册类型	主营业务收入	主营业务成本	主营业务税金及附加	利润总额
总计	**8636167**	**3570624**	**480543**	**283392**
内资企业	**6264843**	**2668805**	**357579**	**259975**
国有企业	593025	173021	31146	9263
集体企业	210774	92390	12056	13673
股份合作企业	71943	34173	3929	4300
联营企业	50349	18299	3154	1716
国有联营企业	25283	7283	1274	
集体联营企业	3271	1465	236	874
国有与集体联营企业	7702	1467	421	680
其他联营企业	14093	8084	1223	212
有限责任公司	1404991	532852	83057	13593
国有独资公司	28952	6437	1532	
其他有限责任公司	1376039	526415	81526	18937
股份有限公司	118052	38708	6161	7177
私营企业	3599238	1670607	204667	196362
私营独资企业	1315482	645965	76380	127689
私营合伙企业	249867	119540	13842	27266
私营有限责任公司	1942608	860466	109835	36256
私营股份有限公司	91281	44636	4609	5150
其他企业	216471	108755	13410	13892
港、澳、台商投资企业	**1026305**	**364340**	**53076**	
合资经营企业(港或澳、台资)	233515	93474	12560	
合作经营企业(港或澳、台资)	237587	64908	11965	
港、澳、台商独资经营企业	547151	201945	28160	
港、澳、台商投资股份有限公司	8052	4013	390	
外商投资企业	**1345019**	**537480**	**69888**	**39390**
中外合资经营企业	217889	56783	11570	5861
中外合作经营企业	126555	36645	6565	
外资企业	996621	442374	51578	33503
外商投资股份有限公司	3953	1679	175	223

3-12　按登记注册类型、行业分住宿业法人单位损益状况

单位：万元

登记注册类型/行业	主营业务收　入	主营业务成　本	主营业务税金及附加	利润总额
总　计	**3862838**	**1266145**	**223949**	**10627**
一、按登记注册类型分组				
内资企业	2792572	892206	166345	39396
国有企业	525518	135238	28453	8809
集体企业	124019	46186	7555	6021
股份合作企业	11518	4805	699	688
联营企业	36657	9996	2041	1573
国有联营企业	22893	5980	1153	-134
集体联营企业	2628	1121	197	871
国有与集体联营企业	7702	1467	421	680
其他联营企业	3436	1427	270	155
有限责任公司	879292	269421	52975	-11301
国有独资公司	25529	4845	1348	-5521
其他有限责任公司	853763	264576	51627	-5781
股份有限公司	45767	13751	2469	1490
私营企业	1122203	394388	68413	32087
私营独资企业	339407	135385	20229	27537
私营合伙企业	73234	29510	4189	6746
私营有限责任公司	677512	215201	42199	-3940
私营股份有限公司	32050	14293	1796	1744
其他企业	47599	18421	3741	31
港、澳、台商投资企业	523600	142574	27805	-31401
合资经营企业(港或澳、台资)	142280	50730	7718	-4575
合作经营企业(港或澳、台资)	175158	36626	9098	-14386
港、澳、台商独资经营企业	203825	53570	10884	-11477
港、澳、台商投资股份有限公司	2337	1647	105	-963
外商投资企业	546666	231365	29799	2631
中外合资经营企业	176219	41136	9572	7501
中外合作经营企业	95788	23290	4973	-1910
外资企业	273829	166525	15233	-3028
外商投资股份有限公司	830	413	21	68
二、按行业分组				
旅游饭店	3065485	904966	178306	-2171
一般饭店	715786	332647	41371	8704
其他住宿服务	81568	28531	4271	4094

3-13 按登记注册类型、行业分餐饮业法人单位损益状况

单位：万元

登记注册类型/行业	主营业务收入	主营业务成本	主营业务税金及附加	利润总额
总计	**4773329.1**	**2304479.8**	**256593.9**	**272765.3**
一、按登记注册类型分组				
内资企业	3472271.4	1776598.7	191234.6	220579
国有企业	67507.3	37783.1	2692.9	454.5
集体企业	86755.2	46203.2	4501.2	7652.8
股份合作企业	60425.2	29367.9	3230.2	3612.1
联营企业	13691.8	8302.7	1113	143
国有联营企业	2390.4	1302.2	120.8	83.3
集体联营企业	643.9	344	38.7	2.6
国有与集体联营企业				
其他联营企业	10657.5	6656.5	953.5	57.1
有限责任公司	525699.2	263431.3	30082.6	24894.3
国有独资公司	3423.1	1592.3	183.6	176.5
其他有限责任公司	522276.1	261839	29899	24717.8
股份有限公司	72285.3	24957.9	3691.9	5686.6
私营企业	2477035.7	1276218.5	136253.7	164274.9
私营独资企业	976075	510580.1	56150.8	100151.9
私营合伙企业	176633.2	90030.1	9653.7	20520.6
私营有限责任公司	1265096.2	645265.2	67636.3	40196.4
私营股份有限公司	59231.3	30343.1	2812.9	3406
其他企业	168871.7	90334.1	9669.1	13860.8
港、澳、台商投资企业	502704.9	221765.8	25270.5	15427.4
合资经营企业(港或澳、台资)	91234.9	42743.7	4841.4	2155.3
合作经营企业(港或澳、台资)	62428.5	28281.8	2867	2111.9
港、澳、台商独资经营企业	343326.1	148374.3	17276.5	10433.4
港、澳、台商投资股份有限公司	5715.4	2366	285.6	726.8
外商投资企业	798352.8	306115.3	40088.8	36758.9
中外合资经营企业	41670.4	15646.5	1998.3	-1639.6
中外合作经营企业	30767.1	13354.4	1592.3	1713.3
外资企业	722792.5	275848.4	36344.9	36530.5
外商投资股份有限公司	3122.8	1266	153.3	154.7
二、按行业分组				
正餐服务	3498433.3	1767012.4	191585.4	198821.2
快餐服务	1020296.8	405217.8	52184	59065.4
饮料及冷饮服务	63895.1	26402.6	3450.7	2050.2
其他餐饮服务	190703.9	105847	9373.8	12828.5

3-14　住宿和餐饮业法人单位分行业损益状况(按登记注册类型分)

单位：万元

行　业	内资企业				国有企业			
	主营业务收　入	主营业务成　本	主营业务税金及附加	利润总额	主营业务收　入	主营业务成　本	主营业务税金及附加	利润总额
总　计	**6264843.2**	**2668804.8**	**357579.2**	**259975.3**	**593025**	**173021.4**	**31145.9**	**9263.2**
一、住宿业	**2792571.8**	**892206.1**	**166344.6**	**39396.3**	**525517.7**	**135238.3**	**28453**	**8808.7**
旅游饭店	2200054.3	678106.6	132441.6	8111.8	446437.8	105577.4	24863.8	6155.1
一般饭店	524713.8	189239	30471.3	27446.5	68875.8	26669.4	3023.7	2888.1
其他住宿服务	67803.7	24860.5	3431.7	3838	10204.1	2991.5	565.5	-234.5
二、餐饮业	**3472271.4**	**1776598.7**	**191234.6**	**220579**	**67507.3**	**37783.1**	**2692.9**	**454.5**
正餐服务	3076549.8	1570781.4	170040.7	194267.4	65578.4	36249.1	2613.6	1341.1
快餐服务	229241.8	108560.2	12374.6	13120.3	670.9	625.9	17.4	-913.6
饮料及冷饮服务	40666.9	18920.8	2431.6	4480.4	149.7	52.1	11.3	16
其他餐饮服务	125812.9	78336.3	6387.7	8710.9	1108.3	856	50.6	11

3-14　续表 1

单位：万元

行　业	集体企业				股份合作企业			
	主营业务收　入	主营业务成　本	主营业务税金及附加	利润总额	主营业务收　入	主营业务成　本	主营业务税金及附加	利润总额
总　计	**210774.1**	**92389.5**	**12056.4**	**13673.3**	**71942.7**	**34172.9**	**3928.7**	**4299.6**
一、住宿业	**124018.9**	**46186.3**	**7555.2**	**6020.5**	**11517.5**	**4805**	**698.5**	**687.5**
旅游饭店	91816.6	34470.8	5628.5	3239.3	8216.2	3620.8	520.8	69.6
一般饭店	27692.6	10456.1	1668.4	2845	2944.9	1023.3	158	570.5
其他住宿服务	4509.7	1259.4	258.3	-63.8	356.4	160.9	19.7	47.4
二、餐饮业	**86755.2**	**46203.2**	**4501.2**	**7652.8**	**60425.2**	**29367.9**	**3230.2**	**3612.1**
正餐服务	79534.2	42373.8	4093.3	6625.3	53708.6	26227.3	2864.1	2994.8
快餐服务	3486.4	1665.2	240.7	562.6	2949.4	1359	136.8	167.1
饮料及冷饮服务	570.8	390.7	25.6	50.7	1658.4	753.5	94.6	212.9
其他餐饮服务	3163.8	1773.5	141.6	414.2	2108.8	1028.1	134.7	237.3

3-14 续表 2 单位：万元

行业	联营企业				国有联营企业			
	主营业务收入	主营业务成本	主营业务税金及附加	利润总额	主营业务收入	主营业务成本	主营业务税金及附加	利润总额
总计	**50349**	**18298.5**	**3154.1**	**1715.5**	**25283.1**	**7282.5**	**1273.9**	**-51.1**
一、住宿业	**36657.2**	**9995.8**	**2041.1**	**1572.5**	**22892.7**	**5980.3**	**1153.1**	**-134.4**
旅游饭店	31940.6	8627.8	1757.1	1065.5	20183.3	5797.8	1007	-414.5
一般饭店	4540.9	1308.6	270.7	468.2	2709.4	182.5	146.1	280.1
其他住宿服务	175.7	59.4	13.3	38.8				
二、餐饮业	**13691.8**	**8302.7**	**1113**	**143**	**2390.4**	**1302.2**	**120.8**	**83.3**
正餐服务	10447.2	5572.6	949.4	114.5	2305.4	1296.2	120.3	73.8
快餐服务	85	6	0.5	9.5	85	6	0.5	9.5
饮料及冷饮服务								
其他餐饮服务	3159.6	2724.1	163.1	19				

3-14 续表 3 单位：万元

行业	集体联营企业				国有与集体联营企业			
	主营业务收入	主营业务成本	主营业务税金及附加	利润总额	主营业务收入	主营业务成本	主营业务税金及附加	利润总额
总计	**3271.4**	**1465.4**	**235.9**	**874**	**7701.5**	**1466.9**	**421.3**	**680.4**
一、住宿业	**2627.5**	**1121.4**	**197.2**	**871.4**	**7701.5**	**1466.9**	**421.3**	**680.4**
旅游饭店	1548.5	559.2	118.5	675.9	7305.2	1151.9	390.2	649.4
一般饭店	903.3	502.8	65.4	156.7	396.3	315	31.1	31
其他住宿服务	175.7	59.4	13.3	38.8				
二、餐饮业	**643.9**	**344**	**38.7**	**2.6**				
正餐服务	509.2	293.5	32.8	-7.8				
快餐服务								
饮料及冷饮服务								
其他餐饮服务	134.7	50.5	5.9	10.4				

3-14　续表 4

单位：万元

行　业	其他联营企业				有限责任公司			
	主营业务收　入	主营业务成　本	主营业务税金及附加	利润总额	主营业务收　入	主营业务成　本	主营业务税金及附加	利润总额
总　计	**14093**	**8083.7**	**1223**	**212.2**	**1404991**	**532852.1**	**83057.2**	**13592.9**
一、住宿业	**3435.5**	**1427.2**	**269.5**	**155.1**	**879291.8**	**269420.8**	**52974.6**	**-11301.4**
旅游饭店	2903.6	1118.9	241.4	154.7	743401.4	229175.8	45011.4	-9822.4
一般饭店	531.9	308.3	28.1	0.4	121647.8	33403	7223.5	-2729.8
其他住宿服务					14242.6	6842	739.7	1250.8
二、餐饮业	**10657.5**	**6656.5**	**953.5**	**57.1**	**525699.2**	**263431.3**	**30082.6**	**24894.3**
正餐服务	7632.6	3982.9	796.3	48.5	424895.5	215142.2	24561.5	18307.3
快餐服务					84404.9	39556.7	4623.5	5216.7
饮料及冷饮服务					3922.9	1958	304.6	547.4
其他餐饮服务	3024.9	2673.6	157.2	8.6	12475.9	6774.4	593	822.9

3-14　续表 5

单位：万元

行　业	国有独资公司				其他有限责任公司			
	主营业务收　入	主营业务成　本	主营业务税金及附加	利润总额	主营业务收　入	主营业务成　本	主营业务税金及附加	利润总额
总　计	**28951.8**	**6436.8**	**1531.5**	**-5344.3**	**1376039.2**	**526415.3**	**81525.7**	**18937.2**
一、住宿业	**25528.7**	**4844.5**	**1347.9**	**-5520.8**	**853763.1**	**264576.3**	**51626.7**	**-5780.6**
旅游饭店	15792.7	4063.4	852.5	-3702.3	727608.7	225112.4	44158.9	-6120.1
一般饭店	9736	781.1	495.4	-1818.5	111911.8	32621.9	6728.1	-911.3
其他住宿服务					14242.6	6842	739.7	1250.8
二、餐饮业	**3423.1**	**1592.3**	**183.6**	**176.5**	**522276.1**	**261839**	**29899**	**24717.8**
正餐服务	3208.5	1513.2	169.1	115.8	421687	213629	24392.4	18191.5
快餐服务	169.2	61.1	13.1	47.7	84235.7	39495.6	4610.4	5169
饮料及冷饮服务					3922.9	1958	304.6	547.4
其他餐饮服务	45.4	18	1.4	13	12430.5	6756.4	591.6	809.9

3-14 续表 6

单位：万元

行业	股份有限公司				私营企业			
	主营业务收入	主营业务成本	主营业务税金及附加	利润总额	主营业务收入	主营业务成本	主营业务税金及附加	利润总额
总计	**118052.3**	**38708.4**	**6160.5**	**7177**	**3599238.4**	**1670606.8**	**204666.8**	**196361.8**
一、住宿业	**45767**	**13750.5**	**2468.6**	**1490.4**	**1122202.7**	**394388.3**	**68413.1**	**32086.9**
旅游饭店	34755.3	9197.7	1933.8	2383.8	814604.2	277398.4	50975.3	7349.8
一般饭店	5166.2	3080.9	299	-831.8	279163.8	106478.3	16013.3	22582.5
其他住宿服务	5845.5	1471.9	235.8	-61.6	28434.7	10511.6	1424.5	2154.6
二、餐饮业	**72285.3**	**24957.9**	**3691.9**	**5686.6**	**2477035.7**	**1276218.5**	**136253.7**	**164274.9**
正餐服务	63458.4	20479.9	3162.6	4556.1	2224101.2	1141959.6	122904.6	147734.7
快餐服务	837.7	379.7	34	81.1	130620.7	62024.2	7016.2	7264.3
饮料及冷饮服务	162.1	73	15.3	26.7	32166.8	14783.2	1808.9	3310.2
其他餐饮服务	7827.1	4025.3	480	1022.7	90147	57451.5	4524	5965.7

3-14 续表 7

单位：万元

行业	私营独资企业				私营合伙企业			
	主营业务收入	主营业务成本	主营业务税金及附加	利润总额	主营业务收入	主营业务成本	主营业务税金及附加	利润总额
总计	**1315481.9**	**645965**	**76379.8**	**127689.2**	**249867.4**	**119539.9**	**13842.4**	**27266.1**
一、住宿业	**339406.9**	**135384.9**	**20229**	**27537.3**	**73234.2**	**29509.8**	**4188.7**	**6745.5**
旅游饭店	209639.4	80450.9	13605.4	8475.1	40627.2	16926.1	2788.9	2580.3
一般饭店	120375.5	50674	6063.6	17449.5	28579.5	11537.8	1324.5	3963.3
其他住宿服务	9392	4260	560	1612.7	4027.5	1045.9	75.3	201.9
二、餐饮业	**976075**	**510580.1**	**56150.8**	**100151.9**	**176633.2**	**90030.1**	**9653.7**	**20520.6**
正餐服务	912973.2	479777.6	52864.5	93596.7	162394.1	83275.8	9096.2	17799.6
快餐服务	31350.1	15183.2	1578.2	3219.8	5649	2746.7	224.8	589.7
饮料及冷饮服务	15083.2	6668.7	841.4	1992.1	4310	2103	174.7	895.3
其他餐饮服务	16668.5	8950.6	866.7	1343.3	4280.1	1904.6	158	1236

3-14　续表 8

单位：万元

行　业	私营有限责任公司				私营股份有限公司			
	主营业务收入	主营业务成本	主营业务税金及附加	利润总额	主营业务收入	主营业务成本	主营业务税金及附加	利润总额
总　计	**1942607.8**	**860465.9**	**109835.4**	**36256.4**	**91281.3**	**44636**	**4609.2**	**5150.1**
一、住宿业	**677511.6**	**215200.7**	**42199.1**	**-3940**	**32050**	**14292.9**	**1796.3**	**1744.1**
旅游饭店	537902.9	168016.4	33151.9	-5281.1	26434.7	12005	1429.1	1575.5
一般饭店	124964.7	42189.4	8273.6	1001.3	5244.1	2077.1	351.6	168.4
其他住宿服务	14644	4994.9	773.6	339.8	371.2	210.8	15.6	0.2
二、餐饮业	**1265096.2**	**645265.2**	**67636.3**	**40196.4**	**59231.3**	**30343.1**	**2812.9**	**3406**
正餐服务	1093711.4	550664.3	58347.4	33161	55022.5	28241.9	2596.5	3177.4
快餐服务	91190.5	43004.2	5105.2	3304.8	2431.1	1090.1	108	150
饮料及冷饮服务	12493.5	5718.1	776	583.2	280.1	293.4	16.8	-160.4
其他餐饮服务	67700.8	45878.6	3407.7	3147.4	1497.6	717.7	91.6	239

3-14　续表 9

单位：万元

行　业	其他企业				港、澳、台商投资企业			
	主营业务收入	主营业务成本	主营业务税金及附加	利润总额	主营业务收入	主营业务成本	主营业务税金及附加	利润总额
总　计	**216470.7**	**108755.2**	**13409.6**	**13892**	**1026305.3**	**364339.5**	**53075.6**	**-15973.3**
一、住宿业	**47599**	**18421.1**	**3740.5**	**31.2**	**523600.4**	**142573.7**	**27805.1**	**-31400.7**
旅游饭店	28882.2	10037.9	1750.9	-2328.9	490215.7	133310.9	26179.4	-27684.2
一般饭店	14681.8	6819.4	1814.7	1653.8	30549.7	8462.1	1489.7	-3717.3
其他住宿服务	4035	1563.8	174.9	706.3	2835	800.7	136	0.8
二、餐饮业	**168871.7**	**90334.1**	**9669.1**	**13860.8**	**502704.9**	**221765.8**	**25270.5**	**15427.4**
正餐服务	154826.3	82776.9	8891.6	12593.6	295863.1	138694.7	15221.4	6415.5
快餐服务	6186.8	2943.5	305.5	732.6	136964	54385.9	6939.3	7502.5
饮料及冷饮服务	2036.2	910.3	171.3	316.5	21106.1	7037.9	943.3	-1747.6
其他餐饮服务	5822.4	3703.4	300.7	218.1	48771.7	21647.3	2166.5	3257

3-14 续表 10

单位：万元

行　业	合资经营企业(港或澳、台资)				合作经营企业(港或澳、台资)			
	主营业务收　入	主营业务成　本	主营业务税金及附加	利润总额	主营业务收　入	主营业务成　本	主营业务税金及附加	利润总额
总　计	**233515.2**	**93473.9**	**12559.7**	**-2419.4**	**237586.8**	**64907.9**	**11965.4**	**-12273.8**
一、住宿业	**142280.3**	**50730.2**	**7718.3**	**-4574.7**	**175158.3**	**36626.1**	**9098.4**	**-14385.7**
旅游饭店	134481.6	48581.3	7339.1	-4460.5	153433.3	30782.9	8031.6	-11207.8
一般饭店	4963.7	1348.2	243.2	-115	21725	5843.2	1066.8	-3177.9
其他住宿服务	2835	800.7	136	0.8				
二、餐饮业	**91234.9**	**42743.7**	**4841.4**	**2155.3**	**62428.5**	**28281.8**	**2867**	**2111.9**
正餐服务	80769.6	37117	4272.9	1393.5	28837.1	14746.6	1506.6	480.7
快餐服务	532.5	164.6	27.4	-14	2009.6		100.5	30.9
饮料及冷饮服务								
其他餐饮服务	9932.8	5462.1	541.1	775.8	31581.8	13535.2	1259.9	1600.3

3-14 续表 11

单位：万元

行　业	港、澳、台商独资经营企业				港、澳、台商投资股份有限公司			
	主营业务收　入	主营业务成　本	主营业务税金及附加	利润总额	主营业务收　入	主营业务成　本	主营业务税金及附加	利润总额
总　计	**547150.9**	**201944.6**	**28160.4**	**-1043.7**	**8052.4**	**4013.1**	**390.1**	**-236.4**
一、住宿业	**203824.8**	**53570.3**	**10883.9**	**-11477.1**	**2337**	**1647.1**	**104.5**	**-963.2**
旅游饭店	200784	52689.7	10739.5	-11040	1516.8	1257	69.2	-975.9
一般饭店	3040.8	880.6	144.4	-437.1	820.2	390.1	35.3	12.7
其他住宿服务								
二、餐饮业	**343326.1**	**148374.3**	**17276.5**	**10433.4**	**5715.4**	**2366**	**285.6**	**726.8**
正餐服务	180541	84465.1	9156.3	3813.3	5715.4	2366	285.6	728
快餐服务	134421.9	54221.3	6811.4	7485.6				
饮料及冷饮服务	21106.1	7037.9	943.3	-1747.6				
其他餐饮服务	7257.1	2650	365.5	882.1				-1.2

3-14　续表 12　　单位：万元

行　业	外商投资企业				中外合资经营企业			
	主营业务收入	主营业务成本	主营业务税金及附加	利润总额	主营业务收入	主营业务成本	主营业务税金及附加	利润总额
总　计	**1345018.6**	**537480**	**69887.9**	**39390.2**	**217889.3**	**56782.6**	**11570.1**	**5861.2**
一、住宿业	**546665.8**	**231364.7**	**29799.1**	**2631.3**	**176218.9**	**41136.1**	**9571.8**	**7500.8**
旅游饭店	375214.6	93548.4	19685.1	17401.3	163921	37766.1	8798.7	6650.4
一般饭店	160522	134946.1	9410.3	-15025.5	3748.5	998.7	190.2	-40.4
其他住宿服务	10929.2	2870.2	703.7	255.5	8549.4	2371.3	582.9	890.8
二、餐饮业	**798352.8**	**306115.3**	**40088.8**	**36758.9**	**41670.4**	**15646.5**	**1998.3**	**-1639.6**
正餐服务	126020.4	57536.3	6323.3	-1861.7	31382.8	10272.8	1605.9	-2094.5
快餐服务	654091	242271.7	32870.1	38442.6	9170.7	4478.5	336.1	578.6
饮料及冷饮服务	2122.1	443.9	75.8	-682.6	126.4	46.5	7.5	-9.8
其他餐饮服务	16119.3	5863.4	819.6	860.6	990.5	848.7	48.8	-113.9

3-14　续表 13　　单位：万元

行　业	中外合作经营企业				外资企业			
	主营业务收入	主营业务成本	主营业务税金及附加	利润总额	主营业务收入	主营业务成本	主营业务税金及附加	利润总额
总　计	**126555.4**	**36644.6**	**6565.4**	**-196.3**	**996621.4**	**442373.5**	**51577.7**	**33502.7**
一、住宿业	**95788.3**	**23290.2**	**4973.1**	**-1909.6**	**273828.9**	**166525.1**	**15232.8**	**-3027.8**
旅游饭店	91658.6	22088.5	4755.8	-1620.3	119065	33421.5	6113.4	12390.5
一般饭店	2563.7	822.2	139	59.9	154023.3	133015.2	9081.1	-15106.5
其他住宿服务	1566	379.5	78.3	-349.2	740.6	88.4	38.3	-311.8
二、餐饮业	**30767.1**	**13354.4**	**1592.3**	**1713.3**	**722792.5**	**275848.4**	**36344.9**	**36530.5**
正餐服务	12661.7	6229.5	688.5	146.8	78898.5	39793.6	3877.8	-132.2
快餐服务	18075.4	7113.4	903.8	1565	626799.5	230654.2	31628	36362.5
饮料及冷饮服务	30	11.5		1.5	1965.7	385.9	68.3	-674.3
其他餐饮服务					15128.8	5014.7	770.8	974.5

3-14　续表 14　　单位：万元

行　业	外商投资股份有限公司			
	主营业务收入	主营业务成本	主营业务税金及附加	利润总额
总　计	**3952.5**	**1679.3**	**174.7**	**222.6**
一、住宿业	**829.7**	**413.3**	**21.4**	**67.9**
旅游饭店	570	272.3	17.2	-19.3
一般饭店	186.5	110		61.5
其他住宿服务	73.2	31	4.2	25.7
二、餐饮业	**3122.8**	**1266**	**153.3**	**154.7**
正餐服务	3077.4	1240.4	151.1	218.2
快餐服务	45.4	25.6	2.2	-63.5
饮料及冷饮服务				
其他餐饮服务				

3-15 各地区住宿和餐饮业法人单位损益状况

单位：万元

地 区	主营业务收入	主营业务成本	主营业务税金及附加	利润总额
住宿和餐饮业合计	**8636167**	**3570624**	**480543**	**283392**
广州市	3019157	1175691	167026	101871
深圳市	1964418	832987	104219	7228
珠海市	298653	101605	15674	-14474
汕头市	175571	92030	9272	14418
佛山市	612478	265320	33362	80706
韶关市	124567	55071	6407	14931
河源市	54648	22455	3322	572
梅州市	78997	33727	4435	16972
惠州市	220248	89378	13366	8345
汕尾市	30879	16192	1725	1017
东莞市	802082	292897	49193	-9029
中山市	256371	110028	15739	-4421
江门市	240269	118491	13982	4333
阳江市	92520	51866	5887	7004
湛江市	206929	101150	12608	21985
茂名市	108709	51216	4475	19197
肇庆市	132849	60939	6966	8322
清远市	94566	37330	5860	-10663
潮州市	29937	15731	1928	2246
揭阳市	64169	33878	3442	14716
云浮市	28152	12642	1655	-1883
一、住宿业	**3862838**	**1266145**	**223949**	**10627**
广州市	1094724	310268	62252	-1188
深圳市	794893	267409	44443	-7468
珠海市	189920	43067	9879	-14533
汕头市	86260	33768	4473	5386
佛山市	265017	91211	15556	17466
韶关市	42848	16975	2275	3337
河源市	33760	12808	2084	125
梅州市	55847	19760	3084	13123
惠州市	133512	46975	8053	1111
汕尾市	14455	7636	695	560

3-15　续表

单位：万元

地　　区	主营业务收　　入	主营业务成　　本	主营业务税金及附加	利润总额
东莞市	501462	149694	32104	-14626
中山市	133426	43616	8570	-7246
江门市	130300	57134	8197	-3902
阳江市	32362	18488	2122	3294
湛江市	86640	36032	5215	6009
茂名市	44697	18766	1954	5371
肇庆市	87022	36417	4457	7279
清远市	75327	27358	4810	-9224
潮州市	15693	6785	1026	836
揭阳市	30102	15872	1705	6888
云浮市	14571	6104	997	-1968
二、餐饮业	**4773329**	**2304480**	**256594**	**272765**
广州市	1924433	865422	104774	103059
深圳市	1169525	565578	59777	14696
珠海市	108733	58538	5795	60
汕头市	89311	58262	4799	9032
佛山市	347461	174108	17806	63240
韶关市	81719	38096	4132	11593
河源市	20888	9647	1238	447
梅州市	23150	13967	1351	3849
惠州市	86735	42403	5314	7234
汕尾市	16424	8556	1030	457
东莞市	300620	143203	17088	5598
中山市	122945	66412	7170	2825
江门市	109970	61357	5785	8235
阳江市	60158	33379	3765	3711
湛江市	120289	65118	7393	15975
茂名市	64012	32450	2522	13826
肇庆市	45827	24522	2510	1043
清远市	19239	9972	1050	-1439
潮州市	14245	8946	902	1410
揭阳市	34067	18006	1736	7829
云浮市	13581	6538	658	85

3-16 其他行业法人附属住宿餐饮业

行业/登记注册类型	单位数(个)	年末从业人员数(人)	营业额	客房收入	餐费收入
总　计	**615**	**20426**	**681470**	**338477**	**110555**
一、住宿业	**338**	**13617**	**422319**	**330903**	**52057**
1.按住宿行业中类分组					
旅游饭店	85	8784	372787	287994	48821
一般饭店	226	4335	45759	41145	2773
其他住宿服务	27	498	3774	1764	463
2.按登记注册类型分组					
内资企业	332	12105	409502	323173	47454
国有企业	93	4396	53769	34622	11983
集体企业	66	1358	289410	234043	25741
股份合作企业	8	99	611	521	86
联营企业	3	82	594	262	3
国有联营企业					
集体联营企业					
国有与集体联营企业					
其他联营企业	3	82	594	262	3
有限责任公司	47	1066	10523	8353	1937
国有独资公司	6	66	726	606	
其他有限责任公司	41	1000	9798	7747	1937
股份有限公司	14	489	3449	2249	635
私营企业	86	4425	50459	42664	6855
私营独资企业	14	201	1060	904	116
私营合伙企业	2	18	86	86	
私营有限责任公司	68	4183	49081	41442	6739
私营股份有限公司	2	23	233	233	
其他企业	15	190	687	459	214
港、澳、台商投资企业	2	49	159	159	
合资经营企业(港或澳、台资)	2	49	158	158	
合作经营企业(港或澳、台资)					
港、澳、台商独资经营企业					
港、澳、台商投资股份有限公司					
外商投资企业	4	1463	12659	7571	4604
中外合资经营企业	4	1463	12659	7571	4604
中外合作经营企业					
外资企业					
外商投资股份有限公司					

产业活动单位按经营地分经营情况

单位：万元

		客房数(间)	床位数(个)	餐位数(位)	年末餐饮营业面积(平方米)
商品销售额	其他收入				
34848	**197591**	**16820**	**29405**	**50854**	**171361**
33781	**5578**	**16143**	**28259**	**17984**	**61193**
31818	4154	6486	11403	15516	38258
557	1284	8778	15359	1638	16285
1407	140	879	1497	830	6650
33771	5104	15368	27109	16809	57333
4157	3007	5124	9113	4032	11944
29141	486	2348	3968	5620	15674
	4	354	591	130	150
330		139	198	9	40
330		139	198	9	40
75	158	2212	4184	950	9211
	119	162	260		
75	39	2050	3924	950	9211
	566	691	1173	424	800
59	880	3974	6949	5224	18814
5	35	350	627	1250	863
		50	80		
54	845	3458	6062	3974	17951
		116	180		
9	4	526	933	420	700
		118	146		
		118	146		
10	473	657	1004	1175	3860
10	473	657	1004	1175	3860

3-16 续表

行业/登记注册类型	单位数(个)	年末从业人员数(人)	营业额	客房收入	餐费收入
二、餐饮业	**277**	**6809**	**259151**	**7574**	**58498**
1.按餐饮行业中类分组					
正餐服务	145	5009	249807	7569	53551
快餐服务	38	307	1684	5	1590
饮料及冷饮服务	15	135	1056		1050
其他餐饮服务	79	1358	6604		2307
2.按登记注册类型分组					
内资企业	261	6317	253175	7497	52639
国有企业	35	1086	6420	1724	3270
集体企业	69	727	200478	4664	8140
股份合作企业	1	65	200	75	125
联营企业	2	39	203		196
国有联营企业					
集体联营企业	1	14	196		196
国有与集体联营企业	1	25	7		
其他联营企业					
有限责任公司	33	745	5861	7	5772
国有独资公司	1	5	33		33
其他有限责任公司	32	740	5829	7	5740
股份有限公司	4	653	13980		13980
私营企业	66	1942	20397	1027	19232
私营独资企业	9	362	3961	170	3758
私营合伙企业	2	21	1020		1020
私营有限责任公司	49	1462	14873	858	13995
私营股份有限公司	6	97	544		460
其他企业	51	1060	5636		1924
港、澳、台商投资企业	11	366	5315	77	5200
合资经营企业(港或澳、台资)	7	292	4786		4786
合作经营企业(港或澳、台资)					
港、澳、台商独资经营企业	4	74	529	77	414
港、澳、台商投资股份有限公司					
外商投资企业	5	126	661		658
中外合资经营企业	1	30	322		322
中外合作经营企业	1	35	49		46
外资企业	2	21	80		80
外商投资股份有限公司	1	40	211		211

单位：万元

		客房数(间)	床位数(个)	餐位数(位)	年末餐饮营业面积(平方米)
商品销售额	其他收入				
1067	**192013**	**677**	**1146**	**32870**	**110168**
941	187747	677	1146	28610	99075
50	39			2120	4231
6				709	2190
70	4227			1431	4672
1025	192013	645	1086	30696	106667
828	598	278	574	5914	25356
39	187635	133	160	6185	17528
					100
	7			138	360
				138	360
	7				
76	6	12	22	3123	13114
				20	30
76	6	12	22	3103	13084
				1270	1590
82	56	222	330	9358	44566
32	2	60	60	1358	9883
				186	540
	20	162	270	7162	32816
50	34			652	1327
	3712			4708	4053
38		32	60	1432	1507
				147	675
38		32	60	1283	830
3				743	1995
				142	475
3				300	500
				71	270
				230	750

3-17 其他行业法人单位附属住宿餐饮业产业活动单位分市情况

单位：万元

地区	单位数(个)	年末从业人员数(人)	营业额					客房数(间)	床位数(个)	餐位数(位)	年末餐饮营业面积(平方米)
				客房收入	餐费收入	商品销售额	其他收入				
总计	**615**	**20426**	**681470**	**338477**	**110555**	**34848**	**197591**	**16820**	**29405**	**50854**	**171361**
广州市	126	4849	38404	14768	19985	2015	1636	4163	7479	6106	14076
深圳市	187	9397	572281	281178	67321	32575	191207	7496	12427	22701	73317
珠海市	24	1014	9838	6199	3396		243	1148	2036	1905	20270
汕头市	15	41	172	6	166			25	42	132	461
佛山市	24	1183	6955	2503	4385	65	3	343	659	1799	5322
韶关市	10	98	1120	487	565	68		205	413	1461	1904
河源市	11	44	125	48	77			102	177	276	1400
梅州市	17	182	849	407	437	5		246	528	1631	1845
惠州市	17	157	467	150	316	1	1	223	397	511	2622
汕尾市	1	8	130	130				34	60		
东莞市	23	533	28781	25661	2907	16	196	732	1100	1686	7832
中山市	12	146	563	532	30		1	378	762	62	260
江门市	18	196	1819	115	1656	39	9	87	129	2770	3440
阳江市	7	37	380	95	284		1	28	52	222	806
湛江市	32	389	2115	1170	926	3	16	696	1434	1855	15380
茂名市	53	1107	5808	207	1396		4205	118	212	3444	2100
肇庆市	16	647	8142	4258	3874	11		493	899	3145	15642
清远市	6	166	1073	397	638		38	161	334	460	2450
潮州市	11	102	1656	24	1548	50	34	33	50	308	1684
揭阳市	3	19	32	27	3		2	50	102	130	150
云浮市	2	111	761	115	646			59	113	250	400
一、住宿业	**338**	**13617**	**422319**	**330903**	**52057**	**33781**	**5578**	**16143**	**28259**	**17984**	**61193**
广州市	74	3115	17419	13346	517	2012	1544	3984	7123	810	1900
深圳市	127	6935	354380	275542	43564	31709	3565	7197	11997	11347	34109
珠海市	16	926	8966	6199	2541		226	1148	2036	1042	9070
汕头市	1	1	6	6				25	42		
佛山市	13	823	4105	2496	1609			331	637	124	3220
韶关市	8	61	776	411	336	30		173	353	301	1604
河源市	6	24	58	48	10			102	177	30	150
梅州市	9	132	454	362	92			230	508	1300	750
惠州市	9	92	172	150	21	1	1	223	397	120	1200
汕尾市	1	8	130	130				34	60		

3-17　续表　　单位：万元

地　区	单位数（个）	年末从业人员数（人）	营业额					客房数（间）	床位数（个）	餐位数（位）	年末餐饮营业面积（平方米）
				客房收入	餐费收入	商品销售额	其他收入				
东莞市	17	425	27935	25661	2062	16	196	732	1100	650	1390
中山市	9	134	533	532			1	378	762		
江门市	4	17	36	34	2			47	89	120	200
阳江市	2	7	96	95			1	28	52		
湛江市	20	266	1147	960	179	3	5	646	1314	580	840
茂名市	4	70	260	207	53			118	212		200
肇庆市	6	386	4699	4258	431	11		493	899	1070	4010
清远市	6	166	1073	397	638		38	161	334	460	2450
潮州市	3	8	24	24				33	50		
揭阳市	2	16	32	27	3		2	50	102	30	100
云浮市	1	5	18	18				10	15		
二、餐饮业	**277**	**6809**	**259151**	**7574**	**58498**	**1067**	**192013**	**677**	**1146**	**32870**	**110168**
广州市	52	1734	20985	1421	19468	3	93	179	356	5296	12176
深圳市	60	2462	217901	5636	23757	866	187642	299	430	11354	39208
珠海市	8	88	872		855		17			863	11200
汕头市	14	40	166		166					132	461
佛山市	11	360	2851	7	2776	65	3	12	22	1675	2102
韶关市	2	37	344	77	229	38		32	60	1160	300
河源市	5	20	67		67					246	1250
梅州市	8	50	395	45	345	5		16	20	331	1095
惠州市	8	65	295		295					391	1422
汕尾市											
东莞市	6	108	845		845					1036	6442
中山市	3	12	30		30					62	260
江门市	14	179	1783	81	1654	39	9	40	40	2650	3240
阳江市	5	30	284		284					222	806
湛江市	12	123	968	210	747		11	50	120	1275	14540
茂名市	49	1037	5548		1343		4205			3444	1900
肇庆市	10	261	3443		3443					2075	11632
清远市											
潮州市	8	94	1632		1548	50	34			308	1684
揭阳市	1	3								100	50
云浮市	1	106	743	97	646			49	98	250	400

3-18 住宿和餐饮业

行业/登记注册类型	连锁总店或总部数(个)	门店总数(个)			年末从业人员(人)	年末餐饮营业面积(平方米)
		合计	直营店	加盟店		
总计	**82**	**1904**	**1809**	**95**	**92732**	**884302**
一、按行业分组						
1.宿行业	**5**	**84**	**84**		**2717**	**190114**
旅游饭店	2	20	20		459	
一般饭店	3	64	64		2258	190114
2.餐饮业	**77**	**1820**	**1725**	**95**	**90015**	**694188**
正餐服务	41	236	176	60	15886	228999
快餐服务	29	1297	1269	28	71802	442517
饮料及冷饮服务	4	269	269		1549	10983
其他餐饮服务	3	18	11	7	778	11689
二、按登记注册类型分组						
内资企业	56	831	763	68	33871	320650
集体企业	2	11	11		563	14669
股份合作企业	3	11	5	6	1190	22931
联营企业						
有限责任公司	12	273	271	2	16530	122411
股份有限公司						
私营企业	39	536	476	60	15588	160639
港、澳、台商投资企业	11	205	205		11653	70315
合资经营企业(港或澳、台资)						
合作经营企业(港或澳、台资)	1	2	2		450	10000
港、澳、台商独资经营企业	10	203	203		11203	60315
外商投资企业	15	868	841	27	47208	493337
中外合资经营企业	2	5	5		456	2100
中外合作经营企业	1	22	22		675	7944
外资企业	12	841	814	27	46077	483293

连锁经营情况

客房数(间)	床位数(个)	餐位数(位)	连锁门店营业额			其中：餐费收入和商品销售额		
			合　计	直营店	加盟店	合　计	直营店	加盟店
9662	**10439**	**346403**	**1140577.8**	**1114820.7**	**25757.1**	**1076073.6**	**1050316.5**	**25757.1**
9662	**10439**		**48662.4**	**48662.4**		**2439**	**2439**	
1955	2329		8916.7	8916.7				
7707	8110		39745.7	39745.7		2439	2439	
		346403	**1091915.4**	**1066158.3**	**25757.1**	**1073634.6**	**1047877.5**	**25757.1**
		177776	188728.3	174882	13846.3	188522.9	174676.6	13846.3
		161052	867505.2	858015.7	9489.5	849429.8	839940.3	9489.5
		4960	11266.1	11266.1		11266.1	11266.1	
		2615	24415.8	21994.5	2421.3	24415.8	21994.5	2421.3
3758	4535	213521	313285.7	296978.6	16307.1	301273.6	284966.5	16307.1
		3055	10477.3	10477.3		10477.3	10477.3	
		6293	10815.1	10815.1		10815.1	10815.1	
		40641	134494.7	131169.7	3325	134494.7	131169.7	3325
3758	4535	163532	157498.6	144516.5	12982.1	145486.5	132504.4	12982.1
		13499	154722.5	154722.5		154722.5	154722.5	
		1500	21037.5	21037.5		21037.5	21037.5	
		11999	133685	133685		133685	133685	
5904	5904	119383	672569.6	663119.6	9450	620077.5	610627.5	9450
		1181	4825.3	4825.3		4825.3	4825.3	
		3093	18075.4	18075.4				
5904	5904	115109	649668.9	640218.9	9450	615252.2	605802.2	9450

3-19 按市分组的全省住宿餐饮业个体经营户情况表

地区	个体经营户数(个)		从业人数(人)	
		有证照		有证照
住宿餐饮业合计	**256507**	**151516**	**1317972**	**969408**
广州市	41693	23235	212403	145983
深圳市	46072	21482	221258	142659
珠海市	7273	4537	45020	35799
汕头市	7486	3039	32912	15539
佛山市	19320	9722	125039	96801
韶关市	6502	4701	31074	25350
河源市	4111	3176	17142	14545
梅州市	6988	5307	26630	21770
惠州市	15273	10310	72653	58101
汕尾市	3077	1850	16214	11977
东莞市	32774	16682	132757	89869
中山市	11294	8160	55075	46978
江门市	9942	8347	55053	49638
阳江市	5829	4524	69887	54667
湛江市	8587	5258	53711	39110
茂名市	5683	4329	30227	25391
肇庆市	6869	5996	41958	38538
清远市	6937	5365	31994	27237
潮州市	3207	1232	11311	5229
揭阳市	5102	1986	20487	9876
云浮市	2488	2278	15167	14351

第4篇

房地产业生产经营及财务状况

4-1 房地产开发经营投资完成情况

单位：万元

项目	企业数(个)	计划总投资	自开始建设累计完成投资	本年完成投资	#土地开发投资额	#配套工程投资额
总计	**6821**	**147300330**	**97387559**	**29500879**	**2003714**	**1040739**
一、按登记注册类型分组						
内资企业	5755	97154984	65676014	21950850	1464794	726882
国有企业	325	3462695	2433835	713998	75547	20322
集体企业	435	1694348	1371905	621139	22480	8438
股份合作企业	44	515144	399149	92687	1958	4080
国有联营企业	5	60000	35070	7278		
集体联营企业	3	20236	8624	8624		
国有与集体联营企业	1	12000	13439	2400	750	
其他联营企业	15	207500	124737	18392		
国有独资公司	41	2598802	1179779	451815	31922	5152
其他有限责任公司	2270	44632154	29834506	10099314	622497	360023
股份有限公司	174	5740673	3218203	1532413	42499	26460
私营独资企业	131	2280793	857215	443243	33375	6981
私营合伙企业	42	211716	126628	51331	280	220
私营有限责任公司	2122	30775990	21854925	7039896	441735	272728
私营股份有限公司	98	4042935	3647923	646271	113903	15280
其他企业	49	899998	570076	222049	77848	7198
港澳台商投资企业	802	36494556	23977712	4752518	380754	169312
外商投资企业	264	13650790	7733833	2797511	158166	144545
二、按控股情况分组						
国有控股	543	16941617	9934756	3778170	173343	68759
集体控股	647	5307809	4041621	1406930	45610	15898
私人控股	3947	61546435	42618263	13182809	1021477	536354
港澳台商控股	803	36820259	24406641	4836790	411317	174553
外商控股	267	14870138	8687014	3317884	169865	171600
其他	614	11814072	7699264	2978296	182102	73575
三、按营业状态分组						
营业	5944	145974974	96701799	29244639	1980839	1025701
停业(歇业)	385	592153	323653	166392	9916	6150
筹建	267	307634	36228	34228	10875	8344
当年关闭	34	19970	23362	2719		
当年破产	1					
其他	190	405599	302517	52901	2084	544

4-1　续表　　　　单位：万元

项　目	企业数(个)	计划总投资	自开始建设累计完成投资	本年完成投资	#土地开发投资额	#配套工程投资额
四、按资质等级分组						
一级	65	12421017	9447679	2659982	174004	77353
二级	595	29549615	22466837	3975192	141425	93311
三级	1039	29992127	19251081	5516480	394789	229612
四级	1696	24445304	15200554	5582668	285425	194561
暂定	1819	33322292	18194043	8350016	836861	356413
其他	1607	17569975	12827365	3416541	171210	89489
五、隶属关系组						
中央	31	4539894	1991486	1116551	26094	17943
省(自治区、直辖市)	71	1095239	840304	151124	4491	1673
地区(州、盟、省辖市)	971	21575234	15095197	4527236	262402	114991
县(区、市、旗)	662	4077652	2816699	1361716	65762	24685
街道	93	1071608	535135	250507	101857	11585
镇	234	1070576	798880	248009	9713	3639
乡	2					
居委会	26	1018441	908831	235331	8852	4011
村委会	44	475428	351784	119195	690	2522
其他	4687	112376258	74049243	21491210	1523853	859690
六、按地区分组						
广州市	1352	56576222	38077645	7634024	573604	
深圳市	614	20926264	14364839	4400297	66673	105394
珠海市	324	6987991	4503235	1520896	161787	127467
汕头市	254	746255	674175	329038	3519	6977
佛山市	511	13906179	9581957	4026261	344575	107983
韶关市	179	1524320	1132966	550263	23018	15690
河源市	100	599532	476289	200745	27556	18044
梅州市	184	521839	400619	177356	28725	5124
惠州市	290	8795918	4521288	1868314	171080	109149
汕尾市	55	307772	153040	96311	13704	40847
东莞市	449	13325495	9203417	2714197	98469	201849
中山市	687	9654778	6155312	1965096	116522	65229
江门市	361	3723845	2004344	1049978	114176	81509
阳江市	196	771085	484337	226269	48771	19108
湛江市	150	1224555	839240	365557	23882	2911
茂名市	202	462036	323857	190005	9526	278
肇庆市	285	2414998	1501890	549567	41938	31402
清远市	403	3643406	2073995	1156853	88821	27046
潮州市	84	280626	253287	149344	14850	9374
揭阳市	72	483022	324357	207678	24499	63378
云浮市	69	424192	337470	122830	8019	1980

4-2 按构成分的房地产开发经营完成投资

单位：万元

项目	本年完成投资	建筑工程	安装工程	设备工器具购置费	其他费用	#旧建筑物购置费	#土地购置费
总计	**29500879**	**18718303**	**2166111**	**711166**	**7905299**	**54222**	**5047508**
一、按登记注册类型分组							
内资企业	21950850	14433006	1615536	419548	5482760	45179	3526906
国有企业	713998	479296	26462	16607	191633	304	131956
集体企业	621139	459229	79218	27998	54694	10	19464
股份合作企业	92687	46609	18551	1326	26201		5498
国有联营企业	7278	7278					
集体联营企业	8624	7707			917		916
国有与集体联营企业	2400	1470	160	20	750		750
其他联营企业	18392	7320	5060		6012		219
国有独资公司	451815	163385	35070	8920	244440		174528
其他有限责任公司	10099314	6644361	724952	226483	2503518	26664	1516092
股份有限公司	1532413	834297	77672	10198	610246	38	528079
私营独资企业	443243	327418	22587	1425	91813	7582	72143
私营合伙企业	51331	39267	7907	1000	3157		346
私营有限责任公司	7039896	4862578	601275	119697	1456346	10571	896908
私营股份有限公司	646271	464353	14163	5794	161961	10	51159
其他企业	222049	88438	2459	80	131072		128848
港澳台商投资企业	4752518	2545288	361410	64139	1781681	6132	1258983
外商投资企业	2797511	1740009	189165	227479	640858	2911	261619
二、按控股情况分组							
国有控股	3778170	2033381	203462	71981	1469346	6177	1119826
集体控股	1406930	1012995	161034	54749	178152	91	83312
私人控股	13182809	9010463	1049844	215256	2907246	29407	1687867
港澳台商控股	4836790	2534533	363651	72643	1865963	6132	1318960
外商控股	3317884	2073987	205347	259975	778575	2911	345173
其他	2978296	2052944	182773	36562	706017	9504	492370
三、按营业状态分组							
营业	29244639	18586416	2156874	708631	7792718	53680	4984278
停业(歇业)	166392	69002	7550	2363	87477		49808
筹建	34228	17888	50	50	16240	542	12840
当年关闭	2719	2352	182		185		
当年破产							
其他	52901	42645	1455	122	8679		582

4-2　续表　　　　单位：万元

项　　目	本年完成投资	建筑工程	安装工程	设备工器具购置费	其他费用	#旧建筑物购置费	#土地购置费
四、按资质等级分组							
一级	2659982	1587108	145147	31406	896321	4042	634341
二级	3975192	2554627	340907	97934	981724	3711	429769
三级	5516480	3768825	462493	164342	1120820	4630	541911
四级	5582668	3801537	440551	169327	1171253	9361	622639
暂定	8350016	4602409	457289	172934	3117384	16693	2446902
其他	3416541	2403797	319724	75223	617797	15785	371946
五、隶属关系组							
中央	1116551	399918	52258	452	663923		581494
省(自治区、直辖市)	151124	99826	13825	2731	34742		3717
地区(州、盟、省辖市)	4527236	2583021	337710	91532	1514973	6843	1041991
县(区、市、旗)	1361716	896278	136004	35848	293586	6575	200740
街道	250507	135253	10147	1794	103313	10	88286
镇	248009	172154	20021	3660	52174	81	13926
乡							
居委会	235331	132343	28090	9494	65404		8652
村委会	119195	102165	9513	347	7170		50
其他	21491210	14197345	1558543	565308	5170014	40713	3108652
六、按地区分组							
广州市	7634024	4562429	659316	186256	2226023		1109478
深圳市	4400297	2864847	408794	105319	1021337	11949	659793
珠海市	1520896	894072	100047	26235	500542	2722	390571
汕头市	329038	270490	4024	5268	49256	1677	42444
佛山市	4026261	2163316	182078	84821	1596046	3731	1296370
韶关市	550263	315827	30387	27011	177038	791	121270
河源市	200745	158116	10630	540	31459	170	23535
梅州市	177356	119598	6713	1404	49641	4312	35119
惠州市	1868314	1264034	134739	27730	441811	11323	329080
汕尾市	96311	79518	2131	69	14593		13400
东莞市	2714197	1917305	260499	56591	479802	1140	262580
中山市	1965096	1321398	189273	14551	439874	243	224790
江门市	1049978	691836	40380	87140	230622	2264	146537
阳江市	226269	160618	11029	11311	43311	820	18855
湛江市	365557	268893	20131	2959	73574	238	45743
茂名市	190005	145958	449	22	43576		40501
肇庆市	549567	443445	10771	25831	69520	2884	50249
清远市	1156853	701015	82566	45862	327410	2240	174069
潮州市	149344	121537	3151	1761	22895		15235
揭阳市	207678	173902	600	50	33126	4042	26829
云浮市	122830	80149	8403	435	33843	3676	21060

4-3　按用途分的房地产开发经营完成投资

单位：万元

项　　目	本年完成投　资	住　宅					办公楼	商业营业用　房	其　他
			90平方米以下住房	140平方米以下住房	别　墅、高档公寓	经　济适用房			
总　　计	**29500879**	**21287508**	**5581226**	**6298144**	**2871938**	**85801**	**995294**	**2425265**	**4792812**
一、按登记注册类型分组									
内资企业	21950850	16096819	4586105	4427826	1901623	83684	751434	1871726	3230871
国有企业	713998	554993	132830	180789	50099	46512	36210	25337	97458
集体企业	621139	504728	106208	107327	21036	1935	4597	55375	56439
股份合作企业	92687	68018	16484	22805	4278		300	6211	18158
国有联营企业	7278						6190	1088	
集体联营企业	8624	8607	900						17
国有与集体联营企业	2400	1400						200	800
其他联营企业	18392	11088	2117	8614	35		75	3443	3786
国有独资公司	451815	166987	56866	73352	49252	2362	65076	19994	199758
其他有限责任公司	10099314	7583850	2195646	2151214	1173210	23897	274584	868732	1372148
股份有限公司	1532413	1084552	276302	375890	17200		97899	146288	203674
私营独资企业	443243	291705	21549	109568	38834		1075	16919	133544
私营合伙企业	51331	39178	6581	14384			279	8916	2958
私营有限责任公司	7039896	5219802	1716134	1220435	473701	8978	187607	663496	968991
私营股份有限公司	646271	350485	47177	52109	8428		77542	51490	166754
其他企业	222049	211426	7311	111339	65550			4237	6386
港澳台商投资企业	4752518	3184219	596895	1026302	389455	2117	134657	339305	1094337
外商投资企业	2797511	2006470	398226	844016	580860		109203	214234	467604
二、按控股情况分组									
国有控股	3778170	2511459	893689	827579	133085	48874	274225	288888	703598
集体控股	1406930	1128425	344136	252053	95827	1935	33221	101507	143777
私人控股	13182809	9601586	2702578	2363391	1094653	27791	374814	1234825	1971584
港澳台商控股	4836790	3249088	656135	963562	343743	2117	141840	348095	1097767
外商控股	3317884	2416843	426972	1193952	925151		113281	206511	581249
其他	2978296	2380107	557716	697607	279479	5084	57913	245439	294837
三、按营业状态分组									
营业	29244639	21116831	5534138	6252494	2868028	85801	994024	2386405	4747379
停业(歇业)	166392	127900	38668	34488	2733		289	10790	27413
筹建	34228	20862	300	7976	200		800	5971	6595
当年关闭	2719	2403					58	135	123
当年破产									
其他	52901	19512	8120	3186	977		123	21964	11302
四、按资质等级分组									
一级	2659982	1849017	596760	452356	110442		217409	224424	369132
二级	3975192	2865515	849373	963892	230965	6343	178380	476669	454628

4-3　续表　　单位：万元

项　　目	本年完成投资	住　宅	90平方米以下住房	140平方米以下住房	别　墅、高档公寓	经　济适用房	办公楼	商业营业用　　房	其　他
三级	5516480	4282497	813586	1309586	847779	10108	149379	393558	691046
四级	5582668	4331197	1008448	1190206	539275	30010	154713	372820	723938
暂定	8350016	5730679	1471724	1838295	968184	26192	105289	505855	2008193
其他	3416541	2228603	841335	543809	175293	13148	190124		545875
五、隶属关系组									
中央	1116551	703331	206913	114686	1324	912	79017	87098	247105
省(自治区、直辖市)	151124	94107	26438	23891	486		26005	6920	24092
地区(州、盟、省辖市)	4527236	2954067	999668	962640	232877	40279	185350	364673	1023146
县(区、市、旗)	1361716	1064260	200171	299581	55011	15872	24191	133185	140080
街道	250507	172448	30784	45711	73735		6837	26653	44569
镇	248009	172111	31657	43279	28463		1190	20951	53757
乡									
居委会	235331	199816	151483	17955	600		13446	5751	16318
村委会	119195	95249	6534	9852	20416		150	10085	13711
其他	21491210	15832119	3927578	4780549	2459026	28738	659108	1769949	3230034
六、按地区分组									
广州市	7634024	5163191	1613470	1441405	397226	36507	534879	839960	1095994
深圳市	4400297	3122509	1492330	874835	60819	13789	260691	519849	497248
珠海市	1520896	1116332	232922	564447	80852		4386	78008	322170
汕头市	329038	236539	23441	66155	25345		4812	24810	62877
佛山市	4026261	2644025	454741	539508	332455	3734	51261	140109	1190866
韶关市	550263	352716	20914	179408	138844	3189	8927	32840	155780
河源市	200745	159705	21059	53911	42805		281	14907	25852
梅州市	177356	133119	7638	51798	700		645	10517	33075
惠州市	1868314	1320859	370606	279213	255582	12712	13043	149422	384990
汕尾市	96311	71540	2100	28883	2980	4954	3768	14899	6104
东莞市	2714197	2213488	679294	391311	459669		83483	208639	208587
中山市	1965096	1531116	310208	547792	359728		11165	174160	248655
江门市	1049978	869491	48029	370936	333259		4418	31716	144353
阳江市	226269	165548	19409	37670	14834	80	1083	11181	48457
湛江市	365557	271792	92440	83615	3496	19	350	34714	58701
茂名市	190005	143850	6765	33007	2996		20	7011	39124
肇庆市	549567	483618	87984	124081	134804	736	4098	22757	39094
清远市	1156853	868435	82143	353544	222664	10081	7585	77162	203671
潮州市	149344	139249	4203	89149	2880		230	6376	3489
揭阳市	207678	182084	3492	167392				9539	16055
云浮市	122830	98302	8038	20084			169	16689	7670

4-4 房地产开发经营新增固定资产、开发购置情况

单位：万元、平方米

项　　目	企业数(个)	旧建筑物购置费	土　地购置费	本年新增固定资产	本年完成开发土地面　积	待开发土地面积	本年购置土地面积	本年土地成交价款
总　计	**6821**	**54222**	**5047508**	**17157466**	**21973952**	**66306658**	**25888159**	**2897816**
一、按登记注册类型分组								
内资企业	5755	45179	3526906	12920957	16983473	47089558	20525313	2212834
国有企业	325	304	131956	355061	177505	569275	219958	68367
集体企业	435	10	19464	418621	851602	920106	423872	15357
股份合作企业	44		5498	28779	172439	55000	28000	680
国有联营企业	5							
集体联营企业	3		916			10618		
国有与集体联营企业	1		750	1129	1000	3000	3000	750
其他联营企业	15		219			5772		
国有独资公司	41		174528	70377	1954402	10089278	196218	53398
其他有限责任公司	2270	26664	1516092	5807760	8654366	21710607	9099807	970319
股份有限公司	174	38	528079	1105530	378956	1696021	1546130	305304
私营独资企业	131	7582	72143	162626	790558	477770	3998323	52972
私营合伙企业	42		346	57448	1670		1670	310
私营有限责任公司	2122	10571	896908	4254148	3850008	11010945	4579907	647746
私营股份有限公司	98	10	51159	604835	95587	88901	114131	17246
其他企业	49		128848	54643	55380	452265	314297	80385
港澳台商投资企业	802	6132	1258983	3026037	1833767	9690197	4027095	587200
外商投资企业	264	2911	261619	1210472	3156712	9526903	1335751	97782
二、按控股情况分组								
国有控股	543	6177	1119826	1663877	3017858	12922772	1463746	485632
集体控股	647	91	83312	1096846	1719210	7040547	735513	48123
私人控股	3947	29407	1687867	8368233	9076549	18456340	13196409	1257686
港澳台商控股	803	6132	1318960	3276559	1870636	9538335	3910336	627855
外商控股	267	2911	345173	1467427	4435994	15502661	4532870	181774
其他	614	9504	492370	1284524	1853705	2846003	2049285	296746
三、按营业状态分组								
营业	5944	53680	4984278	17074836	21847825	64880842	25318801	2864061
停业(歇业)	385		49808	68713	18031	160311	168681	17579
筹建	267	542	12840	7320	90302	525348	389525	15911
当年关闭	34							
当年破产	1							
其他	190		582	6597	17794	740157	11152	265
四、按资质等级分组								
一级	65	4042	634341	1715833	881192	1678157	743062	305237
二级	595	3711	429769	2999029	549948	2495275	462432	59929

4-4　续表　　单位：万元、平方米

项　目	企业数(个)	旧建筑物购置费	土地购置费	本年新增固定资产	本年完成开发土地面积	待开发土地面积	本年购置土地面积	本年土地成交价款
三级	1039	4630	541911	4035142	3860072	13734249	3462057	389072
四级	1696	9361	622639	3091701	5143878	8742378	2872881	500870
暂定	1819	16693	2446902	3139248	7963802	25312124	13633219	1479767
其他	1607	15785	371946	2176513	3575060	14344475	4714508	162941
五、隶属关系组								
中央	31		581494	599188	42511	352082	152189	62090
省(自治区、直辖市)	71		3717	198748	42827	93816	14107	150
地区(州、盟、省辖市)	971	6843	1041991	2274825	2089256	2784390	1654534	491227
县(区、市、旗)	662	6575	200740	689597	2239017	2512869	1659377	119375
街道	93	10	88286	91132	1701234	10859475	437751	86826
镇	234	81	13926	159506	421895	1939592	341896	8963
乡	2							
居委会	26		8652	288203	64777	48037	27460	8400
村委会	44		50	82818		203274	1941	1941
其他	4687	40713	3108652	12773449	15372435	47513123	21598904	2118844
六、按地区分组								
广州市	1352		1109478	4851634	1929532	11266604	1863706	283201
深圳市	614	11949	659793	2930243	418326	905583	588403	109985
珠海市	324	2722	390571	988091	616981	3767254	612473	293869
汕头市	254	1677	42444	183639	294776	292698	294346	43333
佛山市	511	3731	1296370	1614435	1773816	3727005	2687421	823622
韶关市	179	791	121270	361499	1486258	3652600	3170260	123214
河源市	100	170	23535	288203	151909	507010	115967	14485
梅州市	184	4312	35119	150319	597401	853865	657546	28663
惠州市	290	11323	329080	635890	2378054	3647383	3118140	327548
汕尾市	55		13400	67758	42134	240588	424543	13870
东莞市	449	1140	262580	2303480	2491086	6192474	694518	204747
中山市	687	243	224790	898734	3256894	17445842	1170461	164599
江门市	361	2264	146537	413683	2564436	6537117	1948691	88183
阳江市	196	820	18855	140082	1068348	1394696	646170	17244
湛江市	150	238	45743	87415	347651	490628	465728	45778
茂名市	202		40501	117758	32531	858622	972273	40270
肇庆市	285	2884	50249	472356	770894	1161504	1149692	51529
清远市	403	2240	174069	398600	1426248	1637200	4862703	170288
潮州市	84		15235	45782	51410	1346746	62323	14035
揭阳市	72	4042	26829	107087	64200	108964	257773	21458
云浮市	69	3676	21060	100778	211067	272275	125022	17895

4-5 房地产开发

项目	企业数(个)	本年资金来源合计	上年末结余资金	本年资金来源小计	国内贷款	银行贷款	非银行金融机构贷款
总计	**6821**	**50271100**	**11642176**	**38628924**	**9017154**	**8028135**	**989019**
一、按登记注册类型分组							
内资企业	5755	34907830	7070087	27837743	6813510	6165789	647721
国有企业	325	1132153	372218	759935	200591	199334	1257
集体企业	435	840225	187789	652436	65908	61949	3959
股份合作企业	44	94632	10248	84384	34604	32359	2245
国有联营企业	5	26987	3005	23982	12000	12000	
集体联营企业	3	8657	917	7740			
国有与集体联营企业	1	2250		2250	600	600	
其他联营企业	15	45925	34897	11028			
国有独资公司	41	609269	110095	499174	33749	37749	-4000
其他有限责任公司	2270	16596791	3328251	13268540	3038278	2833162	205116
股份有限公司	174	2335122	360082	1975040	580442	580442	
私营独资企业	131	597695	78528	519167	87415	87380	35
私营合伙企业	42	77871	8216	69655	13153	12683	470
私营有限责任公司	2122	11076712	2397411	8679301	2367891	2018330	349561
私营股份有限公司	98	1135664	63356	1072308	252901	252901	
其他企业	49	327877	115074	212803	125978	36900	89078
港澳台商投资企业	802	10150887	3241459	6909428	1472220	1225680	246540
外商投资企业	264	5212383	1330630	3881753	731424	636666	94758
二、按控股情况分组							
国有控股	543	5740301	1340208	4400093	946233	921965	24268
集体控股	647	2123374	375856	1747518	326204	319800	6404
私人控股	3947	21369349	4306263	17063086	4234597	3781808	452789
港澳台商控股	803	10456092	3266129	7189963	1607220	1358780	248440
外商控股	267	5829183	1415320	4413863	792874	699916	92958
其他	614	4752801	938400	3814401	1110026	945866	164160
三、按营业状态分组							
营业	5944	49884347	11581727	38302620	8943079	7960635	982444
停业(歇业)	385	231220	26519	204701	64425	61700	2725
筹建	267	40395	3152	37243	2260	700	1560
当年关闭	34	8439	5270	3169	2000	2000	
当年破产	1						
其他	190	106699	25508	81191	5390	3100	2290
四、按资质等级分组							
一级	65	4530663	988234	3542429	692796	698396	-5600
二级	595	7844970	2414217	5430753	1389886	1265475	124411

经营资金来源

单位：万元

利用外资	外商直接投资	自筹资金	自有资金	其他资金来源	#定金及预收款	#个人按揭贷款	本年各项应付款合计	工程款
664011	**560891**	**11725304**	**7241603**	**17222455**	**9606418**	**4853420**	**5104203**	**3006465**
118375	97986	9360443	5790926	11545415	6108526	3735622	4010784	2359387
500	500	276089	126963	282755	96537	142550	239141	66238
797	567	392889	317414	192842	94735	66119	135037	50711
		29303	15362	20477	5799	6089	45028	12366
		653		11329				
		7740						
		950	800	700	50	650	150	150
		556	496	10472	8865	651	40697	296
		312291	254008	153134	103511	48209	34821	24106
110903	93544	4379307	2599232	5740052	3157606	1810162	2143298	1390876
		713423	447658	681175	300690	368429	51754	47290
300		260444	187457	171008	75691	53878	71721	40051
		20187	7594	36315	33986	2089	4870	4383
5875	3375	2766189	1666482	3539346	1792959	1008800	1230329	717188
		166293	139531	653114	429490	220245	10976	3314
		34129	27929	52696	8607	7751	2962	2418
351251	305760	1784980	1042291	3300977	2348482	636669	833269	488014
194385	157145	579881	408386	2376063	1149410	481129	260150	159064
4519	2947	1672365	1195066	1776976	830778	876016	559752	280027
797	567	708723	555277	711794	412471	216078	349958	118444
25629	21919	5440253	3386041	7362607	3961917	2256511	2361220	1438950
348804	303313	1963684	1040166	3270255	2350736	580942	892218	519702
269385	232145	656915	473342	2694689	1314426	581625	401760	237427
14877		1283364	591711	1406134	736090	342248	539295	411915
643554	549908	11534202	7110783	17181785	9595931	4847215	5067707	2994311
		113030	98710	27246	2222	1710	21946	8231
18712	10148	15177	12328	1094	500		3733	1170
		259	9	910	436	474	150	150
1745	835	62636	19773	11420	7329	4021	10667	2603
22377	2500	861636	635261	1965620	1222947	700870	121210	107211
49151	36869	1072462	747518	2919254	1956188	310140	623277	504450

4-5 续表

项目	企业数(个)	本年资金来源合计	上年末结余资金	本年资金来源小计	国内贷款	银行贷款	非银行金融机构贷款
三级	1039	9887572	2518316	7369256	1801273	1504258	297015
四级	1696	8453967	1777271	6676696	1211434	1079359	132075
暂定	1819	12468613	2401006	10067607	2080186	1855421	224765
其他	1607	7085315	1543132	5542183	1841579	1625226	216353
五、隶属关系组							
中央	31	1493826	274275	1219551	199215	199215	
省(自治区、直辖市)	71	357350	124769	232581	27307	25707	1600
地区(州、盟、省辖市)	971	7690266	1997343	5692923	1376589	1285947	90642
县(区、市、旗)	662	1993677	522452	1471225	251594	206420	45174
街道	93	363998	69296	294702	148791	58873	89918
镇	234	423364	132123	291241	29111	29111	
乡	2						
居委会	26	726329	185837	540492	64200	75400	-11200
村委会	44	151759	25524	126235	25783	25783	
其他	4687	37070531	8310557	28759974	6894564	6121679	772885
六、按地区分组							
广州市	1352	14061628	3991472	10070156	2093065	1938724	154341
深圳市	614	9285291	2405496	6879795	2411473	2215470	196003
珠海市	324	2723896	935770	1788126	370882	367205	3677
汕头市	254	398187	41404	356783	34767	34767	
佛山市	511	6117221	1190197	4927024	988154	876461	111693
韶关市	179	698160	81059	617101	86913	85821	1092
河源市	100	296810	48143	248667	33628	32978	650
梅州市	184	214740	27497	187243	24050	23490	560
惠州市	290	2615022	314305	2300717	527776	423126	104650
汕尾市	55	109460	5616	103844	9650	9350	300
东莞市	449	5280144	1230311	4049833	1079194	824910	254284
中山市	687	3136266	556115	2580151	519313	420454	98859
江门市	361	1394005	183452	1210553	245495	243370	2125
阳江市	196	343658	51480	292178	28741	26996	1745
湛江市	150	558584	115006	443578	99280	98750	530
茂名市	202	249767	18861	230906	43964	42764	1200
肇庆市	285	635257	77628	557629	91513	80197	11316
清远市	403	1603261	304007	1299254	244797	205925	38872
潮州市	84	196640	47733	148907	26000	26000	
揭阳市	72	201250	338	200912	22507	22507	
云浮市	69	151853	16286	135567	35992	28870	7122

单位：万元

利用外资	外商直接投资	自筹资金	自有资金	其他资金来源	#定金及预收款	#个人按揭贷款	本年各项应付款合计	工程款
176553	134812	1601043	1111776	3790387	2077959	970382	1237071	693053
77565	65400	2125366	1162803	3262331	1824395	1052555	1095834	710149
302815	286784	4373149	2443872	3311457	1514274	1095100	1338647	599501
35550	34526	1691648	1140373	1973406	1010655	724373	688164	392101
		530931	344490	489405	239248	242740	93739	48987
2470	2470	47310	36943	155494	59296	61285	37101	30616
79485	39987	1992788	1162669	2244061	1274514	833231	608128	286131
12657	11827	749715	524950	457259	319931	79399	208860	132165
6		49269	27719	96636	47085	23428	65865	47577
567	567	127813	78178	133750	62473	54471	38742	16386
		71872	54522	404420	174088	25391	131004	94566
		91207	59110	9245	7820	1405	10289	4724
568826	506040	8064399	4953022	13232185	7421963	3532070	3910475	2345313
245878	187835	2272027	1605877	5459186	3559325	1119556	1056969	683807
14877		1940724	1495239	2512721	1319099	909860	739605	434655
12008	11894	442489	304521	962747	455258	442588	458322	218994
		182074	121011	139942	109458	15791	7394	3743
68581	68581	1727773	726461	2142516	1200225	674378	716196	391330
75000	75000	247213	134523	207975	85522	30457	50026	19831
5884	5504	121754	86471	87401	39503	40726	73008	45938
8415	6300	120711	81950	34067	23484	3848	13296	10569
17170	17170	1049506	568282	706265	368969	259357	438702	244205
13908	12948	56011	23111	24275	15356	3617	34760	28390
27053	27053	1067823	434433	1875763	732628	505018	513611	361718
45772	36308	597288	399966	1417778	744860	439335	604707	321782
30132	27119	344099	329737	590827	348227	112645	95764	51851
6251	5601	121968	51986	135218	103907	25737	38543	27184
		188159	99731	156139	90893	63360	26795	24208
1906	1906	147967	111132	37069	28051	3427	3344	3299
43811	39491	148883	105278	273422	143088	56457	44649	22081
46765	38181	683360	418989	324332	144552	120807	142374	77058
		82593	42402	40314	28753	7018	4005	2010
		149185	92557	29220	24010	1760	9730	9730
600		33697	7946	65278	41250	17678	32403	24082

4-6 房地产开发经营施工、

项　　目	企业数(个)	施工面积合　计	新开工面积合计	竣工面积合　计	竣工房屋价值合计
总　计	**6821**	**236796145**	**65310787**	**50541980**	**13093308**
一、按登记注册类型分组					
内资企业	5755	181724898	52496659	40670976	10343435
国有企业	325	4713303	846497	1084475	329734
集体企业	435	6099628	2122954	1972589	315702
股份合作企业	44	743253	211677	156095	27299
国有联营企业	5	111121			
集体联营企业	3	59574	29574		
国有与集体联营企业	1	41897	11160	14400	1129
其他联营企业	15	263674			
国有独资公司	41	1742581	392381	178449	70377
其他有限责任公司	2270	80098386	23373979	17060841	4600754
股份有限公司	174	10186112	3051425	2642577	819064
私营独资企业	131	2436730	1094127	496552	123604
私营合伙企业	42	738314	194572	160005	27510
私营有限责任公司	2122	69129260	19747656	15315992	3514898
私营股份有限公司	98	4655302	1127806	1354497	461238
其他企业	49	705763	292851	234504	52126
港澳台商投资企业	802	35465781	6998512	6306649	1941746
外商投资企业	264	19605466	5815616	3564355	808127
二、按控股情况分组					
国有控股	543	21248259	4764303	4148487	1301870
集体控股	647	13267001	3544240	3642097	797206
私人控股	3947	123741605	35961387	27736048	6708353
港澳台商控股	803	36177534	7698770	6669241	2141760
外商控股	267	21777170	6857428	4324429	986311
其他	614	20584576	6484659	4021678	1157808
三、按营业状态分组					
营业	5944	234928489	64769855	50305489	13030546
停业(歇业)	385	757629	185822	159147	54897
筹建	267	524854	173854	15000	1800
当年关闭	34	15800			
当年破产	1				
其他	190	569373	181256	62344	6065
四、按资质等级分组					
一级	65	16266422	4190252	3431353	1105956
二级	595	28011492	5496586	5887044	2094207

竣工面积及价值

单位：万元、平方米

住宅施工面积	住宅新开工面积	住宅竣工面积	住宅竣工房屋价值	90平方米以下住房施工面积	90平方米以下住房新开工面积	90平方米以下住房竣工面积	90平方米以下住房竣工价值
183499393	**51431625**	**40230089**	**10115673**	**41025160**	**12400939**	**7416821**	**2025045**
140839727	41393363	31960879	7848976	34344623	10786357	6313564	1707914
3819439	699926	777948	259470	765432	215411	98247	22589
4834029	1757514	1621277	237409	925767	242259	301102	54533
583613	154329	121917	21985	248758	21201	82941	15250
59000	29000			123	123		
36897	6160	11059	649				
197977				74744			
1240114	349090	145277	58005	304213	38846	96627	35410
64056162	19385190	13253260	3365181	14945079	4818469	2714713	749690
7036825	2064493	2028374	654423	2555218	673222	412662	108388
2009545	835087	443232	111826	184469	43325	38669	7390
592219	182863	145712	23853	110927	1175	26440	8287
52848556	15119488	12156124	2718158	13799556	4529902	2488432	688585
2896016	549619	1030672	350341	379703	189422	50729	17492
629335	260604	226027	47676	50634	13002	3002	300
27419318	5826930	5019360	1528573	4115008	830840	723323	224750
15240348	4211332	3249850	738124	2565529	783742	379934	92381
15121211	3748601	3111623	1029989	4880848	1457706	719678	239927
10606910	2939842	2845610	562090	2870144	636027	600311	153035
95918878	28113725	21725136	5099534	22516395	6942096	4137312	1106807
27586725	6163527	5191981	1578161	4300852	1083871	723323	224750
17502169	5295662	4005433	915097	2645260	859061	453736	106948
16763500	5170268	3350306	930802	3811661	1422178	782461	193578
182237078	51012233	40047240	10066298	40602940	12224582	7367081	2008412
602386	169913	128304	43974	290924	80101	39406	15600
338301	116507						
11700							
309928	132972	54545	5401	131296	96256	10334	1033
10722551	2917347	2575301	859935	3052687	1114604	476434	163401
20248455	3891583	4224002	1423496	4946754	1045767	713821	235001

4-6 续表 1

项 目	企业数(个)	施工面积合 计	新 开 工面积合计	竣工面积合 计	竣工房屋价值合计
三级	1039	57270196	14388045	12875459	3252094
四级	1696	49466201	14643466	12230460	2458903
暂定	1819	56845047	19871485	10253159	2323659
其他	1607	28936787	6720953	5864505	1858489
五、隶属关系组					
中央	31	4423877	463124	1487109	531133
省(自治区、直辖市)	71	1632956	183467	465754	110106
地区(州、盟、省辖市)	971	30071547	6773248	5371552	1765221
县(区、市、旗)	662	12017353	5689734	3427675	609726
街道	93	1387822	582057	408381	85962
镇	234	2565941	745274	583018	88727
乡	2				
居委会	26	1175571	249979	662411	230197
村委会	44	1632198	608803	388210	82750
其他	4687	181888880	50015101	37747870	9589486
六、按地区分组					
广州市	1352	55420360	11937857	10579846	3399475
深圳市	614	32629140	7526008	6297330	2656360
珠海市	324	11738793	3161517	4018983	744932
汕头市	254	5050160	873998	1307222	164932
佛山市	511	21553719	5128555	3556339	926376
韶关市	179	6280154	2686941	1860031	268147
河源市	100	2417276	655475	911028	239662
梅州市	184	1957061	972041	892893	145634
惠州市	290	20147855	6134982	2391975	591931
汕尾市	55	1130625	500067	432163	50781
东莞市	449	19979969	3576356	4779579	1651708
中山市	687	18660203	6639200	3998368	697697
江门市	361	10196343	4012566	1985554	316582
阳江市	196	2934928	1015683	576116	85496
湛江市	150	4083540	2019061	472833	59432
茂名市	202	3115371	1542038	874658	105792
肇庆市	285	6155164	1662577	2206810	390172
清远市	403	8526034	3245134	1877002	353980
潮州市	84	1690493	751098	224723	45782
揭阳市	72	1831055	757708	798968	101247
云浮市	69	1297902	511925	499559	97190

单位：万元、平方米

住宅施工面积	住宅新开工面积	住宅竣工面积	住宅竣工房屋价值	90平方米以下住房施工面积	90平方米以下住房新开工面积	90平方米以下住房竣工面积	90平方米以下住房竣工价值
45811008	11367066	10651217	2673986	7285863	2104347	1579952	420335
40634566	12757966	10334991	2055004	7838584	2493542	1840778	412056
45807244	16013069	8238301	1849123	10647037	3846074	1484391	349326
20275569	4484594	4206277	1254129	7254235	1796605	1321445	444926
3038615	443524	1118480	438321	671453	261663	184893	52210
1267732	123101	357542	83485	258715	30894	64067	16808
21370630	4922128	3616447	989420	5589548	1510448	782055	225432
10037701	4804378	2937206	496473	1610782	760879	419379	62560
1064642	414325	329486	67624	243680	22123	87204	28661
1916960	579046	504188	76136	477696	140297	75759	8905
855305	122916	501593	183489	407956	90056	225825	91737
1190618	470342	284348	68715	84039	24632	24607	4460
142757190	39551865	30580799	7712010	31681291	9559947	5553032	1534272
36876280	7563186	7546493	2383957	9547189	1919759	1520585	479774
22009399	4718006	4437717	1904055	10498002	2645912	1612451	602291
9803225	2548381	3367180	619707	2320384	808141	585212	101719
3820463	674994	1026700	128699	336431	169880	56752	5704
18608870	4495798	3035451	743195	3778754	1237418	389521	102484
5403147	2380502	1674876	240844	298930	167661	76787	15082
2235708	619636	868615	231146	207360	6804	59250	12942
1770526	883361	823698	134110	87460	29271	21471	2123
15979047	5160638	1669908	396586	3116108	1189452	326840	76875
891988	464268	400984	46784	4200		4200	481
16808390	3132653	3951528	1425825	3424488	866691	948147	353526
14826915	5296304	3099136	546064	3381967	1472089	782117	117085
8904445	3584038	1841502	291292	678822	198346	178892	25237
2515892	831692	540032	79490	242263	96610	60370	10311
3029894	1506448	384033	48309	1217106	875619	121491	16200
3007568	1532291	811793	88850	70181	40181	13991	1265
5373913	1505549	1837161	322626	1115660	290902	514611	85115
7284690	2701272	1557348	280003	563017	316583	102691	12337
1634626	731658	206548	39684	51200	12950		
1591291	677862	715749	87287	38826	38826	21725	2008
1123116	423088	433637	77160	46812	17844	19717	2486

4-6 续表 2-1

项　　目	140平方米以上住房施工面积	140平方米以上住房新开工面积	140平方米以上住房竣工面积	140平方米以上住房竣工价值	别墅、公寓施工面积
总　　计	**50241540**	**14003877**	**11838084**	**3082932**	**20678850**
一、按登记注册类型分组					
内资企业	37660462	11012976	8665199	2240338	14312720
国有企业	727714	285748	238138	157950	309129
集体企业	682508	134779	225441	42992	174990
股份合作企业	180731	112277	3147	551	69602
国有联营企业					
集体联营企业					
国有与集体联营企业					
其他联营企业	98876				11644
国有独资公司	394013	94196	44450	22225	238734
其他有限责任公司	18938651	5643826	4472268	1243038	8406694
股份有限公司	1805721	633277	269690	70756	100214
私营独资企业	425888	138349	58486	11571	226094
私营合伙企业	197423	116862	23968	6826	
私营有限责任公司	13210789	3593930	2848432	534009	4521720
私营股份有限公司	673645	94277	385657	134288	147854
其他企业	324503	165455	95522	16132	106045
港澳台商投资企业	7011431	1531009	1414992	470629	2803228
外商投资企业	5569647	1459892	1757893	371965	3562902
二、按控股情况分组					
国有控股	4031332	1114603	699363	374950	753999
集体控股	2064062	692809	511973	152431	622631
私人控股	25168588	6982071	6162866	1385580	8796977
港澳台商控股	6711556	1488563	1414992	470629	2538090
外商控股	7642434	2339614	2219959	484849	5570790
其他	4623568	1386217	828931	214493	2396363
三、按营业状态分组					
营业	49873502	13929437	11804231	3079129	20613838
停业(歇业)	90509	32716	9842	1142	26001
筹建	229794	23000			15000
当年关闭					
当年破产					
其他	47735	18724	24011	2661	24011
四、按资质等级分组					
一级	2391505	767097	486775	158081	370207
二级	6859553	1458062	1686958	530595	1722176

单位：万元、平方米

别墅、公寓新开工面积	别墅、公寓竣工面积	别墅、公寓竣工价值	经济适用房施工面积	经济适用房新开工面积	经济适用房竣工面积	经济适用房竣工价值
6202078	**4007039**	**1167869**	**805237**	**333304**	**89785**	**13968**
3900000	2300974	699744	743024	333304	89785	13968
61173	52248	18286	225305	39367	36324	7675
14985	6682	1323	10272	10272		
9542						
70566	44450	22225				
2836442	1240703	334708	381764	274245	18972	1408
13200	24692	2400				
89970						
685930	892365	309127	125683	9420	34489	4885
35000	23000	3155				
83192	16834	8520				
815991	674154	213711	62213			
1486087	1031911	254414				
184739	100816	43106	225305	39367	36324	7675
216135	58387	25218	10272	10272		
1973599	1444290	471519	446696	261829	43861	5574
699513	674154	213711	62213			
2500178	1607495	385245				
627914	121897	29070	60751	21836	9600	719
6188878	3983028	1165208	805237	333304	89785	13968
13200						
	24011	2661				
44517	4118	2595				
194272	461336	104971	73191	39367	33824	7500

4-6 续表 2-2

项　　目	140平方米以上住房施工面积	140平方米以上住房新开工面积	140平方米以上住房竣工面积	140平方米以上住房竣工价值	别墅、公寓施工面积
三级	13238303	3584766	3328207	821902	6980366
四级	10187726	2918478	2684232	565271	4230801
暂定	13690986	4697170	2895525	709765	6475191
其他	3873467	578304	756387	297318	900109
五、隶属关系组					
中央	513814	180861	121737	147931	96146
省(自治区、直辖市)	433955	24439	135204	31113	
地区(州、盟、省辖市)	6355222	1741755	1227904	388413	1893344
县(区、市、旗)	2487944	1214748	810276	131690	641734
街道	529464	253290	204466	33113	184555
镇	393265	27427	108669	23427	211244
乡					
居委会	47554				4000
村委会	309772	111265	112130	17447	21682
其他	39170550	10450092	9117698	2309798	17626145
六、按地区分组					
广州市	12016839	2981729	2037503	690461	2578483
深圳市	4095825	824111	1069781	597990	194315
珠海市	3540625	810296	951203	171728	797866
汕头市	1003026	260325	422963	56930	380495
佛山市	4283646	1017361	974528	242446	2102532
韶关市	2166499	836373	730338	122322	1105582
河源市	958331	296645	535688	152657	206881
梅州市	586578	159992	335833	51536	900
惠州市	2587216	1070943	527133	111303	2771844
汕尾市	425256	100700	91384	12590	74942
东莞市	2754877	564807	469477	162697	2901096
中山市	3386381	1001520	848613	175465	1724171
江门市	3340181	1138963	495988	109727	2658369
阳江市	531133	168247	125358	25028	225314
湛江市	1011947	303689	51029	8143	5510
茂名市	408298	390754	160816	19781	72000
肇庆市	1158877	241518	420476	87772	1028019
清远市	3191485	957843	644243	132776	1786951
潮州市	1143198	313647	199678	38794	63580
揭阳市	1443155	529726	594664	75416	
云浮市	208167	34688	151388	37370	

单位：万元、平方米

别墅、公寓新开工面积	别墅、公寓竣工面积	别墅、公寓竣工价值	经济适用房施工面积	经济适用房新开工面积	经济适用房竣工面积	经济适用房竣工价值
1866390	1294080	416192	79812		25922	3877
1500205	1032851	337194	52600	18142	24113	2056
2454070	1050578	280196	481163	253959	5926	535
142624	164076	26721	118471	21836		
			8035			
488086	307647	92836	125616			
372325	138739	32721	193169	74598	52409	9321
157152	6410	1380				
17500	12500	5000				
3000						
8000	13682	8392				
5156015	3528061	1027540	478417	258706	37376	4647
710085	544744	162598	90263	39367	33824	7500
43224	29296	37232	136583	21836		
138081	91869	19771				
60000	52669	8093				
571437	585698	180472	28067	10272		
612009	262083	64573	93324	7450	17050	1181
49808	29500	5315				
900						
856638	175269	81536	230600	220000		
74942	12500	2500	36563		31063	4525
533036	443158	212648				
550150	492470	95790				
1017926	480466	101561				
94004	120134	21144				
			420	420		
2000						
452019	299511	74213	7848		7848	762
382639	387672	100423	181569	33959		
53180						

4-6 续表 3-1

项　目	办公楼施工面积	办公楼新开工面积	办公楼竣工面积	办公楼竣工价值	商业营业用房施工面积
总　计	**8206119**	**1722283**	**1644121**	**620234**	**21117053**
一、按登记注册类型分组					
内资企业	5818458	1302460	1329872	469989	16401207
国有企业	206589	50994	121277	31865	257978
集体企业	53773	11562	16165	3698	598615
股份合作企业					100839
国有联营企业	93153				17968
集体联营企业					
国有与集体联营企业					1500
其他联营企业	5850				16165
国有独资公司	63981				230302
其他有限责任公司	2038318	232472	515723	237975	6822655
股份有限公司	972065	186100	176970	38939	855814
私营独资企业	28978	28114	864	68	122223
私营合伙企业	1453	24			76888
私营有限责任公司	1829271	549834	404866	119841	6930603
私营股份有限公司	525027	243360	94007	37603	312087
其他企业					57570
港澳台商投资企业	1701283	64576	314021	150198	2812155
外商投资企业	686378	355247	228	47	1903691
二、按控股情况分组					
国有控股	1640623	56038	288370	68484	1783482
集体控股	138116	15072	38427	9425	1183397
私人控股	3375599	1037868	812841	239917	11838287
港澳台商控股	1846232	64576	455993	286536	2925597
外商控股	710668	335197	1143	250	1851100
其他	494881	213532	47347	15622	1535190
三、按营业状态分组					
营业	8200690	1717794	1643951	620203	20740641
停业(歇业)	1070	900	170	31	73847
筹建	1200	1200			161218
当年关闭	770				2100
当年破产					
其他	2389	2389			139247
四、按资质等级分组					
一级	1632365	342025	269724	76448	1118717
二级	1691559	314290	559936	268605	3072132

单位：万元、平方米

商业营业用房新开工面积	商业营业用房竣工面积	商业营业用房竣工价值	其他施工面积	其他新开工面积	其他竣工面积	其他竣工价值
5295096	**4285881**	**1217576**	**23997957**	**6861783**	**4381889**	**1139830**
4122203	3817759	1098312	18689883	5678633	3562466	926163
29518	57800	13996	453674	66059	127450	24403
241571	207468	39606	613211	112307	127679	34989
46841	24170	3496	58801	10507	10008	1818
			574	574		
1500	1081	350	3500	3500	2260	130
			43682			
20292	19580	7303	208184	22999	13592	5069
1713639	1705631	554165	7181251	2042678	1586227	443433
285024	137933	51558	1321408	515808	299300	74144
79859	27326	5929	275984	151067	25130	5781
11029	11881	3130	67754	656	2412	527
1556317	1570183	398950	7520830	2522017	1184819	277954
113882	48515	15679	922172	220945	181303	57615
22731	6191	4150	18858	9516	2286	300
430219	392822	102041	3533025	676787	580446	160934
742674	75300	17223	1775049	506363	238977	52733
311246	168205	45983	2727320	648418	580289	157414
355608	432557	105745	1338578	233718	325503	119946
2814031	2916781	835495	12608841	3995763	2281290	533412
543274	412021	107676	3818980	927393	609246	169387
727598	88888	20172	1713233	498971	228965	50792
543339	267429	102505	1791005	557520	356596	108879
5207575	4254933	1211680	23774457	6832253	4359365	1132370
9302	11107	3670	80326	5707	19566	7222
33012	15000	1800	24135	23135		
			1230			
45207	4841	426	117809	688	2958	238
214523	118285	35219	2792789	716357	468043	134354
575624	505258	223615	2999346	715089	597848	178491

4-6 续表 3-2

项　　目	办公楼施工面积	办公楼新开工面积	办公楼竣工面积	办公楼竣工价值	商业营业用房施工面积
三级	1504926	407696	182504	65246	4435334
四级	729084	112066	149534	49521	4133609
暂定	1166125	382448	254056	95696	4999278
其他	1482060	163758	228367	64718	3357983
五、隶属关系组					
中央	692958	300	170508	37251	275406
省(自治区、直辖市)	105222	22863			89092
地区(州、盟、省辖市)	1623642	127696	394025	220503	3119663
县(区、市、旗)	80694	16007	33952	4195	1009130
街道	23846	7000	9440	2832	124832
镇	38521	100	2271	336	311050
乡					
居委会	15390				114890
村委会	100				208345
其他	5625746	1548317	1033925	355117	15864645
六、按地区分组					
广州市	4564387	945882	961110	380057	6219248
深圳市	2015246	466131	275484	118632	3459912
珠海市	67853	2204	26442	4880	678995
汕头市	71848	2061	5569	650	249042
佛山市	208731	119117	23042	13977	1159764
韶关市	85234	58528	4485	620	461483
河源市	937	937			136395
梅州市	4400	400	3400	710	135849
惠州市	489562	13764	157799	53169	1906044
汕尾市	45175				157453
东莞市	357549	33625	110369	33845	1570365
中山市	88595	35931	17921	4299	1907527
江门市	66974	11001	7971	2390	622182
阳江市	11310	840	170	31	277143
湛江市	6142	3513	1000	276	571755
茂名市	240	240			102314
肇庆市	49824	8699	20539	2923	368240
清远市	68566	16586	25710	3481	785136
潮州市	3212	2800	2800	258	50205
揭阳市					139438
云浮市	334	24	310	36	158563

单位：万元、平方米

商业营业用房新开工面积	商业营业用房竣工面积	商业营业用房竣工价值	其他施工面积	其他新开工面积	其他竣工面积	其他竣工价值
1172063	916060	235533	5518928	1441220	1125678	277329
853330	1075982	226490	3968942	920104	669953	127888
1593273	1032577	243134	4872400	1882695	728225	135706
886283	637719	253585	3845552	1186318	792142	286062
3300	35968	11522	441275	16000	162153	44039
12079	34657	11427	170910	25424	73555	15194
625801	581172	278112	3957612	1097623	779908	277186
445688	317450	73005	889828	423661	139067	36053
44933	31758	8383	174502	115799	37697	7123
124609	63647	10794	299410	41519	12912	1461
30521	78359	25741	189986	96542	82459	20967
81960	69699	9386	233135	56501	34163	4649
3926205	3073171	789206	17641299	4988714	3059975	733158
1495314	765634	239863	7760445	1933475	1306609	395598
849046	597882	273484	5168960	1492825	986247	360189
182919	174406	34233	1188720	428013	450955	86112
51428	92119	11271	908807	145515	182834	24312
193724	232752	104571	1576354	319916	265094	64633
136070	117573	17628	330290	111841	63097	9055
21498	32413	7996	44236	13404	10000	520
67989	42550	8164	46286	20291	23245	2655
429823	390032	110019	1773202	530757	174236	32157
14934	18059	2498	36009	20865	13120	1499
156849	526402	148261	1243665	253229	191280	43777
648744	488064	78360	1837166	658221	393247	68974
209345	62965	11317	602742	208182	73116	11583
73440	25163	3391	130583	109711	10751	2584
215672	69457	7966	475749	293428	18343	2881
4258	60256	16615	5249	5249	2609	327
67387	229540	44187	363187	80942	119570	20436
348168	235628	61646	387642	179108	58316	8850
16180	15375	5840	2450	460		
35070	47551	10720	100326	44776	35668	3240
77238	62060	19546	15889	11575	3552	448

4-7 商品房屋销售

项目	出租房屋面积合计	商品房销售面积合计	现房销售面积	期房销售面积
总计	**9050710**	**48501077**	**17325592**	**31175485**
一、按登记注册类型分组				
内资企业	6646427	38342319	14551561	23790758
国有企业	791946	1288007	905116	382891
集体企业	467726	1663446	1141411	522035
股份合作企业	32306	156100	16164	139936
国有联营企业				
集体联营企业				
国有与集体联营企业		5710	5710	
其他联营企业	18000	39521	6492	33029
国有独资公司	541192	282799	70933	211866
其他有限责任公司	1796545	16511398	5277061	11234337
股份有限公司	651961	1351207	382094	969113
私营独资企业	57828	646943	276707	370236
私营合伙企业	8910	206278	111896	94382
私营有限责任公司	2143831	14660645	5865261	8795384
私营股份有限公司	114215	1228024	328522	899502
其他企业	21967	302241	164194	138047
港澳台商投资企业	1545800	5710397	1824909	3885488
外商投资企业	858483	4448361	949122	3499239
二、按控股情况分组				
国有控股	2217567	3790683	1169328	2621355
集体控股	764905	2956115	1672660	1283455
私人控股	3250050	26686668	10364496	16322172
港澳台商控股	1475669	5755179	1849151	3906028
外商控股	891642	4754915	989940	3764975
其他	450877	4557517	1280017	3277500
三、按营业状态分组				
营业	9028099	48104677	17039866	31064811
停业(歇业)	18339	288611	258161	30450
筹建		15000		15000
当年关闭		3148	1078	2070
当年破产				
其他	4272	89641	26487	63154
四、按资质等级分组				
一级	1051791	2690629	370709	2319920
二级	1441120	6214850	2057808	4157042

与出租情况

单位：万元、平方米

商品房销售额合计	现房销售额	期房销售额	空置面积合计	空置1-3年(含1年)	空置3年以上(含3年)
28899043	**7725898**	**21173145**	**20026628**	**10112746**	**4131140**
21176271	5800521	15375750	15956694	8351075	2937185
1122945	680802	442143	808641	219159	511849
464659	242763	221896	1167155	660999	307168
81173	4624	76549	57524	14454	1132
			6524		6524
1168	1168		1300	1300	
47953	9106	38847	28793	14564	12802
276135	64965	211170	323128	272483	27695
9563040	2285678	7277362	6122058	3347216	912510
1079579	140877	938702	497110	253983	178791
346845	96528	250317	85499	40655	51
58730	26628	32102	114921	109264	4312
7035448	2039641	4995807	6345680	3204788	932217
894212	165417	728795	238700	122940	26873
204384	42324	162060	159661	89270	15261
4786282	1255804	3530478	3049874	1322698	889104
2936490	669573	2266917	1020060	438973	304851
3780301	853077	2927224	1837146	731593	773006
1314530	523673	790857	1732242	872374	413734
13266908	3867235	9399673	10690275	5798582	1441361
4831407	1289736	3541671	2947216	1332451	895116
3081474	708829	2372645	1083196	468954	253974
2624423	483348	2141075	1736553	908792	353949
28748288	7648984	21099304	19730888	10012444	3974526
101761	70090	31671	211003	91646	85259
600		600	20000		20000
790	246	544	7212	1600	5086
47604	6578	41026	57525	7056	46269
2975543	279049	2696494	604441	327707	77068
5093893	1402281	3691612	2483845	1160137	672033

4-7 续表 1

项　　目	出租房屋面积合计	商品房销售面积合计		
			现　　房销售面积	期　　房销售面积
三级	1541081	10985146	4271345	6713801
四级	1233164	13147587	6056478	7091109
暂定	585795	10638524	2892777	7745747
其他	3197759	4824341	1676475	3147866
五、隶属关系组				
中央	30707	1106458	499435	607023
省(自治区、直辖市)	34107	416235	155379	260856
地区(州、盟、省辖市)	2329526	5461200	1601089	3860111
县(区、市、旗)	1050376	3119084	1804645	1314439
街道	100366	258828	117881	140947
镇	516967	759639	416484	343155
乡				
居委会	19892	321373	141066	180307
村委会	50476	188862	119400	69462
其他	4918293	36869398	12470213	24399185
六、按地区分组				
广州市	2712740	10249563	2316949	7932614
深圳市	2930558	4661609	492300	4169309
珠海市	303373	1756283	500471	1255812
汕头市	329960	1369773	583988	785785
佛山市	448009	5435905	1507414	3928491
韶关市	46627	1370711	781962	588749
河源市		535106	379364	155742
梅州市	74716	733644	607053	126591
惠州市	108097	2959027	1234406	1724621
汕尾市	1800	404345	357845	46500
东莞市	610482	5115929	2499800	2616129
中山市	878303	3644380	1117491	2526889
江门市	237465	2334226	1087360	1246866
阳江市	38421	824711	503911	320800
湛江市	28517	687483	372639	314844
茂名市	351	1520531	725794	794737
肇庆市	162894	1545103	734413	810690
清远市	105438	1306419	446751	859668
潮州市	500	815499	297410	518089
揭阳市	150	856311	521444	334867
云浮市	32309	374519	256827	117692

单位：万元、平方米

商品房销售额合计	现房销售额	期房销售额	空置面积合计	空置1-3年(含1年)	空置3年以上(含3年)
5590482	1805985	3784497	5344696	2610878	966730
5501136	2014525	3486611	5431147	3117957	865843
5457440	1128090	4329350	3131583	1487840	458013
4280549	1095968	3184581	3030916	1408227	1091453
1366229	535474	830755	184420	87453	13076
301165	119831	181334	166867	54480	84050
4323853	970195	3353658	2130178	1111131	701797
1032162	458774	573388	1963322	792825	566866
136206	52867	83339	230036	156536	34999
230161	88936	141225	422074	175085	160387
188940	85266	103674	148066	81969	24923
60060	27801	32259	80661	35506	14661
21260267	5386754	15873513	14701004	7617761	2530381
9350727	2083728	7266999	4022715	1205926	1062310
5907228	522478	5384750	2267255	1269173	504091
1241742	315468	926274	781199	228775	303559
476475	199367	277108	1421741	253778	814817
2965850	676039	2289811	1443041	814602	363776
323057	152328	170729	614504	363546	65241
124553	72279	52274	194423	118674	
135008	108717	26291	479699	375288	72763
1219355	508502	710853	640923	450260	47432
83071	75156	7915	27705	5910	610
2885975	1407629	1478346	2825474	2183349	375459
1501044	481017	1020027	1842030	755928	176191
734693	253187	481506	1040563	681277	215949
200341	104911	95430	134700	94406	30745
185769	91223	94546	289632	253650	985
300524	139801	160723	193778	135629	7898
450541	192122	258419	726824	262545	19956
376698	125838	250860	530125	415549	9804
171683	59085	112598	234487	54434	38879
174376	96795	77581	272246	146483	20675
90333	60228	30105	43564	43564	

4-7 续表 2-1

项目	住宅出租面积合计	住宅销售面积合计	现房销售面积	期房销售面积
总计	**957002**	**43580613**	**14465919**	**29114694**
一、按登记注册类型分组				
内资企业	774593	34368417	12306380	22062037
国有企业	359480	931464	575737	355727
集体企业	16438	1538192	1033638	504554
股份合作企业	756	133838	11902	121936
国有联营企业				
集体联营企业				
国有与集体联营企业		4500	4500	
其他联营企业		20556	1172	19384
国有独资公司	28039	204014	54806	149208
其他有限责任公司	169108	14597546	4358381	10239165
股份有限公司	83638	1243004	306953	936051
私营独资企业		602394	250358	352036
私营合伙企业	7800	189556	96207	93349
私营有限责任公司	95404	13482072	5165235	8316837
私营股份有限公司	13930	1132345	296602	835743
其他企业		288936	150889	138047
港澳台商投资企业	127572	5008884	1357383	3651501
外商投资企业	54837	4203312	802156	3401156
二、按控股情况分组				
国有控股	508943	3042400	711483	2330917
集体控股	56650	2652786	1439153	1213633
私人控股	182818	24131204	8950472	15180732
港澳台商控股	124805	5047027	1374986	3672041
外商控股	63000	4508837	843026	3665811
其他	20786	4198359	1146799	3051560
三、按营业状态分组				
营业	957002	43286234	14260418	29025816
停业(歇业)		209787	179787	30000
筹建				
当年关闭		2914	964	1950
当年破产				
其他		81678	24750	56928
四、按资质等级分组				
一级	99184	2449837	272921	2176916
二级	44330	5432615	1642835	3789780

单位：万元、平方米

住宅销售额合计	现房销售额	期房销售额	住宅空置面积合计	空置1-3年（含1年）	空置3年以上（含3年）
24971858	**5752450**	**19219408**	**11374137**	**6276099**	**1422889**
18076832	4311908	13764924	9354279	5383059	1043446
828840	406781	422059	427460	135925	239740
412495	200292	212203	777041	519471	159457
78023	3674	74349	1411	279	1132
			147		147
648	648				
24703	1923	22780	3604	1685	955
166590	59881	106709	203106	196517	5436
8036411	1617059	6419352	3788839	2224756	335657
987130	104428	882702	270392	155016	67519
324933	83595	241338	74152	37106	51
42755	11102	31653	94724	93379	
6228943	1673876	4555067	3506322	1887402	219656
746478	111826	634652	99242	78896	7624
198883	36823	162060	107839	52627	6072
4177597	879196	3298401	1417417	667733	237374
2717429	561346	2156083	602441	225307	142069
3041364	519705	2521659	1092441	511827	330344
1145913	395593	750320	1065418	603054	195739
11343457	2922582	8420875	6098608	3639203	422593
4201793	892199	3309594	1362665	669923	243872
2864192	599922	2264270	688931	245170	132056
2375139	422449	1952690	1066074	606922	98285
24846705	5698620	19148085	11287261	6230690	1385080
78649	47368	31281	55926	42878	11573
606	158	448	5571	1300	3745
45898	6304	39594	25379	1231	22491
2644602	175929	2468673	361762	228258	6155
4196134	1040580	3155554	1204863	511378	295458

4-7 续表 2-2

项目	住宅出租面积合计	住宅销售面积合计	现房销售面积	期房销售面积
三级	148901	10007893	3725978	6281915
四级	110502	11759345	5228066	6531279
暂定	68797	9920290	2477942	7442348
其他	485288	4010633	1118177	2892456
五、隶属关系组				
中央	94	818944	244252	574692
省(自治区、直辖市)	206	323110	120062	203048
地区(州、盟、省辖市)	561677	4769533	1215868	3553665
县(区、市、旗)	28963	2714241	1542428	1171813
街道	20780	219929	94700	125229
镇	291	687718	353517	334201
乡				
居委会	12650	272724	124064	148660
村委会		169673	106378	63295
其他	332341	33604741	10664650	22940091
六、按地区分组				
广州市	151793	8794784	1529265	7265519
深圳市	491004	4131014	243900	3887114
珠海市	8204	1630563	414366	1216197
汕头市	16813	1173018	426456	746562
佛山市	24358	4769704	1236298	3533406
韶关市		1287557	712002	575555
河源市		507395	364061	143334
梅州市	2000	666058	565449	100609
惠州市	31027	2707576	1044390	1663186
汕尾市		397345	350845	46500
东莞市	135863	4679816	2219036	2460780
中山市	22903	3221729	868809	2352920
江门市	18887	2177009	960246	1216763
阳江市	30	767867	489991	277876
湛江市	2783	654082	343092	310990
茂名市		1469149	674673	794476
肇庆市	33886	1445130	661674	783456
清远市		1173263	370288	802975
潮州市		790533	274654	515879
揭阳市		786525	467299	319226
云浮市	17451	350496	249125	101371

单位：万元、平方米

住宅销售额合计	现房销售额	期房销售额	住宅空置面积合计	空置1-3年(含1年)	空置3年以上(含3年)
4899366	1477656	3421710	3363545	1797408	307829
4622374	1448532	3173842	3197037	1951004	345382
5038048	903867	4134181	1798874	917845	123861
3571334	705886	2865448	1448056	870206	344204
1108313	324197	784116	155895	80806	9847
193015	102225	90790	51946	22705	26552
3593493	643265	2950228	1032814	688970	167160
858199	355722	502477	1279714	546213	255397
110508	40855	69653	133761	104696	11621
201195	65818	135377	245260	128962	85817
167251	77522	89729	44517	19614	4099
52646	24378	28268	68829	32524	12282
18687238	4118468	14568770	8361401	4651609	850114
7722492	1298436	6424056	1786101	445795	272990
5300442	323879	4976563	1211527	830674	126113
1144404	260553	883851	414644	128972	152030
365971	120111	245860	664572	138120	295089
2592227	545655	2046572	598038	279270	101307
275111	111823	163288	377287	204146	16627
110893	66473	44420	149698	84949	
109014	90480	18534	397853	322376	48641
1064260	401297	662963	307678	248432	2514
82001	74086	7915	18205	5910	610
2461024	1131842	1329182	1898415	1546549	176102
1300746	362401	938345	970693	423454	77705
680137	211030	469107	657010	495146	90734
186310	100893	85417	115867	79627	29000
176712	84394	92318	248687	237714	
282868	122250	160618	158645	111625	2322
410505	170312	240193	537371	180430	10624
316084	91801	224283	410378	304228	4431
161038	49084	111954	179580	41403	6853
151081	80382	70699	235845	131236	9197
78538	55268	23270	36043	36043	

4-7 续表 3-1

项　目	90平方米以下住房出租面积合计	90平方米以下住房销售面积合计	现房销售面积	期房销售面积
总　计	**492893**	**10007064**	**2355002**	**7652062**
一、按登记注册类型分组				
内资企业	444274	8530895	2062259	6468636
国有企业	308934	225995	145155	80840
集体企业	3450	367821	178119	189702
股份合作企业	756	64258		64258
国有联营企业				
集体联营企业				
国有与集体联营企业				
其他联营企业		9547		9547
国有独资公司	24598	48301	9103	39198
其他有限责任公司	35758	3826127	782628	3043499
股份有限公司	60023	284605	75499	209106
私营独资企业		109168	76814	32354
私营合伙企业		17579	2696	14883
私营有限责任公司	10755	3320326	728814	2591512
私营股份有限公司		201731	62265	139466
其他企业		55437	1166	54271
港澳台商投资企业	45761	971691	178386	793305
外商投资企业	2858	504478	114357	390121
二、按控股情况分组				
国有控股	367336	881491	170748	710743
集体控股	35188	793189	297480	495709
私人控股	32091	5715922	1422389	4293533
港澳台商控股	45761	1011599	191884	819715
外商控股	11407	495275	101874	393401
其他	1110	1109588	170627	938961
三、按营业状态分组				
营业	492893	9862226	2247666	7614560
停业(歇业)		113001	106758	6243
筹建				
当年关闭		339	339	
当年破产				
其他		31498	239	31259
四、按资质等级分组				
一级	35911	480302	73957	406345
二级	13775	1259116	270029	989087

单位：万元、平方米

90平方米以下住房销售额合计	现房销售额	期房销售额	90平方米以下住房空置面积合计	空置1-3年(含1年)	空置3年以上(含3年)
6053789	**1012664**	**5041125**	**1738266**	**893535**	**325705**
5047625	853395	4194230	1450935	752278	245670
148649	96823	51826	56946	27531	27835
137306	50664	86642	143262	84302	37889
37635		37635	429	279	150
5035		5035	754		754
24359	4633	19726	1949	473	323
2400787	308709	2092078	520999	197510	93862
198281	18421	179860	98977	60619	32936
62674	33831	28843	17950	6125	51
6706	637	6069	461	461	
1829681	290338	1539343	594316	369051	46582
162382	49067	113315	7945	3566	702
34130	272	33858	6947	2361	4586
700760	92294	608466	206300	112295	62271
305404	66975	238429	81031	28962	17764
756130	114175	641955	173106	76091	69268
415614	118369	297245	167229	87827	47218
3173661	552265	2621396	874786	495483	98625
743907	97795	646112	206766	112675	6260[illegible]
293157	60964	232193	101251	29967	1434[illegible]
671320	69096	602224	215128	91492	3364[illegible]
5998613	988873	5009740	1725604	886297	321154
26951	23677	3274	12491	7238	4551
36	36		171		
28189	78	28111			
453739	57077	396662	50764	36096	178
1027085	206512	820573	162871	77400	72482

4-7 续表 3-2

项 目	90平方米以下住房出租面积合计	90平方米以下住房销售面积合计	现房销售面积	期房销售面积
三级	49701	1855783	456929	1398854
四级	18872	2474634	887836	1586798
暂定	13059	2376175	419403	1956772
其他	361575	1561054	246848	1314206
五、隶属关系组				
中央		181476	80800	100676
省(自治区、直辖市)	206	56294	34093	22201
地区(州、盟、省辖市)	401274	1007117	189282	817835
县(区、市、旗)	17474	504245	199000	305245
街道		53689	18759	34930
镇		171829	66164	105665
乡				
居委会		108326	10307	98019
村委会		24232	7732	16500
其他	73939	7899856	1748865	6150991
六、按地区分组				
广州市	50765	2276469	337696	1938773
深圳市	356367	2063523	80800	1982723
珠海市	2954	458865	67395	391470
汕头市	15748	81754	17775	63979
佛山市	1645	1057870	340233	717637
韶关市		75730	23608	52122
河源市		48851	38498	10353
梅州市		22923	22923	
惠州市	23726	736416	305325	431091
汕尾市		2640	2640	
东莞市	5498	1173095	401087	772008
中山市	19911	997294	273685	723609
江门市	6316	199450	90241	109209
阳江市		114316	57103	57213
湛江市		145985	52112	93873
茂名市		6374	1559	4815
肇庆市	8549	372804	162669	210135
清远市		115621	36248	79373
潮州市		1034		1034
揭阳市		28243	28243	
云浮市	1414	27807	15162	12645

单位：万元、平方米

90平方米以下住房销售额合计	现房销售额	期房销售额	90平方米以下住房空置面积合计	空置1-3年(含1年)	空置3年以上(含3年)
998078	185259	812819	415788	164151	100844
992785	283407	709378	571890	335358	53262
1144568	157919	986649	275626	158224	10301
1437534	122490	1315044	261327	122306	88638
164011	68680	95331	712		712
34125	20316	13809	14204	152	13168
875868	110055	765813	131249	71107	47791
214577	56331	158246	185580	75332	65305
26893	3344	23549	49028	46748	2213
48014	13268	34746	55812	19377	23774
78017	7370	70647	196	196	
9672	1422	8250			
4602612	731878	3870734	1301485	680623	172742
1767781	268563	1499218	333133	67538	108357
2106846	68680	2038166	285552	151362	84569
226463	31845	194618	28295	7918	7560
21343	2655	18688	44374	9977	28031
539403	131080	408323	103623	21029	14255
16373	3795	12578	41957	37079	3619
13292	8320	4972	14066	1780	
2472	2472		965	965	
287065	129044	158021	43459	28671	1171
200	200				
534442	185348	349094	291594	244476	22980
303160	87857	215303	233538	115272	3736
44816	16211	28605	107950	90733	12291
22300	11212	11088	45569	16486	29000
46465	17678	28787	56611	52478	
933	192	741			
91002	36050	54952	97665	39480	8512
20503	5789	14714	7858	7858	
185		185			
3000	3000		1624		1624
5745	2673	3072	433	433	

4-7 续表 4-1

项　　目	140平方米以下住房出租面积合　　计	140平方米以下住房销售面积合　　计		
			现　　房销售面积	期　　房销售面积
总　　计	**31824**	**13829070**	**4989730**	**8839340**
一、按登记注册类型分组				
内资企业	14080	10652875	4247253	6405622
国有企业	4587	359193	159626	199567
集体企业		240863	146422	94441
股份合作企业		49983	3902	46081
国有联营企业				
集体联营企业				
国有与集体联营企业				
其他联营企业		8765	979	7786
国有独资公司		128726	33249	95477
其他有限责任公司	6238	4930588	1596061	3334527
股份有限公司		429202	95710	333492
私营独资企业		168395	16219	152176
私营合伙企业		35889	3760	32129
私营有限责任公司	3255	3866172	1973327	1892845
私营股份有限公司		296332	121331	175001
其他企业		138767	96667	42100
港澳台商投资企业	13634	1583043	371247	1211796
外商投资企业	4110	1593152	371230	1221922
二、按控股情况分组				
国有控股	8024	1140564	211278	929286
集体控股	301	625288	275131	350157
私人控股	3255	7447751	3216218	4231533
港澳台商控股	13634	1551753	350885	1200868
外商控股	4110	1888731	437916	1450815
其他	2500	1174983	498302	676681
三、按营业状态分组				
营业	31824	13782313	4958719	8823594
停业(歇业)		33546	20180	13366
筹建				
当年关闭				
当年破产				
其他		13211	10831	2380
四、按资质等级分组				
一级	604	683530	72177	611353
二级	7361	1655760	426445	1229315

单位：万元、平方米

140平方米以下住房销售额合计	现房销售额	期房销售额	140平方米以下住房空置面积合计	空置1-3年（含1年）	空置3年以上（含3年）
9228629	**2261299**	**6967330**	**3375578**	**1652602**	**328596**
6300429	1626888	4673541	2722496	1320598	235929
365375	39132	326243	126623	18529	90545
90886	37259	53627	88249	74904	9221
27063	2747	24316	982		982
17984	1842	16142	1685	1685	
131957	51190	80767	1176	886	290
3040873	695568	2345305	1222542	743028	57323
395707	47906	347801	17018	16245	
137467	3364	134103	19971	19020	
21350	1418	19932	450	450	
1734524	690438	1044086	1147367	406228	77568
199320	35007	164313	43173	35503	
137923	21017	116906	53260	4120	
1718419	303526	1414893	443411	253808	28785
1209781	330885	878896	209671	78196	63882
1352847	102401	1250446	324077	107065	101675
363060	99351	263709	162616	108766	12298
3667552	1185147	2482405	1939304	953801	101434
1674607	293617	1380990	413573	253808	33230
1386333	383036	1003297	258208	98577	59437
784230	197747	586483	277800	130585	20522
9193415	2253329	6940086	3356036	1647961	314468
30144	3187	26957	5414	4641	
5070	4783	287	14128		14128
966301	36298	930003	120558	97129	2297
1405618	293580	1112038	540837	178788	67624

4-7 续表 4-2

项目	140平方米以下住房出租面积合计	140平方米以下住房销售面积合计	现房销售面积	期房销售面积
三级	677	3587115	1843772	1743343
四级	4500	3477064	1497919	1979145
暂定	15408	3572480	936346	2636134
其他	3274	853121	213071	640050
五、隶属关系组				
中央		182373	255	182118
省(自治区、直辖市)		94323	48036	46287
地区(州、盟、省辖市)	15324	1904546	533092	1371454
县(区、市、旗)	3437	822170	521024	301146
街道		100448	41225	59223
镇		151034	69419	81615
乡				
居委会		35108	27848	7260
村委会		89684	52420	37264
其他	13063	10449384	3696411	6752973
六、按地区分组				
广州市	8651	2447476	480304	1967172
深圳市	2658	816319		816319
珠海市	677	540902	128518	412384
汕头市		517676	165491	352185
佛山市	2801	1362912	354623	1008289
韶关市		398503	146981	251522
河源市		174044	147297	26747
梅州市	2000	254249	231384	22865
惠州市	3433	870813	397379	473434
汕尾市		155126	108626	46500
东莞市		1237008	779758	457250
中山市		841221	298943	542278
江门市		894777	315112	579665
阳江市		255963	138952	117011
湛江市		226971	107337	119634
茂名市		453886	161374	292512
肇庆市	11604	380685	224543	156142
清远市		541854	163733	378121
潮州市		722969	224039	498930
揭阳市		623619	304393	319226
云浮市		112097	110943	1154

单位：万元、平方米

140平方米以下住房销售额合计	现房销售额	期房销售额	140平方米以下住房空置面积合计	空置1-3年(含1年)	空置3年以上(含3年)
1907123	818372	1088751	1030989	511430	55939
1602407	531925	1070482	684739	327552	56279
2387978	427886	1960092	690260	377558	62882
959202	153238	805964	308195	160145	83575
383762	225	383537	43047	15323	5424
86931	61994	24937	24330	21190	3140
1397230	212075	1185155	312544	205936	43707
265904	145718	120186	373904	90392	41514
55540	29409	26131	30954	13246	1356
66203	16896	49307	59270	58522	
28608	27574	1034			
27771	9722	18049	17516		
6916680	1757686	5158994	2514013	1247993	233455
2638096	434472	2203624	826862	267951	72659
1771278		1771278	312135	239946	15606
605030	155567	449463	152090	67862	71713
184450	55174	129276	136299	28727	38870
898565	198411	700154	72493	30985	26796
115454	27967	87487	119520	54077	7391
38869	30662	8207	89023	53093	
44656	40390	4266	100698	57785	40013
393015	155564	237451	126210	99796	813
25987	18072	7915	10485	1600	
729010	509448	219562	272384	188166	6294
528710	178557	350153	224090	68444	20548
372427	92135	280292	129007	104359	18873
89134	39454	49680	29389	22149	
74901	38182	36719	2458	1186	
96156	31719	64437	10969	8301	
130792	71664	59128	106616	20110	
184153	54723	129430	297214	210677	
148594	40685	107909	150371	22720	1571
131752	61053	70699	205352	102755	7449
27600	27400	200	1913	1913	

4-7 续表 5-1

项目	经济适用房出租面积合计	经济适用房销售面积合计	现房销售面积	期房销售面积
总计	**30**	**112990**	**81377**	**31613**
一、按登记注册类型分组				
内资企业	30	81587	49974	31613
国有企业		3195	3195	
集体企业		707	707	
股份合作企业				
国有联营企业				
集体联营企业				
国有与集体联营企业				
其他联营企业				
国有独资公司				
其他有限责任公司		57349	31374	25975
股份有限公司				
私营独资企业				
私营合伙企业				
私营有限责任公司	30	20336	14698	5638
私营股份有限公司				
其他企业				
港澳台商投资企业				
外商投资企业		31403	31403	
二、按控股情况分组				
国有控股		3195	3195	
集体控股		707	707	
私人控股	30	63048	31435	31613
港澳台商控股				
外商控股		31403	31403	
其他		14637	14637	
三、按营业状态分组				
营业	30	81587	49974	31613
停业(歇业)		31403	31403	
筹建				
当年关闭				
当年破产				
其他				
四、按资质等级分组				
一级				
二级				

单位：万元、平方米

经济适用房销售额合计	现房销售额	期房销售额	经济适用房空置面积合计	空置1-3年(含1年)	空置3年以上(含3年)
26013	**13266**	**12747**	**42583**	**26937**	**4351**
20694	7947	12747	38918	26937	686
384	384		11110	11110	
216	216		686		686
16665	4624	12041	16228	15827	
3429	2723	706	10894		
			3665		3665
5319	5319				
384	384		11110	11110	
216	216		686		686
17681	4934	12747	17413	6118	
			3665		3665
5319	5319				
2413	2413		9709	9709	
20694	7947	12747	42583	26937	4351
5319	5319				

4-7 续表 5-2

项目	经济适用房出租面积合计	经济适用房销售面积合计	现房销售面积	期房销售面积
三级	30	17819	17339	480
四级		24929	24929	
暂定		38547	7414	31133
其他		31695	31695	
五、隶属关系组				
中央				
省(自治区、直辖市)				
地区(州、盟、省辖市)		3087	3087	
县(区、市、旗)		33627	28595	5032
街道		413	413	
镇		294	294	
乡				
居委会				
村委会				
其他	30	75569	48988	26581
六、按地区分组				
广州市		403	403	
深圳市				
珠海市		20943		20943
汕头市		4000	4000	
佛山市		413	413	
韶关市		17050	17050	
河源市				
梅州市				
惠州市				
汕尾市		14113	14113	
东莞市				
中山市				
江门市				
阳江市	30			
湛江市				
茂名市				
肇庆市		45741	39623	6118
清远市		10327	5775	4552
潮州市				
揭阳市				
云浮市				

单位：万元、平方米

经济适用房销售额合计	现房销售额	期房销售额	经济适用房空置面积合计	空置1-3年(含1年)	空置3年以上(含3年)
3324	3213	111	6118	6118	
3313	3313		10875	301	
14037	1401	12636	14781	9709	4351
5339	5339		10809	10809	
840	840		301	301	
5626	4762	864	26636	26636	
191	191				
25	25		686		686
19331	7448	11883	14960		3665
189	189		301	301	
11177		11177	401		
720	720				
191	191				
1658	1658				
2480	2480				
7791	6974	817	41195	26636	3665
1807	1054	753	686		686

4-7 续表 6-1

项目	别墅、高档公寓出租面积合计	别墅、高档公寓销售面积合计	现房销售面积	期房销售面积
总计	**74834**	**4234277**	**1717110**	**2517167**
一、按登记注册类型分组				
内资企业	58476	2878038	1345958	1532080
国有企业	3367	113072	69224	43848
集体企业		71696	24367	47329
股份合作企业		28264		28264
国有联营企业				
集体联营企业				
国有与集体联营企业				
其他联营企业				
国有独资公司		85637	37916	47721
其他有限责任公司	55109	1374591	419634	954957
股份有限公司		37743	34333	3410
私营独资企业		30632		30632
私营合伙企业				
私营有限责任公司		1062436	734098	328338
私营股份有限公司		53255	9341	43914
其他企业		20712	17045	3667
港澳台商投资企业	12925	347555	204625	142930
外商投资企业	3433	1008684	166527	842157
二、按控股情况分组				
国有控股	58476	205510	112241	93269
集体控股		151473	48315	103158
私人控股		1908818	1040573	868245
港澳台商控股	12925	333238	190308	142930
外商控股	3433	1309674	257586	1052088
其他		325564	68087	257477
三、按营业状态分组				
营业	74834	4229630	1712463	2517167
停业(歇业)				
筹建				
当年关闭				
当年破产				
其他		4647	4647	
四、按资质等级分组				
一级	55109	69409	21371	48038
二级	8055	401490	322719	78771

单位：万元、平方米

别墅、高档公寓销售额合计	现房销售额	期房销售额	别墅、高档公寓空置面积合计	空置1-3年（含1年）	空置3年以上（含3年）
2886401	**1009101**	**1877300**	**1323177**	**670445**	**123606**
1709676	651155	1058521	825587	496416	59366
48819	16852	31967	400	400	
41611	7008	34603	23429	5857	15263
18313		18313			
110127	54610	55517			
844478	249740	594738	253962	125433	12891
25975	21000	4975			
65263		65263			
524018	284785	239233	543014	359944	31212
15876	5841	10035	320	320	
15196	11319	3877	4462	4462	
294818	150400	144418	305392	121770	13517
881907	207546	674361	192198	52259	50723
167944	75798	92146	2721	2721	
106425	34362	72063	30485	9698	15263
1054746	448085	606661	693553	458218	33664
289222	144804	144418	309854	126232	13517
1064073	270231	793842	250536	73021	50723
203991	35821	168170	36028	555	10439
2883706	1006406	1877300	1316753	664021	123606
			6424	6424	
2695	2695				
63420	33930	29490	61100	57091	4009
234068	140970	93098	205439	44691	27425

4-7 续表 6-2

项 目	别 墅、高档公寓出租面积合 计	别 墅、高档公寓销售面积合 计	现 房销售面积	期 房销售面积
三级		1204131	590037	614094
四级		1049024	354065	694959
暂定	11670	1323800	348134	975666
其他		186423	80784	105639
五、隶属关系组				
中央				
省(自治区、直辖市)		503	503	
地区(州、盟、省辖市)	66713	284525	148239	136286
县(区、市、旗)		147185	97887	49298
街道		6788	1123	5665
镇		79956	28297	51659
乡				
居委会		32214	24954	7260
村委会				
其他	8121	3683106	1416107	2266999
六、按地区分组				
广州市	4688	695523	112870	582653
深圳市	55109			
珠海市		124984	2833	122151
汕头市		60575	28383	32192
佛山市		472501	206112	266389
韶关市		101647	9928	91719
河源市		67887	17078	50809
梅州市				
惠州市	3433	272486	90724	181762
汕尾市		12500	12500	
东莞市		909482	585430	324052
中山市		369482	162386	207096
江门市		558601	156632	401969
阳江市		130158	80513	49645
湛江市		8490	8490	
茂名市		2348		2348
肇庆市	11604	233983	165123	68860
清远市		199420	78108	121312
潮州市		14210		14210
揭阳市				
云浮市				

单位：万元、平方米

别墅、高档公寓销售额合计	现房销售额	期房销售额	别墅、高档公寓空置面积合计	空置1-3年(含1年)	空置3年以上(含3年)
769541	349781	419760	483983	237891	16552
668095	192655	475440	297782	241371	12031
971464	179610	791854	232358	87586	52257
179813	112155	67658	42515	1815	11332
587	587				
161202	77200	84002	34028	12374	2331
71917	52486	19431	55529	46454	2104
5180	761	4419	1545	1166	379
46990	8830	38160	21120	5857	15263
25893	24859	1034	6136		
2574632	844378	1730254	1204819	604594	103529
600882	102873	498009	220389	50818	40532
			3439	3060	379
198414	2769	195645	49329	16942	4387
29850	13894	15956	35794	10639	7455
368630	126092	242538	104899	19044	22568
46440	2622	43818	13839	3275	
25299	5982	19317	4190	4190	
189596	71278	118318	19464	18867	
3700	3700				
591679	386362	205317	340347	315363	17848
309736	116042	193694	58995	21619	20837
276241	58901	217340	114276	98755	9600
54026	28290	25736	17106	9866	
2122	2122		4755		
773		773			
87182	55059	32123	159136	7325	
93516	33115	60401	177219	90682	
8315		8315			

4-7 续表 7-1

项 目	办公楼出租面积合计	办公楼销售面积合计	现房销售面积	期房销售面积
总 计	**1493601**	**928713**	**467994**	**460719**
一、按登记注册类型分组				
内资企业	767058	706864	288198	418666
国有企业	86624	12745	10825	1920
集体企业	1061	2369	2369	
股份合作企业	670			
国有联营企业				
集体联营企业				
国有与集体联营企业				
其他联营企业		1860	236	1624
国有独资公司	5870	19205	479	18726
其他有限责任公司	414005	334332	128684	205648
股份有限公司	149836	20110	3476	16634
私营独资企业	33060	532	532	
私营合伙企业		1429	1429	
私营有限责任公司	60924	259072	132260	126812
私营股份有限公司	7985	53719	6417	47302
其他企业	7023	1491	1491	
港澳台商投资企业	541238	174874	134687	40187
外商投资企业	185305	46975	45109	1866
二、按控股情况分组				
国有控股	372234	118432	23436	94996
集体控股	13717	39379	34948	4431
私人控股	303141	522981	207341	315640
港澳台商控股	552546	183995	143808	40187
外商控股	201315	46975	45109	1866
其他	50648	16951	13352	3599
三、按营业状态分组				
营业	1481317	912004	451285	460719
停业(歇业)	12284	16709	16709	
筹建				
当年关闭				
当年破产				
其他				
四、按资质等级分组				
一级	272668	92950	16463	76487
二级	541892	309488	83687	225801

单位：万元、平方米

办公楼销售额合计	现房销售额	期房销售额	办公楼空置面积合计	空置1-3年(含1年)	空置3年以上(含3年)
980134	**357571**	**622563**	**1036042**	**390631**	**378174**
768093	217960	550133	689714	249277	230970
12274	9146	3128	61902	5748	56154
618	618		15739	5011	5338
1155	132	1023	12373	2903	9470
28905	207	28698	50951	50115	836
383489	121306	262183	222712	99501	60344
30561	4618	25943	27333	4772	21029
169	169		7798		
396	396				
213592	71734	141858	265044	80424	58056
96349	9049	87300	20979		15663
585	585		4883	803	4080
184477	112790	71687	269624	73249	141971
27564	26821	743	76704	68105	5233
166398	15114	151284	124481	60692	62538
43383	39874	3509	50313	37752	7171
524516	131718	392798	451002	126819	123195
207750	136063	71687	276294	82735	141971
27564	26821	743	76700	66330	4891
10523	7981	2542	57252	16303	38408
977259	354696	622563	968991	388831	345546
2875	2875		65139	1800	30716
			1912		1912
167892	29541	138351	5599	283	
411036	95374	315662	182479	101195	23807

4-7 续表 7-2

项目	办公楼出租面积合计	办公楼销售面积合计	现房销售面积	期房销售面积
三级	267714	146081	91154	54927
四级	41185	156467	143444	13023
暂定	15977	83137	43654	39483
其他	354165	140590	89592	50998
五、隶属关系组				
中央	6325	21985	9139	12846
省(自治区、直辖市)	14195	45817		45817
地区(州、盟、省辖市)	559378	186826	124735	62091
县(区、市、旗)	195514	7202	3573	3629
街道	260	2118	909	1209
镇		1050	1050	
乡				
居委会		5736		5736
村委会				
其他	717929	657979	328588	329391
六、按地区分组				
广州市	810030	574401	255501	318900
深圳市	527465	55863	7100	48763
珠海市	12103	18488		18488
汕头市	29683	27871	27871	
佛山市	64149	14533	7008	7525
韶关市	1691	12215	9050	3165
河源市				
梅州市		6535	6535	
惠州市	130	56693	56123	570
汕尾市				
东莞市	2157	103863	60051	43812
中山市	23857	11093	11093	
江门市	1980	6265	5091	1174
阳江市		3709	198	3511
湛江市		1780	1635	145
茂名市				
肇庆市	17045	19426	17520	1906
清远市	3311	15818	3058	12760
潮州市		160	160	
揭阳市				
云浮市				

单位：万元、平方米

办公楼销售额合计	现房销售额	期房销售额	办公楼空置面积合计	空置1-3年(含1年)	空置3年以上(含3年)
103220	42164	61056	169752	57486	98422
127969	121169	6800	307790	149871	75185
44115	22465	21650	144966	22114	63554
125902	46858	79044	225456	59682	117206
33330	11498	21832	548		
73494		73494	5370	1220	4150
206983	119637	87346	182998	64991	96748
4380	1677	2703	77172	12134	56837
920	232	688			
420	420		559		559
2442		2442	4512	4512	
			4481		
658165	224107	434058	760402	307774	219880
720386	262312	458074	306746	160341	66948
106537	7073	99464	145340	46715	42259
14199		14199	40199	21541	15435
5062	5062		168160	3740	156977
5683	2003	3680	32017	21853	10164
3633	2555	1078	20416	12206	7030
2872	2872		3600	3600	
31825	31506	319	57154	7845	6844
71154	31455	39699	175984	92707	39648
7280	7280		31741	10735	819
1813	1495	318	11160	4474	1035
1945	262	1683	1402	1402	
446	386	60			
			2100		2100
3739	3005	734	10538	1800	1102
3538	283	3255	4355	1672	2683
22	22		25130		25130

4-7 续表 8-1

项目	商业营业用房出租面积合计	商业营业用房销售面积合计	现房销售面积	期房销售面积
总计	**4536540**	**2500810**	**1526692**	**974118**
一、按登记注册类型分组				
内资企业	3235014	2120050	1293779	826271
国有企业	185029	229254	212145	17109
集体企业	331405	74079	60620	13459
股份合作企业	30880	22262	4262	18000
国有联营企业				
集体联营企业				
国有与集体联营企业		650	650	
其他联营企业	10317	12096	75	12021
国有独资公司	240097	49169	5274	43895
其他有限责任公司	887295	924830	526179	398651
股份有限公司	200460	29820	24850	4970
私营独资企业	24434	29674	16005	13669
私营合伙企业	390	12104	11521	583
私营有限责任公司	1227678	689207	399807	289400
私营股份有限公司	83775	35921	21407	14514
其他企业	13254	10984	10984	
港澳台商投资企业	752771	250128	167651	82477
外商投资企业	548755	130632	65262	65370
二、按控股情况分组				
国有控股	731593	380788	242707	138081
集体控股	443088	177621	127656	49965
私人控股	1865566	1405525	863628	541897
港澳台商控股	724762	250177	167700	82477
外商控股	539541	126805	64759	62046
其他	231990	159894	60242	99652
三、按营业状态分组				
营业	4527719	2447587	1494865	952722
停业(歇业)	4549	31838	31788	50
筹建		15000		15000
当年关闭		120		120
当年破产				
其他	4272	6265	39	6226
四、按资质等级分组				
一级	519074	75675	24406	51269
二级	624249	268060	182461	85599

单位：万元、平方米

商业营业用房销售额合计	现房销售额	期房销售额	商业营业用房空置面积合计	空置1-3年（含1年）	空置3年以上（含3年）
2158529	**1190182**	**968347**	**4663460**	**2155984**	**1494877**
1772316	980651	791665	3735841	1720306	1157091
234955	220635	14320	196177	22437	166998
35132	26339	8793	234105	81301	114362
3150	950	2200	9575	9575	
			6377		6377
400	400				
15099	55	15044	7166	4326	2377
77515	1758	75757	24886	12823	11163
815939	430400	385539	1328354	669902	359042
22387	9872	12515	146014	60523	72374
15903	8314	7589	3407	3407	
14734	14371	363	15132	14691	441
487686	223473	264213	1650402	807198	416531
44684	39352	5332	88332	18039	3586
4732	4732		25914	16084	3840
247457	154834	92623	712407	373767	207778
138756	54697	84059	215212	61911	130008
450097	235520	214577	384852	56536	296970
90902	59166	31736	353932	140168	149415
1111963	660306	451657	2664607	1329241	610502
247009	154386	92623	684560	372454	207905
134730	54193	80537	190233	65053	96608
123828	26611	97217	385276	192532	133477
2146353	1180174	966179	4601143	2116568	1473676
10009	9969	40	38045	35035	3010
600		600			
96		96	1300	300	1000
1471	39	1432	22972	4081	17191
115205	44111	71094	154666	48814	40096
319431	154401	165030	654021	327030	238924

4-7 续表 8-2

项　　目	商　　业 营业用房 出租面积 合　　计	商　　业 营业用房 销售面积 合　　计	现　房 销售面积	期　房 销售面积
三级	782347	447278	288470	158808
四级	986801	812095	473793	338302
暂定	390683	435730	237021	198709
其他	1233386	461972	320541	141431
五、隶属关系组				
中央	20988	168136	158856	9280
省(自治区、直辖市)	10563	18638	9110	9528
地区(州、盟、省辖市)	874562	291262	134798	156464
县(区、市、旗)	425159	318208	185619	132589
街道	74582	18619	9563	9056
镇	259700	51353	43280	8073
乡				
居委会	5552	30019	6151	23868
村委会	28472	15635	9468	6167
其他	2836962	1588940	969847	619093
六、按地区分组				
广州市	1444649	455121	311873	143248
深圳市	996796	335793	156800	178993
珠海市	236943	49956	30852	19104
汕头市	37890	74531	43898	30633
佛山市	313328	276902	104906	171996
韶关市	44936	55421	48165	7256
河源市		27711	15303	12408
梅州市	22716	50264	24282	25982
惠州市	62868	155887	101883	54004
汕尾市	1800	4100	4100	
东莞市	443690	306526	198829	107697
中山市	493845	258408	164077	94331
江门市	183431	98445	84367	14078
阳江市	29211	44683	10942	33741
湛江市	25734	22102	20602	1500
茂名市	351	50980	50719	261
肇庆市	101457	53640	37738	15902
清远市	81887	95206	65934	29272
潮州市	500	17782	16032	1750
揭阳市	150	44990	29349	15641
云浮市	14358	22362	6041	16321

单位：万元、平方米

商业营业用房销售额合计	现房销售额	期房销售额	商业营业用房空置面积合计	空置1-3年（含1年）	空置3年以上（含3年）
394622	203513	191109	1009799	440195	350063
605937	370573	235364	1211334	606151	295305
291402	142722	148680	790840	403128	170997
431932	274862	157070	842800	330666	399492
170575	161627	8948	22365	1798	2466
22327	6778	15549	62450	16878	22324
382141	131983	250158	633777	248796	332410
142529	76709	65820	430566	155721	211093
14876	4441	10435	36294	16304	14503
19007	13682	5325	101625	33548	41236
15130	3888	11242	25920	12670	10224
6785	2794	3991	5776	2982	2349
1385159	788280	596879	3344687	1667287	858272
582458	345007	237451	1127742	304630	440905
385131	155433	229698	657465	279726	254858
59633	32108	27525	202495	43911	123743
53077	28593	24484	233634	41830	146704
211314	62493	148821	413117	239694	146629
39298	34077	5221	165726	119258	28822
13660	5806	7854	34725	23725	
20856	13099	7757	53223	27328	21083
110602	65087	45515	202844	161134	18436
595	595		900		
337544	230217	107327	541238	393508	117357
154601	90749	63852	459692	186998	72609
40032	32601	7431	246530	127316	96071
10733	3538	7195	14531	10477	1745
5332	5132	200	27846	4224	
17602	17497	105	32826	24004	3476
27464	14293	13171	93600	53690	3954
51187	30725	20462	87353	81610	2690
8464	7903	561	25198	11031	4317
17499	10617	6882	36132	15247	11478
11447	4612	6835	6643	6643	

4-7 续表 9-1

项目	其他房屋出租面积合计	其他房屋销售面积合计	现房销售面积	期房销售面积
总计	**2063567**	**1490941**	**864987**	**625954**
一、按登记注册类型分组				
内资企业	1869762	1146988	663204	483784
国有企业	160813	114544	106409	8135
集体企业	118822	48806	44784	4022
股份合作企业				
国有联营企业				
集体联营企业				
国有与集体联营企业		560	560	
其他联营企业	7683	5009	5009	
国有独资公司	267186	10411	10374	37
其他有限责任公司	326137	654690	263817	390873
股份有限公司	218027	58273	46815	11458
私营独资企业	334	14343	9812	4531
私营合伙企业	720	3189	2739	450
私营有限责任公司	759825	230294	167959	62335
私营股份有限公司	8525	6039	4096	1943
其他企业	1690	830	830	
港澳台商投资企业	124219	276511	165188	111323
外商投资企业	69586	67442	36595	30847
二、按控股情况分组				
国有控股	604797	249063	191702	57361
集体控股	251450	86329	70903	15426
私人控股	898525	626958	343055	283903
港澳台商控股	73556	273980	162657	111323
外商控股	87786	72298	37046	35252
其他	147453	182313	59624	122689
三、按营业状态分组				
营业	2062061	1458852	833298	625554
停业(歇业)	1506	30277	29877	400
筹建				
当年关闭		114	114	
当年破产				
其他		1698	1698	
四、按资质等级分组				
一级	160865	72167	56919	15248
二级	230649	204687	148825	55862

单位：万元、平方米

其他房屋销售额合计	现房销售额	期房销售额	其他房屋空置面积合计	空置1-3年(含1年)	空置3年以上(含3年)
788522	**425695**	**362827**	**2952989**	**1290032**	**835200**
559030	290002	269028	2176860	998433	505678
46876	44240	2636	123102	55049	48957
16414	15514	900	140270	55216	28011
			46538	4600	
120	120		1300	1300	
6996	6996		5650	5650	
3125	3119	6	44185	13028	10260
327201	116913	210288	782153	353057	157467
39501	21959	17542	53371	33672	17869
5840	4450	1390	142	142	
845	759	86	5065	1194	3871
105227	70558	34669	923912	429764	237974
6701	5190	1511	30147	26005	
184	184		21025	19756	1269
176751	108984	67767	650426	207949	301981
52741	26709	26032	125703	83650	27541
122442	82738	39704	235372	102538	83154
34332	29040	5292	262579	91400	61409
286972	152629	134343	1476058	703319	285071
174855	107088	67767	623697	207339	301368
54988	27893	27095	127332	92401	20419
114933	26307	88626	227951	93035	83779
777971	415494	362477	2873493	1276355	770224
10228	9878	350	51893	11933	39960
			20000		20000
88	88		341		341
235	235		7262	1744	4675
47844	29468	18376	82414	50352	30817
167292	111926	55366	442482	220534	113844

4-7 续表 9-2

项目	其他房屋出租面积合计	其他房屋销售面积合计	现房销售面积	期房销售面积
三级	342119	383894	165743	218151
四级	94676	419680	211175	208505
暂定	110338	199367	134160	65207
其他	1124920	211146	148165	62981
五、隶属关系组				
中央	3300	97393	87188	10205
省(自治区、直辖市)	9143	28670	26207	2463
地区(州、盟、省辖市)	333909	213579	125688	87891
县(区、市、旗)	400740	79433	73025	6408
街道	4744	18162	12709	5453
镇	256976	19518	18637	881
乡				
居委会	1690	12894	10851	2043
村委会	22004	3554	3554	
其他	1031061	1017738	507128	510610
六、按地区分组				
广州市	306268	425257	220310	204947
深圳市	915293	138939	84500	54439
珠海市	46123	57276	55253	2023
汕头市	245574	94353	85763	8590
佛山市	46174	374766	159202	215564
韶关市		15518	12745	2773
河源市				
梅州市	50000	10787	10787	
惠州市	14072	38871	32010	6861
汕尾市		2900	2900	
东莞市	28772	25724	21884	3840
中山市	337698	153150	73512	79638
江门市	33167	52507	37656	14851
阳江市	9180	8452	2780	5672
湛江市		9519	7310	2209
茂名市		402	402	
肇庆市	10506	26907	17481	9426
清远市	20240	22132	7471	14661
潮州市		7024	6564	460
揭阳市		24796	24796	
云浮市	500	1661	1661	

单位：万元、平方米

其他房屋销售额合计	现房销售额	期房销售额	其他房屋空置面积合计	空置1-3年(含1年)	空置3年以上(含3年)
193274	82652	110622	801600	315789	210416
144856	74251	70605	714986	410931	149971
83875	59036	24839	396903	144753	99601
151381	68362	83019	514604	147673	230551
54011	38152	15859	5612	4849	763
12329	10828	1501	47101	13677	31024
141236	75310	65926	280589	108374	105479
27054	24666	2388	175870	78757	43539
9902	7339	2563	59981	35536	8875
9539	9016	523	74630	12575	32775
4117	3856	261	73117	45173	10600
629	629		1575		30
529705	255899	273806	2234514	991091	602115
325391	177973	147418	802126	295160	281467
115118	36093	79025	252923	112058	80861
23506	22807	699	123861	34351	12351
52365	45601	6764	355375	70088	216047
156626	65888	90738	399869	273785	105676
5015	3873	1142	51075	27936	12762
			10000	10000	
2266	2266		25023	21984	3039
12668	10612	2056	73247	32849	19638
475	475		8600		
16253	14115	2138	209837	150585	42352
38417	20587	17830	379904	134741	25058
12711	8061	4650	125863	54341	28109
1353	218	1135	2900	2900	
3279	1311	1968	13099	11712	985
54	54		207		
8833	4512	4321	85315	26625	4276
5889	3029	2860	28039	28039	
2159	2076	83	4579	2000	2579
5796	5796		269		
348	348		878	878	

4-8 房地产开发经营

项目	企业数(个)	年初存货	流动资产合计	存货	固定资产原价	累计折旧	本年折旧
总计	**6821**	**62076660**	**146658967**	**70648654**	**7409397**	**2012349**	**552281**
一、按登记注册类型分组							
内资企业	5755	42581031	100916798	48899471	5323701	1450633	397097
国有企业	325	2131408	5094430	2200086	427738	148547	22165
集体企业	435	1104123	2552593	1192666	337226	124570	22461
股份合作企业	44	160354	445997	232509	117250	38414	4623
国有联营企业	5	32259	91604	73065	3130	972	324
集体联营企业	3		6276		1371	61	22
国有与集体联营企业	1	65	814	78	1140	464	29
其他联营企业	15	157266	364247	185096	6697	2219	504
国有独资公司	41	1384419	2853437	1654088	199396	62912	15438
其他有限责任公司	2270	17075846	43087584	21654811	1707204	490498	146116
股份有限公司	174	3773417	11167194	3933016	335178	141801	33036
私营独资企业	131	408138	923919	567931	48026	14262	7233
私营合伙企业	42	68688	139837	73555	17470	2721	1141
私营有限责任公司	2122	14557162	31638902	15409346	1789486	394682	133239
私营股份有限公司	98	1423754	1805302	1346871	291767	18560	8928
其他企业	49	304132	744662	376353	40623	9951	1838
港澳台商投资企业	802	14236677	31132579	15508622	1410707	388297	99208
外商投资企业	264	5258953	14609590	6240561	674989	173419	55977
二、按控股情况分组							
国有控股	543	8027025	24458651	10532874	898324	322370	61131
集体控股	647	3094887	6572455	3306286	816007	271295	45173
私人控股	3947	25946245	55840002	27764469	3161642	731254	236698
港澳台商控股	803	14331029	31075207	15650576	1545928	396727	104034
外商控股	267	5581355	15562996	6728721	669025	180976	61895
其他	614	5096120	13149655	6665728	318471	109728	43350
三、按营业状态分组							
营业	5944	61531298	144530376	69898810	7331344	1985058	542749
停业(歇业)	385	161742	557613	185466	44639	16401	7673
筹建	267	130060	343076	194204	16477	7298	693
当年关闭	34	208	5708	213	205	45	26
当年破产	1		551		5531	646	282
其他	190	253353	1221643	369962	11200	2902	858
四、按资质等级分组							
一级	65	6330487	14491292	7181228	899645	205907	38508
二级	595	13242863	31767571	12473208	1932421	490227	130516

财务指标完成情况

单位：万元

资产总计	负债合计	所有者权益合计							
			实收资本						
				国家资本	集体资本	法人资本	个人资本	港澳台资本	外商资本
180049913	**133158873**	**46891040**	**27162329**	**1762117**	**487351**	**8968592**	**4852881**	**7647409**	**3443978**
125605692	94675830	30929862	14831411	1627404	475415	7037568	4676755	465969	548301
7008896	5849153	1159743	790458	629610	5683	141581	9262	4322	
3214343	2659596	554747	318229	15303	235318	39798	27810		
600658	417393	183265	83692	750	43716	20500	18726		
98253	84316	13937	6521	3000	21	3500			
12922	8125	4797	3500		1500	2000			
3148	1120	2028	2028	1398		165	465		
378419	321901	56518	29308		5000	11825	12483		
3626645	2585334	1041311	381949	302231		74380		5339	
52768036	39508266	13259771	5922431	294975	110876	3659224	1381092	119957	356307
14115477	8673851	5441627	2367196	366399	37411	1317060	618750	7575	20000
1069948	875242	194705	145073			82316	62757		
180863	129645	51218	37732		1200	4655	31876		
37107610	29677475	7430135	4276748	13176	34019	1562981	2184344	324921	157306
4560225	3188451	1371774	369508	55	329	61773	292662		14688
860250	695962	164288	97040	507	342	55810	36527	3854	
36617738	25337663	11280076	8151607	122219	7535	919991	151402	6169075	781385
17826483	13145381	4681102	4179311	12495	4401	1011034	24724	1012365	2114292
30705418	21972840	8732578	3624588	1494069	34258	1261624	475100	78517	281020
8172515	6265288	1907227	999398	30139	357506	485262	126191	300	
70670445	53968025	16702420	7978124	68476	45451	3545630	3800518	344879	173170
36655281	25362387	11292894	8241342	99739	31385	951524	153102	6223206	782385
18847010	13849452	4997558	4391614	4889	2039	1189101	26372	971899	2197315
14999244	11740882	3258362	1927263	64806	16713	1535451	271597	28609	10088
176671139	131433771	45237368	26229292	1755392	475835	8492773	4648169	7431719	3425404
783397	585664	197733	192182	4743	7580	81398	66067	21046	11348
481031	179466	301564	221311		569	138347	29906	50721	1768
9197	6001	3196	2620		77	382	2130	1	30
13697	8686	5011	1000			1000			
2091453	945286	1146167	515923	1983	3291	254692	106609	143922	5428
20572940	14471523	6101417	2320418	342265		1141075	381466	364597	91015
40668672	28785071	11883601	6066482	422787	70223	1639542	843374	2154184	936372

4-8 续表 1

项　目	企业数(个)	年初存货	流动资产合计	存货	固定资产原价	累计折旧	本年折旧
三级	1039	12835480	26528654	14158050	1205702	400437	101668
四级	1696	9287632	19017433	11314418	906530	269464	80199
暂定	1819	10754161	25305528	14631280	630757	215222	107341
其他	1607	9626037	29548490	10890471	1834342	431092	94049
五、隶属关系组							
中央	31	1296464	4148933	1946881	68085	27325	6152
省(自治区、直辖市)	71	707755	1806168	629363	79128	26696	4020
地区(州、盟、省辖市)	971	10909373	25844287	12902415	1173887	322833	74456
县(区、市、旗)	662	2123656	5049448	2714478	439029	193036	28954
街道	93	648161	1294569	698430	97371	43724	5823
镇	234	791573	1684144	776646	220984	68471	12610
乡	2	8923	16771	9077	6852	3716	290
居委会	26	306913	830987	389310	49868	21636	4296
村委会	44	191917	375483	218702	29698	4081	1475
其他	4687	45091924	105608178	50363352	5244496	1300832	414206
六、按地区分组							
广州市	1352	22980728	52399607	23334306	2501037	606238	180375
深圳市	614	11686463	36102231	14248103	2068262	518456	92697
珠海市	324	3557462	7397712	4492418	236786	60062	11731
汕头市	254	887748	2493510	977707	136517	50844	3671
佛山市	511	5705112	11644007	7072308	649893	320332	130174
韶关市	179	376619	1385107	555144	44343	11415	2322
河源市	100	328839	740704	422988	36694	7959	1684
梅州市	184	243818	415853	260346	54152	9561	2084
惠州市	290	2156558	5089388	3176998	177053	34621	9018
汕尾市	55	29522	101597	49137	11196	1347	262
东莞市	449	5055556	11055035	5809938	618845	203903	57604
中山市	687	4150794	8677970	5325266	309195	43228	9953
江门市	361	1207934	2702571	1539541	122238	48730	13022
阳江市	196	171961	686765	289476	70917	19473	12407
湛江市	150	378336	990468	512162	60557	16235	6923
茂名市	202	237037	379244	177217	57134	10439	4492
肇庆市	285	624266	1383616	836297	140499	22186	6725
清远市	403	1903048	2139263	1046535	47798	9451	2878
潮州市	84	146049	352285	213026	26743	6960	1242
揭阳市	72	151637	247653	153533	21103	4801	861
云浮市	69	97173	274381	156209	18436	6108	2156

单位：万元

资产总计	负债合计	所有者权益合计	实收资本						
				国家资本	集体资本	法人资本	个人资本	港澳台资本	外商资本
31273224	23794212	7479013	4816970	271544	82717	1564012	872003	1439755	586939
21849963	17118308	4731655	3116019	129333	135595	1147065	712469	734181	257377
28518410	21544140	6974270	5709415	244815	66741	1792870	990803	1616462	997723
37166704	27445620	9721084	5133024	351374	132075	1684029	1052766	1338229	574551
4762778	3218487	1544291	575713	335778	2460	203498	370	33607	
2153226	1785472	367754	365236	171904	3205	120402	25976	23692	20057
32590332	23532259	9058073	5070630	678853	80335	1990550	617065	1221998	481830
6151033	4583261	1567772	1067176	245063	79036	322501	178051	229505	13021
1499377	1113030	386346	147735	40800	42647	17120	32876	10047	4244
2237106	1638080	599026	191774	14314	70232	28011	31667	40637	6914
20129	17885	2243	2500		2500				
1037964	760189	277776	145763	17412	26317	69832	3867	24951	3384
450366	305485	144881	119277		62039	52278	4960		
129147602	96204725	32942877	19476524	257994	118581	6164400	3958049	6062971	2914529
65825659	48022796	17802863	10552771	917330	101643	2691739	1330933	4176493	1334633
46443830	33299049	13144780	6155789	387995	124109	2640236	1002188	1389385	611876
8494800	6110430	2384370	1422517	97105	33347	505462	261731	356293	168579
3164461	2388821	775640	555870	84181	13450	157519	128518	149481	22720
13747384	10513212	3234171	2147292	41539	43459	667851	356118	376149	662177
1717539	1282761	434778	396705	2040	3605	152300	95316	29433	114012
867096	678221	188875	154824	2965	-1257	47025	64880	40212	1000
601667	306261	295405	221432	6515	3610	90139	79826	13853	27489
5750768	4421402	1329367	991662	66792	4502	448909	247933	185063	38464
130975	57794	73181	71201	16	60	32835	16611	19911	1768
12478764	10379638	2099126	1065325	18212	38993	385832	304845	250266	67178
9975238	7901758	2073480	1238638	68311	62479	344056	270754	299133	193906
3141792	2217416	924375	688159	3905	23807	311645	99191	92627	156984
837656	570108	267548	169167	12583	1711	55269	50698	24709	24197
1212056	937695	274360	203541	27461	3783	59432	90785	21218	862
470257	262597	207660	116716	5312	11347	70018	27839	2200	
1692484	1224268	468215	371647	7159	3604	139698	117111	93525	10550
2405467	1823911	581556	406702	2929	1471	87798	191925	118621	3957
436206	272290	163916	87537	3510	4963	40010	30697	7739	618
324962	193311	131651	98846	1332	6468	21832	69215		
330855	295134	35721	45988	4927	2198	18987	15769	1099	3009

4-8 续表 2-1

项　　目	主营业务收　　入	土地转让收　　入	商品房屋销售收入	房屋出租收　　入	其他收入	主营业务成　　本
总　　计	**29589209**	**431448**	**26056571**	**731660**	**2369530**	**19074308**
一、按登记注册类型分组						
内资企业	22210791	422665	19411543	350722	2025861	14950563
国有企业	965481	42475	784161	35340	103504	521781
集体企业	689844	135440	502845	10645	40914	478622
股份合作企业	102561	330	80093	8206	13932	63683
国有联营企业	10420		10027	393		2649
集体联营企业	3				3	1
国有与集体联营企业	2669		2669			2388
其他联营企业	40235		39532	703		27864
国有独资公司	373808	43170	290664	20199	19775	231046
其他有限责任公司	9909165	117314	8867910	107747	816195	6468112
股份有限公司	2154902	8265	1392296	31542	722799	1467097
私营独资企业	313319	6021	292850	2449	11998	257936
私营合伙企业	52267		51348	35	884	40492
私营有限责任公司	6706823	67380	6224804	121757	292882	4852995
私营股份有限公司	791474	2000	776934	10797	1743	471522
其他企业	97821	271	95410	908	1232	64378
港澳台商投资企业	4973316	3116	4425382	253288	291531	2721593
外商投资企业	2405103	5667	2219646	127650	52139	1402152
二、按控股情况分组						
国有控股	3801650	86077	3378774	124562	212237	2140739
集体控股	2157087	143351	1550863	26873	436000	1509472
私人控股	13031094	142292	11518112	184867	1185822	9202207
港澳台商控股	4977768	3116	4436153	248729	289771	2697539
外商控股	2679338	5401	2490797	130344	52796	1589436
其他	2942272	51211	2681872	16285	192904	1934915
三、按营业状态分组						
营业	29483520	428998	25971396	731446	2351679	18996486
停业(歇业)	72690	190	69312	36	3152	55071
筹建	11953	822			11131	7715
当年关闭	331	61	248		22	220
当年破产	993				993	554
其他	19722	1376	15615	178	2553	14261
四、按资质等级分组						
一级	3251214		2873244	80139	297831	1803874
二级	5805494	72569	4968348	242173	522404	3427114

单位：万元

主营业务税金及附加	主营业务利润	其他业务收入	其他业务利润	销售费用	管理费用	#税金	#差旅费	#工会经费
2301133	**7191885**	**357649**	**228750**	**1039080**	**1901747**	**160928**	**70097**	**13063**
1705894	4878396	267204	171834	690849	1378752	109687	52026	10259
101200	317514	10086	3408	25738	92418	6001	2978	778
45239	154877	13211	13901	11592	50937	3945	1506	243
7186	28919	2863	1839	3505	17079	524	387	80
2799	4928			45	1007	64	25	7
	2				283	24	3	
133	148	42	36		147		3	2
2832	6569	243	243	2970	4771	444	296	23
48824	83334	75679	5425	10917	33265	1981	600	310
786064	2319139	72832	45520	340158	511586	46625	21411	5297
181705	465420	9520	60998	43775	162184	6311	5086	894
21819	18522	2040	1248	15052	17727	1686	739	145
3568	6475	341	305	2236	3072	529	129	14
442774	1202609	78908	38946	213158	428102	37587	17359	2374
53188	250737	572	-51	16027	49508	3134	1211	44
8563	19203	867	16	5676	6666	835	295	47
390010	1624780	61013	38668	237123	342451	33346	10774	2074
205230	688710	29432	18248	111108	180544	17895	7297	730
410015	1134824	95845	69017	117608	288564	16803	9247	2015
136485	467395	19857	20886	46121	132246	9015	4385	904
919742	2496699	123876	74303	415603	790677	71511	32367	5145
394909	1645198	65119	40680	240313	343178	32970	10736	2055
218560	755647	24782	14197	117787	188372	20162	7300	753
221424	692123	28172	9668	101647	158711	10468	6063	2191
2296091	7172825	356263	227196	1036495	1882996	159963	68884	12690
3715	12151	829	734	1798	8202	588	550	265
127	2827	35	311	3	3077	108	65	5
14	90			7	69	2	2	1
36	404				251	44	3	
1150	3588	522	509	778	7153	224	593	102
268930	1069583	42218	84196	108828	219688	9092	5735	1469
443952	1722850	61322	43864	211579	396723	31642	18091	1478

4-8 续表 2-2

项　　目	主营业务收　　入	土地转让收　　入	商品房屋销售收入	房屋出租收　　入	其他收入	主营业务成　　本
三级	5591214	50094	5064263	143905	332952	3672787
四级	5156287	160041	4718630	41802	235814	3522274
暂定	5052872	49777	4740712	22733	239650	3548631
其他	4732128	98966	3691374	200908	740880	3099629
五、隶属关系组						
中央	740364		730125	5226	5013	402441
省(自治区、直辖市)	296359	1043	255811	5370	34135	191576
地区(州、盟、省辖市)	5160174	63582	4394727	182292	519573	3197115
县(区、市、旗)	1224278	54452	1045703	30801	93322	795461
街道	95549	3249	81869	2541	7891	51319
镇	368168	118526	215182	6816	27645	267935
乡	190		190			109
居委会	278524		276669	631	1224	153261
村委会	127592	858	122597	2174	1963	82244
其他	21298013	189739	18933699	495810	1678764	13932847
六、按地区分组						
广州市	8483681	86098	7460047	408490	529046	5020032
深圳市	6943275	15261	5525909	234274	1167830	4084130
珠海市	1396778	2249	1373411	10261	10858	1029454
汕头市	523775	1893	467648	4953	49281	372718
佛山市	3184062	16174	2984715	15939	167233	2010749
韶关市	327666	1520	303932	2630	19584	260884
河源市	167210	11828	152496		2885	127459
梅州市	158693	21139	120332	331	16891	111077
惠州市	1179331	7907	1065575	5759	100091	866171
汕尾市	61346	6496	52820	30	2000	50429
东莞市	2691784	21189	2543834	14775	111986	1879029
中山市	1740017	184350	1510738	27319	17611	1269558
江门市	691442	4504	675591	1621	9726	510987
阳江市	229553	22779	153707	370	52697	165192
湛江市	230777	3652	222316	446	4363	174990
茂名市	226858	3272	199581	8	23997	144596
肇庆市	552210	7596	479354	1944	63316	413759
清远市	397474	8818	374720	2226	11710	274501
潮州市	126180	266	125304	7	603	91021
揭阳市	178364		174609		3755	142323
云浮市	98735	4456	89931	279	4069	75251

单位：万元

主营业务税金及附加	主营业务利润	其他业务收入	其他业务利润	销售费用	管理费用			
						#税金	#差旅费	#工会经费
447989	1261283	126588	38237	215382	378871	34915	12823	2746
405384	1075634	46103	24395	156054	257049	30731	9208	3868
409415	908821	15947	13711	187312	288228	34491	12560	1809
325463	1153716	65472	24347	159925	361188	20059	11680	1694
89192	228776	2569	1512	19954	27749	1668	1789	216
22688	75888	4803	1822	8837	26497	1396	954	273
438282	1368676	113540	91433	160822	339672	25226	12123	1702
96800	301258	14487	8273	29503	84730	11203	3044	788
6983	33093	2844	1679	4155	15299	612	294	107
23007	69525	8423	11522	8162	31678	1669	950	216
64	18	72	51		954	3	3	
24799	92764	1175	1317	7700	12207	752	202	25
7730	35387	62	57	2231	4938	115	82	5
1591588	4986502	209674	111085	797717	1358022	118283	50656	9732
677344	2478545	162049	60436	307760	587161	59419	25354	1660
551142	2055805	95526	40484	252198	530393	20167	16141	2826
92128	225764	13371	62650	49445	90058	2720	2055	234
33052	107372	5367	1838	10634	32329	1968	1825	188
279920	796700	25867	12096	97057	165125	29857	6111	5823
19973	38924	621	854	7887	17348	1365	792	18
12404	21788	1154	969	5559	12604	689	506	14
12660	31145	707	912	4473	9245	723	391	17
74711	185458	9663	8916	53305	74254	9973	3389	463
3749	6080			1191	2329	901	215	2
259095	455154	16763	13128	107516	117434	5435	2916	916
104539	291657	9466	11504	74355	90341	3469	2913	224
47852	115592	6259	2964	17035	39130	8219	1425	72
17434	42245	2569	1871	4867	13169	2484	1380	123
16686	33398	1213	1821	5702	15003	2109	958	186
10324	70824	1040	1738	1871	7728	802	300	62
34979	93216	1850	1880	11653	45019	3758	944	72
27961	80014	1803	3024	19276	33455	3502	1181	113
8120	25851	809	306	1189	3613	1579	228	26
9945	21795	248	1164	4301	6790	1065	649	6
7115	14560	1305	195	1807	9220	725	425	22

4-8 续表 3-1

项　　目	财务费用	利息支出	营业利润	营业外收入	营业外支出
总　　计	**665768**	**564553**	**4844728**	**88665**	**219129**
一、按登记注册类型分组					
内资企业	513468	434578	3149044	65068	157555
国有企业	25295	19848	203154	11052	5445
集体企业	10217	6688	107165	3403	3632
股份合作企业	2177	1783	11502	384	861
国有联营企业	-121	-121	4042		260
集体联营企业	1007	1007	-1288	5	
国有与集体联营企业	-10	-10	46		
其他联营企业	881	556	1160	7	576
国有独资公司	17400	16006	37783	870	2516
其他有限责任公司	150880	121278	1696577	30466	68908
股份有限公司	35536	42108	328275	10506	11582
私营独资企业	7632	2690	-5589	248	1903
私营合伙企业	1539	1423	2229	111	1236
私营有限责任公司	190287	153554	621008	12283	57490
私营股份有限公司	68085	65353	133092	1612	2688
其他企业	2665	2415	9888	-5880	460
港澳台商投资企业	107747	94947	1213156	17581	47472
外商投资企业	44553	35029	482528	6016	14102
二、按控股情况分组					
国有控股	53329	65446	861110	19876	20867
集体控股	45957	40249	308636	10377	7151
私人控股	371829	295667	1404843	21021	107379
港澳台商控股	116185	102771	1226420	22983	46888
外商控股	40053	30126	542086	6096	16763
其他	38415	30294	501633	8313	20081
三、按营业状态分组					
营业	662572	561879	4846123	87945	218270
停业(歇业)	1303	1059	3383	119	486
筹建	17	-52	45	60	47
当年关闭	16	14	4		3
当年破产	296	296	-143	1	1
其他	1564	1357	-4685	541	321
四、按资质等级分组					
一级	145351	149342	788740	15820	16579
二级	128123	106909	1241972	29238	45338

单位：万元

利润总额	应交所得税	劳动、失业保险费	住房公积金及住房补贴	本年应付工资总额	本年应付福利费总额	全部从业人员年平均人数（人）
4923256	**1133790**	**50801**	**26511**	**819041**	**71636**	**191784**
3278422	725499	35900	18466	584358	52340	151279
231924	63094	7585	3767	47416	5782	9340
113111	15288	1296	791	21625	2594	8586
14628	3521	230	105	5866	503	1302
4251	853	16	8	465	30	68
-1303				125	12	18
46	12	3		100	8	43
553	459	63	218	1625	209	348
70488	13043	3427	1411	22851	1089	5000
1699589	320743	10697	6995	201223	18755	53076
466186	63727	3667	1573	91997	6323	15746
-6999	6050	143	86	6214	583	1888
1634	248	32	10	1903	211	739
544416	184028	7501	2822	165326	15618	51478
133932	51820	1149	654	14719	440	2986
5966	2616	91	26	2903	182	661
1184463	310113	9787	5172	136005	10000	20988
460372	98178	5114	2872	98678	9295	19517
1155322	192749	15443	8207	150647	13382	25505
341747	60141	3217	1717	48545	4984	17589
1200659	366669	14369	7456	318097	27592	93418
1182462	315666	9466	4898	135352	10095	21018
529741	110691	5169	2910	105672	10059	20814
513326	87874	3138	1324	60730	5523	13440
4841428	1131586	50209	26365	808242	70627	187196
2663	1907	110	64	4687	445	2341
99	103	39	14	1469	143	808
	1	5	1	129	8	43
-143	4			72	10	30
79211	190	438	67	4443	403	1366
870247	166840	5049	2473	73760	5323	12873
1249235	278042	12112	7148	187367	14721	28896

4-8 续表 3-2

项 目	财务费用	利息支出	营业利润	营业外收入	营业外支出
三级	102926	87962	812274	10666	49215
四级	62564	43086	778165	10875	26912
暂定	72830	60042	562510	6235	27154
其他	153974	117213	661068	15832	53931
五、隶属关系组					
中央	2581	16029	199957	444	937
省(自治区、直辖市)	2157	6611	49055	2696	2074
地区(州、盟、省辖市)	120020	101013	999234	23261	44158
县(区、市、旗)	20382	15133	204552	3919	9938
街道	3172	3209	16300	729	1903
镇	14952	9885	34006	1555	1934
乡	1		-887	742	1
居委会	-1660	-2333	83533	-239	1078
村委会	33	-180	30473	54	55
其他	504128	415185	3228505	55504	157051
六、按地区分组					
广州市	216937	245915	1734883	35257	74321
深圳市	243559	177998	1322337	33067	56035
珠海市	16956	13809	181388	2623	1570
汕头市	8611	7101	68269	2727	8244
佛山市	40245	20228	603063	6273	27622
韶关市	4546	3428	17884	1645	3605
河源市	5128	4909	5025	260	508
梅州市	3756	3283	19055	480	1371
惠州市	24001	20086	95809	1221	5980
汕尾市	746	497	2998		28
东莞市	28791	12490	313048	-2318	13668
中山市	21767	17101	190961	3178	8380
江门市	9357	7039	70070	1667	4742
阳江市	4176	1883	26770	611	775
湛江市	6463	5743	13753	258	629
茂名市	3654	1966	61526	122	265
肇庆市	11955	8573	36951	511	1699
清远市	9096	7881	42715	133	8558
潮州市	2081	1867	20463	3	389
揭阳市	1710	1230	14459	122	276
云浮市	2235	1527	3303	825	464

单位：万元

利润总额	应交所得税	劳动、失业保险费	住房公积金及住房补贴	本年应付工资总额	本年应付福利费总额	全部从业人员年平均人数（人）
771163	210492	14626	6350	169533	15157	43637
724092	160158	5118	5289	116011	13093	37921
512081	164789	6584	2883	127701	12512	37962
796438	153469	7311	2369	144670	10829	30495
237763	39722	785	681	16047	2048	1926
58744	12189	2287	1577	14861	2232	2836
1068945	218061	14404	7131	161410	10040	31236
200782	49839	3396	1908	42648	5062	15827
17273	3803	329	281	7459	921	1790
33051	5306	541	442	10863	1481	3895
-146	30			104	2	78
81792	22282	294	170	3728	169	758
30670	3165	39	9	1418	162	413
3194382	779393	28726	14314	560505	49519	133025
1710306	474246	24258	13885	270325	17669	46124
1591843	262591	11118	3923	197357	12802	34443
174784	45456	2382	693	39377	4379	8427
47697	9667	905	348	10370	1382	5086
598033	139490	2717	3682	73664	8838	15335
14758	3140	457	239	11581	1207	5536
5305	1513	268	87	7192	481	2997
16421	2806	286	80	6684	420	4474
91050	25243	1760	1207	28578	4336	8748
2902	739	0		1251	155	585
250976	73731	830	819	46309	6344	11964
184237	43932	1821	642	37527	4293	10648
66576	14972	1100	322	20363	2439	8056
25689	4433	435	102	9105	1249	4348
14006	2240	851	175	7242	829	3442
26315	2278	282	45	5732	781	2541
33656	10282	393	55	15807	833	5879
29452	10161	701	117	17693	1802	6720
20265	2755	115	28	3844	368	1914
14873	2796	11	1	4202	705	2748
4113	1323	110	64	4838	325	1769

4-9 物业管理企业

项 目	企业数（个）	年末从业人数（人）	在管物业占地面积	在管房屋建筑面积	#住 宅	#办公用房
总 计	**8483**	**411773**	**828134113**	**2851713307**	**1003454813**	**180449276**
一、按登记注册类型分组						
内资企业	8096	371235	744113281	2649014943	885558082	154087008
国有企业	351	26708	46281688	134170244	89967523	16370980
集体企业	649	18652	20165073	29733262	15595367	1535762
股份合作企业	228	10113	8388960	22804861	7954711	2903820
国有联营企业	19	744	327817	1481184	1163456	116045
集体联营企业	12	711	405337	625250	431889	30760
国有与集体联营企业	3	74	5849	141319	126456	
其他联营企业	13	794	127377	397399	130295	67236
国有独资公司	40	3480	2633407	6148609	2343208	1461006
其他有限责任公司	2081	135289	425693485	1944518167	443692141	81774460
股份有限公司	190	9332	11062842	20919064	12353837	2532324
私营独资企业	350	6612	8200595	39296979	27714822	1487348
私营合伙企业	97	1603	1751575	2760335	2100500	7736
私营有限责任公司	3650	143882	203318846	421782069	268045499	41191676
私营股份有限公司	159	5455	8406991	12525039	5825553	4252871
其他企业	254	7786	7343439	11711162	8112825	354984
港澳台商投资企业	265	22387	29856460	149843665	76617474	21271251
外商投资企业	122	18151	54164372	52854699	41279257	5091017
二、按控股情况分组						
国有控股	563	49008	88720882	265327631	115599255	23770816
集体控股	1235	50654	65596586	109712047	62926529	8290699
私人控股	5152	205508	494132229	1373507756	572016033	107381205
港澳台商控股	251	20230	23191940	77116546	29800033	18379369
外商控股	95	17693	52714110	53843526	39598761	5840161
其他	1187	68680	103778366	972205801	183514202	16787026
三、按营业状态分组						
营业	7600	398833	799217678	2811188854	992283900	179446823
停业(歇业)	409	8930	23832508	33865623	7244189	818989
筹建	367	2593	2272896	5527645	3318915	174560
当年关闭	36	575	107581	84588	12218	4122
当年破产	1	1				
其他	70	841	2703450	1046597	595591	4782

主要指标完成情况

单位：平方米、万元

#商业营业用房	#厂房	所有者权益合计	实收资本						
				国家资本	集体资本	法人资本	个人资本	港澳台资本	外商资本
189078194	**142754445**	**5408036**	**3175869**	**301392**	**483192**	**776290**	**891815**	**474699**	**248481**
148851762	137776298	4364484	2380023	285416	482672	703354	877199	19284	12098
3580659	9889911	376802	219551	157094	874	54906	6671		6
2500707	5353519	711834	255492	2208	235865	12502	4917		
1110163	9517554	779904	194611	1203	120248	12897	60263		
53361	67160	12635	11745	9001	30	2694	20		
22804	136197	4781	2040	12	1878	150			
14863		52	131				131		
36000	67700	28124	14372	500	101	9777	3994		
1405086	829096	216256	95323	72194	1	22909	219		
96812583	74940575	909357	597245	24128	62919	293794	213367	319	2719
1897905	1908899	109623	72167	9992	6997	32815	22340	23	
1971510	5507216	50226	41612	230	3475	11222	26635	50	
368080	83340	18570	13452		750	5402	7300		
37563526	27836524	1017249	773577	6950	19735	212837	506404	18277	9373
675971	479626	33039	30700	20	957	19916	9808		
838544	1158981	96034	58008	1885	28844	11533	15131	616	
38139698	3328675	596220	532134	7250		59203	12843	420088	32750
2086734	1649472	447333	263712	8726	520	13732	1773	35327	203634
12530722	12972822	850994	440589	273456	2317	143289	16837	647	4043
5633169	22507249	1683559	548198	3920	426226	46014	71596		442
135382791	76446792	1428064	1105650	9255	20418	332301	714819	19070	9786
15776620	3109092	573120	521622	6889		43158	12628	433209	25739
4104657	1628662	366772	222873	1111	520	7232	100	16762	197147
15650235	26089828	505527	336937	6761	33710	204295	75835	5011	11324
187542007	140763640	5279933	3046554	286743	477831	750434	840305	472300	218941
1093916	618766	61449	44678	1604	1280	5072	18783	329	17611
388407	968941	54002	54489	5815	550	5406	29672	1559	11487
28950	15700	5288	2563		1296	616	651		
24914	387398	7364	27585	7230	2235	14762	2405	511	442

4-9 续表 1

项　目	企业数(个)	年末从业人数(人)	在管物业占地面积	在管房屋建筑面积	#住　宅	#办公用房
四、按资质等级分组						
一级	245	98582	204731819	1085666086	244895096	35459177
二级	363	62761	84169396	445807363	254104601	24814802
三级	2648	133247	184823227	458746915	297862831	44894909
其他	5227	117183	354409671	861492943	206592285	75280388
五、隶属关系组						
中央	44	9687	27647034	40648835	12547785	1955942
省(自治区、直辖市)	103	11850	17813483	33184526	24672590	5472886
地区(州、盟、省辖市)	952	71803	262983110	738962535	163851904	71004714
县(区、市、旗)	442	13347	13552706	26638205	16339384	1288268
街道	250	10820	9133016	18991822	8374796	1866783
镇	175	5216	11991927	10116619	3432467	200609
乡	6	24	129250	60400	12600	3800
居委会	276	8640	10616912	22358213	7675402	374641
村委会	146	3556	2122518	2979595	1309933	69304
其他	6089	276830	472144157	1957772557	765237952	98212329
六、按地区分组						
广州市	3136	123623	404035963	1157417125	361206466	118466331
深圳市	1899	154978	189654517	1181477304	260404142	40193021
珠海市	384	15854	34568141	121252555	78554684	6187417
汕头市	134	6732	9955023	17344652	9624364	1407879
佛山市	643	31531	54649576	54843097	37448601	2398371
韶关市	103	3963	6258165	7754939	5401971	843120
河源市	59	1765	2306090	3751635	3099416	228719
梅州市	32	728	1005150	1570350	1295338	81464
惠州市	506	11790	18002883	45952579	30987568	4033940
汕尾市	16	332	251606	233150	139157	5454
东莞市	594	24996	59111049	199309350	170342009	1606709
中山市	291	15286	19782515	25970790	17629142	2805475
江门市	187	4667	11396360	5573962	4001722	50277
阳江市	56	1187	746226	1498352	1195210	37790
湛江市	150	4691	3192147	5089454	3861538	134928
茂名市	40	2012	3821365	1664805	1213099	90295
肇庆市	102	3281	4484719	6348328	4561298	1063659
清远市	91	3015	3400306	4894783	3681348	115926
潮州市	34	744	523406	1339975	913442	348139
揭阳市	15	280	428938	7348486	7205552	6012
云浮市	11	318	559968	1077636	688746	344350

单位：平方米、万元

#商业营业用房	#厂房	所有者权益合计	实收资本						
				国家资本	集体资本	法人资本	个人资本	港澳台资本	外商资本
35399732	24078754	360776	207025	53473	17012	54011	39883	28909	13738
42498920	8918735	277949	207052	16282	7559	99439	53790	14047	15934
42361263	21538079	1038006	688967	60009	52850	215692	207985	82910	69521
68818279	88218877	3731306	2072826	171627	405771	407148	590157	348833	149290
1655054	647457	49307	34906	16337	1861	15118	877	712	
1348742	1488993	135528	71803	19275	759	42183	9055	531	
11808244	26848117	702133	428154	94801	66841	145550	77298	31963	11703
3386925	3899266	284128	186811	83648	25046	36952	23108	163	17894
3798788	3809459	324179	98666	1490	62832	16119	16725	1500	
895750	3018694	140101	40868	2032	19807	9316	9361		353
	44000	6395	5205		4705	175	325		
1548141	8843729	521653	133232	379	91967	6074	34812		
440802	739795	112212	57427		49859	4509	3059		
164195748	93414935	3132400	2118798	83429	159515	500296	717197	439830	218531
119345905	57050328	2093085	1185587	102737	204885	271551	265769	228486	112158
24780108	63411492	2170739	1174263	107965	194367	319854	337259	150699	64119
23444311	6860325	146522	124592	7781	22406	9802	41589	34048	8966
1215156	1866404	5713	25650	10995	933	8134	5514	75	
5689695	4842446	327256	158470	23521	21145	40642	49164	6635	17363
817367	409752	-8679	11593	4702	1537	1195	4035		123
235184	179059	3980	4468	121		1048	3245	53	
62219	131329	2127	2085			978	1107		
2627706	1996949	101047	102749	5739	5530	16095	32788	23160	19437
7539	15000	9665	9022		2322	2550	4150		
5808032	3234853	353811	198080	4488	12464	55428	95045	14844	15812
2315127	1442826	50008	48324	4953	1859	27626	9992	3894	
589723	545727	55761	42657	12170	1351	3634	15675	9474	353
112622		3442	3415	50	100	2089	1177		
659636	128709	65210	50348	9868	8041	6629	15044	766	10000
247790	96694	887	5640	662	2659	832	1487		
455842	130073	9910	11181	744	1604	2994	3645	2195	
480352	374972	12684	12972	4572	113	4397	3740		150
41754	7387	3422	3371	323	1743	161	775	370	
107136	20570	760	738		80	150	508		
34990	9550	689	665		52	503	110		

4-9 续表 2-1

项目	年初存货	年末存货	固定资产原价	本年折旧	营业收入	主营业务收入	营业成本	主营业务成本
总计	**577297**	**614483**	**5850071**	**488988**	**4421408**	**4281645**	**2118435**	**2027326**
一、按登记注册类型分组								
内资企业	390090	424126	5043902	425574	3726198	3602719	1814671	1733805
国有企业	13452	13389	356315	23867	317897	300112	180837	168831
集体企业	65276	65134	719325	64981	300814	291861	107163	104751
股份合作企业	1657	1367	938552	74859	196916	180047	66777	52256
国有联营企业	4	4	20716	737	9757	9200	7867	5588
集体联营企业	1	1	2781	191	5317	5317	3155	3155
国有与集体联营企业			5	1	245	245	151	151
其他联营企业	30	28	7253	1032	15905	15062	7153	6090
国有独资公司	53063	61505	149226	9305	78117	75286	51369	47520
其他有限责任公司	135321	158307	1152674	116217	1213193	1170820	653371	624725
股份有限公司	10059	14665	88816	5515	78015	70994	33453	30307
私营独资企业	3232	3268	56906	4881	61732	61218	26986	26766
私营合伙企业	937	929	286521	14704	61987	60830	32829	32558
私营有限责任公司	103989	99963	1134193	97297	1251082	1227341	577869	565730
私营股份有限公司	449	457	24261	1944	35671	35509	16869	16746
其他企业	2622	5110	106357	10043	99551	98876	48825	48631
港澳台商投资企业	65623	68496	569010	44845	280645	267669	133489	123888
外商投资企业	121584	121861	237160	18569	414565	411257	170275	169634
二、按控股情况分组								
国有控股	67644	76041	668098	43858	620434	593968	366605	344666
集体控股	71543	73525	1900282	165605	722327	679017	310369	281530
私人控股	186892	197489	1886625	169682	1839614	1800100	872728	849532
港澳台商控股	65199	67840	566745	43273	250212	239231	122603	113434
外商控股	121452	121752	198503	13959	393522	390961	158010	157404
其他	64568	77836	629818	52612	595300	578368	288120	280760
三、按营业状态分组								
营业	462251	495304	5758117	481299	4343081	4204654	2065458	1974875
停业(歇业)	112716	112770	24977	2563	55737	54512	45305	44785
筹建	815	4895	26425	2808	11652	11651	3408	3408
当年关闭	475	475	9253	466	2347	2345	314	314
当年破产								
其他	1040	1040	31300	1851	8591	8483	3950	3945

单位：平方米、万元

营业税金及附加	主营业务税金及附加	主营业务利润	其他业务利润	营业费用管理费用财务费用合计	#税金	#利息支出	营业利润	职工工资和福利费	本年应交增值税	全部从业人员年平均人数(人)
213948	**209401**	**1864477**	**80909**	**1547980**	**51030**	**73121**	**566953**	**1030206**	**15520**	**396124**
182997	178542	1532917	73323	1355556	45249	65003	399617	910666	12680	355705
15641	14536	102324	3565	93569	3168	3094	24060	79040	1289	24696
17862	17676	161251	11136	121716	7493	8646	59145	48250	569	17537
6564	6487	99889	12872	118574	1742	14115	18002	28145	82	10123
505	481	2423	45	5515	112	77	-2444	2823	46	734
433	433	1561		1518	115	27	212	2666		681
13	13	81		73	1	1	8	119		78
772	763	5351	211	4272	4	33	4140	2485	639	813
4330	3880	22256	1040	15696	340	3043	9511	12703	41	3330
59102	57424	435681	22442	378750	15523	14523	124386	339059	4805	130640
4302	4215	36765	3549	27834	978	1709	11589	22617	323	9677
3453	3378	29573	392	24773	671	1655	6702	13837	380	6154
1245	1244	27544	1539	7026	371	61	22407	4153	22	1784
61593	60902	549664	14928	509147	12796	15968	105289	319610	3585	136061
1891	1874	16068	1138	15342	548	542	2749	12391	56	5392
5291	5234	42487	465	31752	1386	1510	13861	22770	845	8005
11458	11399	116660	5172	120535	2535	5555	18994	61492	1198	21977
19492	19460	214901	2415	71890	3247	2563	148342	58048	1642	18442
30322	28524	195821	7414	170585	5525	8471	54964	148403	2265	45333
34995	34219	323147	30184	304321	11481	26093	91039	132532	965	48949
88548	87282	792517	25697	695484	21930	25358	188389	461100	7692	196725
10829	10748	108213	4516	105947	2375	4461	12953	58546	1035	20349
18235	18226	201966	2238	68768	3057	2783	145180	56275	782	17960
31019	30402	242815	10859	202876	6663	5954	74427	173350	2782	66808
210023	205668	1847495	80048	1530140	50368	72179	563789	1005304	15095	386494
2612	2443	4756	503	6736	108	48	1568	18196	345	6711
586	573	7218		6581	424	129	931	3626	8	1625
59	59	1186	244	1059	14	9	-84	1130		460
668	659	3823	114	3464	116	756	748	1951	72	834

4-9 续表 2-2

项　　目	年初存货	年末存货	固定资产原　　价	本年折旧	营业收入	主营业务收　　入	营业成本	主营业务成　　本
四、按资质等级分组								
一级	4973	4629	338441	29486	816269	776440	524221	502518
二级	16975	19109	232726	19886	460086	443480	243411	232198
三级	91338	94178	912324	92730	1062211	1034429	484565	462022
其他	464012	496568	4366580	346887	2082843	2027296	866237	830589
五、隶属关系组								
中央	5573	5384	30549	2852	100322	98436	66335	65477
省(自治区、直辖市)	6105	5966	112319	8141	109532	108464	74897	72214
地区(州、盟、省辖市)	73625	82731	487807	54709	701322	653703	394500	364915
县(区、市、旗)	15615	15570	270507	13689	135870	132601	63538	61207
街道	10037	14629	539454	33966	160438	155651	45520	44442
镇	104284	124680	185292	19250	79033	74736	42319	40828
乡			7973	759	1095	1089	848	848
居委会	2483	5002	627796	42830	143657	132239	49382	36507
村委会	6	5	277542	30055	93519	93182	53893	53858
其他	359569	360516	3310833	282736	2896622	2831545	1327203	1287031
六、按地区分组								
广州市	6038	6872	1660472	132907	1996348	1983709	838990	838085
深圳市	272168	279495	2190762	169838	1490553	1385326	861287	787135
珠海市	29858	22642	105672	15068	76922	75954	43145	42814
汕头市	5695	5585	13519	1139	25439	24454	12508	11916
佛山市	117359	132184	760255	71849	382435	368003	130833	122270
韶关市	529	743	18838	921	13603	13550	6809	6673
河源市	4168	4537	1928	92	5978	5887	3312	3178
梅州市	30	22	826	42	1737	1726	1220	1203
惠州市	4484	3882	115717	6770	59526	58341	29708	29472
汕尾市			16340	514	3438	3438	2226	2226
东莞市	37357	46370	693431	74219	182871	181468	102997	100831
中山市	53962	62271	67741	6555	70386	68497	29643	26974
江门市	2979	4008	29202	1563	24874	24609	14960	14289
阳江市	88	91	1296	145	4139	4061	2172	2168
湛江市	22154	22386	104094	3959	43226	43202	18159	18092
茂名市	1888	1704	16946	635	10831	10636	6497	6366
肇庆市	68	86	21601	1287	13540	13401	6091	5795
清远市	18433	21562	14055	1120	9461	9281	4091	4053
潮州市	40	41	15820	310	4367	4367	3137	3137
揭阳市			468	22	561	561	336	336
云浮市			1089	32	1173	1173	313	313

单位：平方米、万元

营业税金及附加	主营业务税金及附加	主营业务利润	其他业务利润	营业费用管理费用财务费用合计	#税金	#利息支出	营业利润	职工工资和福利费	本年应交增值税	全部从业人员年平均人数(人)
40177	38206	206363	10401	162586	3506	713	88740	264420	3058	96109
22297	21949	159788	7790	162488	3103	3864	27608	156279	2915	58027
53504	52549	462354	17059	464704	10629	11336	71368	316037	3603	128978
97971	96698	1035972	45658	758202	33792	57208	379236	293470	5945	113010
4771	4588	27888	891	18993	582	549	10784	28730	549	9297
5607	5455	28503	1181	27310	985	1866	4174	32488	341	12133
33508	32126	231329	14507	201259	5842	7320	69233	192583	2508	69328
7569	7505	55191	1560	43274	1782	2017	15884	31219	127	12664
8914	8770	95634	8728	66313	3457	4647	40057	29500	178	10469
3649	3633	28507	3651	18309	1669	3852	15187	11407	94	5016
54	54	187	12	51	2	17	147	34		21
4429	4326	88510	7742	72491	1512	9223	26781	19500	67	8180
5177	5166	33567	560	25357	1513	350	9885	9150	310	3035
140271	137777	1275162	42077	1074623	33685	43280	374820	675597	11346	265981
102110	101990	1042395	16121	691412	20177	15692	368365	353656	5604	114987
63283	60391	384748	41257	518901	10845	32347	72410	391107	7761	148068
4546	4526	28613	2698	36945	1102	1473	-5633	32447	422	15729
1732	1661	10821	1018	10642	131	297	1478	11530	29	6730
18481	17928	210192	11200	112221	10776	11703	103201	91002	1113	33745
742	624	5276	224	4454	389	22	1205	6234	1	3947
471	467	2138	50	3180	8	20	-855	2419		1633
90	90	427	13	370	4	2	71	776	38	756
3401	3310	25083	1847	25082	1649	947	2851	23437	46	11755
129	128	1083		751	4		332	773	13	354
8381	8082	70147	3646	64769	1552	5516	14061	52382	205	24149
3960	3886	34868	1956	38005	323	1890	-51	30582	105	15056
1639	1550	8434	295	4980	455	158	4022	8236	59	4319
172	154	1133	22	885	33	124	328	1332	19	1050
2429	2424	22651	104	19838	3190	2115	3212	7322	36	4297
584	575	3662	44	2885	45	6	741	4936	53	1997
930	792	6298	188	6697	180	641	108	5374	3	3173
521	499	4523	124	4349	103	139	494	4565	2	3035
252	232	1002	55	552	45	3	500	1274	3	750
29	27	186		131	10		55	336	9	276
65	65	796	49	932	9	27	59	487		318

4-10 中介服务企业

项目	企业数(个)	年末从业人数(人)	房屋代理销售成交合同面积(平方米)	房屋代理销售成交合同数(个)	房屋代理销售成交合同金额	房屋代理出租成交合同面积(平方米)	房屋代理出租成交合同数(个)
总计	**4271**	**62631**	**20939366**	**160662**	**14367084**	**28244165**	**249008**
一、按登记注册类型分组							
内资企业	4142	43151	10795590	79184	6187185	17354309	143719
国有企业	62	1393	762556	7264	601683	176256	1922
集体企业	58	608	72882	558	8680	18079	173
股份合作企业	44	221	35839	305	9851	74531	1013
国有联营企业	1	20	5000	60	3000	90687	1133
集体联营企业	2	8				12871	30
国有与集体联营企业							
其他联营企业	4	21	90	1	12	350	5
国有独资公司	1	6					
其他有限责任公司	824	8206	3328000	17762	1000516	2133694	20920
股份有限公司	77	773	158456	546	56366	150937	1229
私营独资企业	306	1711	351595	2615	234368	650898	7090
私营合伙企业	101	594	30482	355	13744	195715	1934
私营有限责任公司	2443	27560	5747688	47756	4082092	12928144	90372
私营股份有限公司	99	830	194310	743	128025	823231	16657
其他企业	120	1200	108692	1219	48849	98916	1241
港澳台商投资企业	86	16529	4748741	52439	2992654	8559157	80759
外商投资企业	43	2951	5395035	29039	5187245	2330699	24530
二、按控股情况分组							
国有控股	91	1880	3038891	15870	1284514	322029	3865
集体控股	144	1346	314460	1933	122799	152303	1670
私人控股	3354	33617	6818406	55292	4649880	15462843	125110
港澳台商控股	90	17168	5472809	60392	3525134	8831380	82343
外商控股	37	2668	4376163	17877	4360184	2196637	23816
其他	555	5952	918637	9298	424572	1278973	12204
三、按营业状态分组							
营业	3634	59764	20712814	159472	14212214	27905088	246332
停业(歇业)	391	2028	186448	511	134862	89159	747
筹建	181	619	18909	461	10301	230086	1726
当年关闭	28	97	4296	56	4459	3723	44
当年破产							
其他	37	123	16899	162	5247	16109	159

主要指标完成情况

单位：万元

房屋代理出租成交合同金额	所有者权益合计								年初存货
		实收资本							
			国家资本	集体资本	法人资本	个人资本	港澳台资本	外商资本	
294242	**979008**	**765544**	**36161**	**17563**	**236644**	**331621**	**93075**	**50481**	**62818**
201014	708764	578919	35782	17563	192579	330891	1418	685	38304
751	5106	38358	31823	20	5580	935			7671
237	20583	10244	38	9521	425	261			555
518	6482	2974		1545	230	1199			4
726	100	100	10		90				
13	1466	1300		300		1000			2
0	4783	5060			4000	1060			
25786	121463	109259	690	3308	59633	43826	1192	611	5024
1138	25923	18834	3000	1860	10997	2977			31
15545	12911	11043		80	3034	7899	30		13
1179	4608	3068		50	889	2130			
134523	450504	328563	211	462	99924	227696	196	74	23432
18062	10695	11006		10	6050	4947			33
2536	44139	39110	10	408	1729	36963			1538
30888	180849	110322			27259	632	70840	11591	24320
62340	89394	76304	379		16806	98	20817	38204	194
2407	73673	61938	32664	41	21315	2499	1989	3431	7950
1091	32913	19183	38	14610	1596	2939			568
174671	537002	407233	221	2420	127739	276096	147	610	13182
32630	120679	117828			22195	639	86633	8360	24320
60653	93420	57751	42		16632	125	3463	37490	103
22789	121321	101612	3196	492	47167	49323	844	590	16694
288858	941882	701318	21936	16041	223106	304434	90515	45287	62394
4111	12163	38062	13030	275	8016	11991	130	4620	144
370	11948	13158		35	3993	6887	1669	575	239
31	5373	5416	37	100	120	5121	37		
873	7642	7590	1157	1112	1409	3188	724		41

4-10 续表 1

项　目	企业数（个）	年末从业人数（人）	房屋代理销售成交合同面积（平方米）	房屋代理销售成交合同数（个）	房屋代理销售成交合同金额	房屋代理出租成交合同面积（平方米）	房屋代理出租成交合同数（个）
四、隶属关系组							
中央	5	90	88000	333	70400		
省(自治区、直辖市)	11	130	50201	413	24755	54008	469
地区(州、盟、省辖市)	390	4949	1775064	16755	1390859	1227555	11287
县(区、市、旗)	184	1949	943268	7645	442044	254536	1797
街道	60	471	21558	192	6424	103460	892
镇	45	205	23178	161	5284	19858	114
乡	1	2					
居委会	28	147	10981	98	2994	42412	374
村委会	17	271	30900	50	2156	8995	48
其他	3530	54417	17996216	135015	12422168	26533341	234027
五、按地区分组							
广州市	1692	27113	7893299	61087	5119570	18802896	148812
深圳市	674	20765	8478292	56594	7078452	6076870	68103
珠海市	353	2778	587142	3540	323443	303934	3550
汕头市	102	554	78034	738	15051	120605	1367
佛山市	305	2569	935485	8004	489057	457548	4437
韶关市	35	340	61676	925	6022	2350	17
河源市	19	203	3280	30	855	4000	45
梅州市	11	53	40274	281	7173	115555	886
惠州市	215	1585	342543	3895	138261	285499	4907
汕尾市	7	87	21500	189	3432		
东莞市	359	2553	1603593	16606	902711	1466667	9306
中山市	245	1881	623361	6350	220855	384315	4727
江门市	67	471	12078	119	7479	7102	157
阳江市	23	200	35978	290	3045	7200	60
湛江市	46	616	49517	732	19861	180750	2298
茂名市	17	136	122602	950	20091	5590	43
肇庆市	34	158	6889	72	987	8172	106
清远市	40	271	15801	85	3277	9512	135
潮州市	7	45	23822	148	7043		
揭阳市	9	188	1200	12	180	3600	34
云浮市	11	65	3000	15	240	2000	18

单位：万元

房屋代理出租成交合同金额	所有者权益合计	实收资本							年初存货
			国家资本	集体资本	法人资本	个人资本	港澳台资本	外商资本	
	-10391	14979	13068		1899	13			252
246	3002	2505	169	1529	297	510			2
16990	137931	91357	12749	2206	30286	16511	25451	4155	10311
3384	45849	43601	2743	370	28000	4857	7264	367	14397
1573	5339	4226	191	182	1499	2293	56	5	153
71	2912	2310	5	726	447	1132			18
	10	10			10				
557	1851	1878		50	160	1603		64	
101	14730	5738		2567	3001	170			156
271320	777774	598940	7237	9934	171045	304532	60304	45889	37530
143041	440771	377358	16034	5174	78972	181316	61356	34507	1101
84038	339457	232168	16961	3241	102332	78382	17553	13699	15182
6754	30046	27333	350	758	4710	18000	2928	587	103
1855	3131	3458	106	773	1258	1320			81
1815	29206	20678	506	2533	5730	11518	229	161	15063
34	4276	4124	1020	245	1954	904			
3	662	646		50	215	381			11
29	335	327			216	112			
2949	17354	16630	302	1484	1847	11267	800	931	261
	503	451	5	20	250	176			
27659	51888	25098	16	1136	11262	11914	435	335	27562
14358	14926	14080		50	5140	6800	2029	61	546
36	8828	5889		1370	626	3031	862		8
4	688	698			370	328			78
10118	2954	2701	61		398	2243			2187
212	429	342	131	48	26	137			
40	29917	29722		38	20548	2351	6784		616
6	1618	1814		523	354	839	99		10
	339	339		100		239			4
612	1132	1122	670		85	167		200	3
680	548	567		20	350	197			1

4-10 续表 2-1

项 目	年末存货	固定资产原价	本年折旧	营业收入	主营业务收入	营业成本	主营业务成本	营业税金及附加
总 计	**100905**	**528014**	**50460**	**852360**	**837189**	**340681**	**338976**	**43630**
一、按登记注册类型分组								
内资企业	79457	394924	36223	564001	549616	231386	229812	29471
国有企业	5622	76440	8250	50519	50519	34774	34774	2175
集体企业	303	22434	1422	9722	9705	4575	4502	432
股份合作企业	4	3888	81	3023	3018	1206	1206	133
国有联营企业		13	2	886	886			49
集体联营企业	2	122	12	36	36	9	9	1
国有与集体联营企业								
其他联营企业		98	2	52	52	15	15	3
国有独资公司								
其他有限责任公司	48788	72859	7252	87270	86722	36568	36048	4525
股份有限公司	36	8864	439	9883	9883	2417	2414	518
私营独资企业	111	16336	1016	19597	19575	7301	7286	967
私营合伙企业	10	1814	154	4848	4841	1565	1563	220
私营有限责任公司	23009	150603	15439	333177	319416	128820	127994	18414
私营股份有限公司	34	2593	400	8182	8172	2678	2544	518
其他企业	1539	38859	1754	36806	36791	11457	11457	1517
港澳台商投资企业	21177	67982	10165	174833	174281	64227	64215	8931
外商投资企业	271	65107	4072	113526	113292	45067	44949	5228
二、按控股情况分组								
国有控股	5767	85321	9036	70785	70785	37246	37223	3172
集体控股	317	32443	1938	17346	17324	7896	7740	797
私人控股	18915	215250	21530	398364	384174	152402	151117	21288
港澳台商控股	21177	64514	9990	176054	175673	69690	69666	9007
外商控股	171	59619	3583	100422	99965	42810	42688	4578
其他	54558	70867	4383	89389	89268	30637	30540	4789
三、按营业状态分组								
营业	100609	514882	48970	844194	829153	337737	336062	43237
停业(歇业)	65	7377	476	2791	2762	1663	1643	97
筹建	231	3451	805	2484	2484	932	932	116
当年关闭		626	53	838	838	101	101	39
当年破产								
其他		1677	156	2053	1953	249	239	141

单位：万元

主营业务税金及附加	主营业务利润	其他业务利润	营业费用管理费用财务费用合计	#税金	#利息支出	营业利润	职工工资和福利费	本年应交增值税	全部从业人员年平均人数(人)
42810	**391861**	**4634**	**365503**	**5691**	**7576**	**91507**	**180090**	**1709**	**54601**
28655	261162	4150	222846	5100	5810	69452	111511	1670	38054
1791	13239	7	9155	341	33	4864	7177	45	1400
432	4747	586	4273	212	20	1098	2048	32	581
131	1106	501	939	42		669	429	4	196
49	837		695	1	-1	143	100	1	20
1	26		41			-15	18	1	8
3	34		38	1		-4	50		21
									6
4451	39897	523	41671	986	1052	4659	24152	101	7720
516	6443	99	4549	62	70	2298	1734	25	737
962	11113	59	9181	101	512	2138	4006	52	1592
203	2947	41	1743	75	13	1326	1090	38	503
18084	152019	1926	136277	2719	2557	37271	64869	1345	23345
517	5018	11	3990	77	55	1176	1994	13	770
1517	23739	399	10294	484	1499	13829	3843	14	1155
8931	74461	295	103107	189	1398	-1485	53849		13154
5224	56239	189	39550	402	368	23540	14731	39	3393
2792	29096	11	19409	534	632	11132	10843	50	2293
789	8087	1103	6956	332	171	2274	3454	38	1241
20887	190044	2340	169568	3222	3569	43809	78510	1525	28936
9005	69418	361	103290	201	965	-5957	58541	0	13840
4572	45964	160	32883	320	393	20024	10952	39	2729
4766	49254	659	33397	1082	1847	20226	17790	57	5562
42424	387699	4629	359887	5461	7572	92271	177839	1701	53466
97	464	3	2520	22		-1522	937	3	519
116	1352	1	1305	50	4	193	869	2	446
39	690		513	2	-1	186	249		65
134	1657		1277	157		379	198	3	105

4-10 续表 2-2

项 目	年末存货	固定资产原价	本年折旧	营业收入	主营业务收入	营业成本	主营业务成本	营业税金及附加
四、隶属关系组								
中央	121	2705	141	10993	10993	6971	6971	582
省(自治区、直辖市)	2	838	54	2113	2113	1143	1091	112
地区(州、盟、省辖市)	31215	70684	8181	92892	92680	40352	40148	4527
县(区、市、旗)	9537	49876	3925	35734	35730	18700	18685	1958
街道	197	17910	683	6007	5941	1851	1828	373
镇	17	1645	112	2541	2540	1565	1565	70
乡				5	5	3	3	
居委会		1036	95	1140	1140	417	414	62
村委会	697	19549	1064	6969	6968	3806	3804	223
其他	59120	363772	36205	693967	679080	265873	264468	35722
五、按地区分组								
广州市	1909	319230	30938	464002	450704	165386	165160	22920
深圳市	14894	78998	8513	237221	236124	107678	106661	12341
珠海市	22408	23191	2436	18032	18015	6312	6289	995
汕头市	80	2169	101	4388	4209	1496	1476	255
佛山市	10081	36162	2732	34286	34047	14409	14341	2252
韶关市	68	5235	408	2675	2675	1191	1191	157
河源市	4	285	40	570	563	288	285	37
梅州市	0	129	8	270	270	137	137	11
惠州市	200	8983	617	15207	15120	7375	7251	926
汕尾市		506	14	498	498	215	215	26
东莞市	45813	19404	2326	36490	36289	18602	18572	2004
中山市	607	16282	1464	11975	11975	2942	2930	584
江门市	4	3641	313	4521	4513	2254	2244	317
阳江市	50	217	46	1671	1671	593	593	129
湛江市	2793	1392	77	14592	14592	9971	9971	328
茂名市		459	58	886	886	388	380	46
肇庆市	1851	8305	110	2258	2231	670	657	83
清远市	4	2018	162	1728	1728	375	290	165
潮州市	135	467	65	379	379	80	80	25
揭阳市	3	829	19	418	418	222	222	17
云浮市	1	114	14	292	282	97	32	12

单位：万元

主营业务税金及附加	主营业务利润	其他业务利润	营业费用管理费用财务费用合计	#税金	#利息支出	营业利润	职工工资和福利费	本年应交增值税	全部从业人员年平均人数(人)
582	3117		1232	22		2053	269	19	80
112	826		638	47	3	225	339	9	113
4165	42583	122	35449	979	741	12258	18300	414	5288
1954	13453	21	6429	219	394	8231	4618	35	1902
367	2891	522	3074	81	444	673	1823	14	455
70	949	1	442	21	17	521	319	17	181
	2					2	4		2
29	654	1	676	1		1	302		130
223	2935	327	1962	38		1306	714	11	268
35307	324452	3640	315602	4284	5976	66237	153404	1191	46182
22920	262267	1828	188248	2989	4882	76016	82955	1057	22114
11637	59908	921	121803	781	1687	-4035	61841	96	18366
995	10731	22	14106	153	44	-3397	6694	29	2749
233	2610	7	881	15	2	1729	708	18	516
2242	13330	881	7971	637	124	7783	7562	39	2604
144	1491	18	1134	26	38	348	762	1	330
36	244		338	12		-95	226		177
11	123	1	49	4	2	74	85	11	63
923	6857	131	3533	228	39	3526	3047	13	1457
26	261		160	5		101	177	1	86
2000	15577	618	12632	275	339	4587	7934	20	2309
538	8427	68	7487	199	226	1087	4057	37	1734
317	1850	62	763	23	104	1217	963		423
129	892	8	249	27		637	309	5	199
328	3988	9	2629	226	91	1570	1058	347	574
44	450		374	33	1	76	263	13	122
83	990	25	1315	13	-1	179	484	17	167
150	1293	17	1479	31		-67	622	3	310
25	275	20	137	2		57	67		48
17	180		100	3	1	80	166	2	188
12	119		116	10		31	111		65

4-11 其他房地产企业生产经营主要指标完成情况

单位：万元

项　目	企业数(个)	年初存货	年末存货	固定资产原　价	本年折旧	营业收入
总　计	**8843**	**2892028**	**3443595**	**8583157**	**607056**	**3206568**
一、按登记注册类型分组						
内资企业	8410	1962504	2501971	7386680	523550	2865240
国有企业	506	214004	303834	428518	31083	179271
集体企业	2780	52601	48382	1672418	116253	681317
股份合作企业	402	21272	20737	1718970	111185	352580
国有联营企业	17	12	15	61710	3043	16140
集体联营企业	13	90	80	10104	193	3041
国有与集体联营企业	6			11356	326	830
其他联营企业	8	74	12	6000	173	2102
国有独资公司	46	160963	202089	192414	14044	72190
其他有限责任公司	1111	498273	769598	966754	71895	521596
股份有限公司	164	211657	214151	446309	27338	110941
私营独资企业	332	23384	6298	99905	9362	87845
私营合伙企业	88	589	591	16807	1306	7152
私营有限责任公司	2575	763845	920181	1352937	109009	662449
私营股份有限公司	114	9931	10238	132912	13174	27285
其他企业	248	5809	5765	269567	15167	140504
港澳台商投资企业	309	642344	672660	656982	61603	210291
外商投资企业	124	287180	268964	539495	21903	131037
二、按控股情况分组						
国有控股	655	441379	572156	877439	65924	355253
集体控股	3410	324157	272864	3837195	252679	1262268
私人控股	3643	988351	1256651	1922504	151234	944042
港澳台商控股	302	665286	697341	672231	64951	203200
外商控股	97	254007	238346	440126	16280	120604
其他	736	218848	406236	833661	55990	321201
三、按营业状态分组						
营业	6896	2391956	2557586	8225738	589079	3170599
停业(歇业)	982	385572	450295	199598	8327	17085
筹建	765	84296	414674	70619	6142	4504
当年关闭	29	14	5	7896	433	4008
当年破产	3	1339	1339	34		3
其他	168	28851	19697	79272	3076	10368

4-11　续表 1　　单位：万元

项　目	主营业务收入	营业成本	主营业务成本	营业税金及附加	主营业务税金及附加	主营业务利润
总　计	**3081066**	**1353294**	**1284939**	**179407**	**173170**	**1503009**
一、按登记注册类型分组						
内资企业	2753990	1199228	1134301	162207	156085	1341961
国有企业	154913	76318	60394	10765	8172	83465
集体企业	671787	268019	265450	37360	36974	361288
股份合作企业	307221	116791	84998	11474	10910	176881
国有联营企业	16121	5148	5147	808	808	8889
集体联营企业	3041	453	453	216	216	2372
国有与集体联营企业	830	221	221	42	42	397
其他联营企业	1831	1602	1432	97	93	263
国有独资公司	70955	24716	24195	5148	5133	36124
其他有限责任公司	513747	239617	233403	33319	31687	221565
股份有限公司	106700	37714	35738	5472	5333	59483
私营独资企业	87042	53530	53460	5011	4941	27587
私营合伙企业	6898	2780	2729	426	402	3637
私营有限责任公司	646342	298832	293397	39973	39301	281924
私营股份有限公司	26220	10217	10082	1394	1374	13489
其他企业	140344	63272	63204	10705	10701	64596
港澳台商投资企业	199665	86770	84821	10265	10155	94751
外商投资企业	127412	67296	65817	6935	6930	66297
二、按控股情况分组						
国有控股	326019	132845	115054	21263	17594	173110
集体控股	1204600	480057	442697	65104	64096	646522
私人控股	923988	449044	441937	56260	54819	378797
港澳台商控股	193644	84649	83327	9855	9765	93692
外商控股	117024	62791	61311	6454	6449	61233
其他	315791	143908	140614	20471	20446	149655
三、按营业状态分组						
营业	3046517	1332818	1264822	177232	171030	1501844
停业(歇业)	15753	10207	9878	1200	1167	-4756
筹建	4504	2349	2349	342	342	654
当年关闭	4008	2050	2050	23	23	1932
当年破产		27		1		
其他	10285	5842	5839	610	608	3335

4-11 续表 2

单位：万元

项目	企业数(个)	年初存货	年末存货	固定资产原价	本年折旧	营业收入
四、隶属关系组						
中央	54	36712	47591	123614	8685	84828
省(自治区、直辖市)	55	39325	69032	86643	6290	33066
地区(州、盟、省辖市)	767	622831	820531	955987	75367	319407
县(区、市、旗)	985	172429	194601	415718	31744	144423
街道	188	20794	25583	383460	30024	111583
镇	247	72257	49359	192268	13429	72544
乡	1			145	7	498
居委会	144	11186	12996	572811	32398	154031
村委会	1014	7364	9351	683018	44906	271805
其他	5388	1909130	2214553	5169495	364208	2014383
五、按地区分组						
广州市	3690	41206	43081	2264440	177981	1283332
深圳市	1803	1047130	1283385	4379397	280173	1078053
珠海市	670	543654	785257	619920	34898	124817
汕头市	22	403	375	8043	1530	2156
佛山市	138	145137	145701	158744	34552	92321
韶关市	83	28743	41595	59858	2415	7765
河源市	100	25065	19903	12831	599	29258
梅州市	21	3934	3392	4859	1092	14527
惠州市	1294	592577	638996	347303	20847	166494
汕尾市						
东莞市	379	312513	362250	374263	38544	320627
中山市	78	46931	28269	160507	6559	29415
江门市	150	43028	46470	13135	1010	13306
阳江市	9	3	3	160	9	1408
湛江市	154	44738	26756	52261	2083	28539
茂名市	8	1	1	3368	335	369
肇庆市	48	9612	12097	40525	1694	8617
清远市	30	2022	4566	17182	449	547
潮州市	113	1573	1429	52106	1720	3600
揭阳市	29	3415	25	2527	161	561
云浮市	24	343	46	11728	406	855

4-11　续表 3　　　　　　　　　　　　　　　　　　　　　　　　单位：万元

项　　目	主营业务收入	营业成本	主营业务成本	营业税金及附加	主营业务税金及附加	主营业务利润	其他业务利润
四、隶属关系组							
中央	62059	35204	19523	6950	4479	39614	6601
省(自治区、直辖市)	32712	12107	12093	1690	1690	15595	619
地区(州、盟、省辖市)	306984	142258	137553	18919	17205	133654	14321
县(区、市、旗)	142210	62682	62508	8717	8441	66947	4131
街道	105854	33945	32142	6329	6261	61357	7337
镇	71904	32343	32060	3821	3632	36078	877
乡	452			27	25	427	46
居委会	139973	46535	31796	4798	4674	102642	5832
村委会	269584	115168	114493	12922	12820	137174	2590
其他	1949334	873052	842771	115234	113943	909522	67521
五、按地区分组							
广州市	1269351	500496	499716	68553	68452	696365	36933
深圳市	1001262	399362	354955	46412	44030	499846	51440
珠海市	115689	55505	50537	8487	8330	56823	6375
汕头市	2156	855	855	223	178	1055	17
佛山市	91930	50152	49637	6191	5624	27925	837
韶关市	7680	2694	2672	434	427	4422	690
河源市	29236	25061	24987	1940	1847	2463	70
梅州市	14527	10689	10689	1190	1190	2548	18
惠州市	144865	92476	77614	11440	8927	57802	3525
汕尾市							
东莞市	319798	172935	171491	29212	29023	116248	6923
中山市	27232	9282	8017	1363	1254	18402	1762
江门市	13294	7124	7113	1634	1634	4534	14
阳江市	1408	415	415	99	99	893	
湛江市	28216	19922	19919	1405	1387	6709	1009
茂名市	369	187	187	39	39	143	
肇庆市	8606	3806	3806	533	532	4266	26
清远市	544	10	8	4	4	392	
潮州市	3488	1912	1912	139	117	1314	148
揭阳市	561	260	260	50	22	249	14
云浮市	855	150	150	58	55	611	72

4-11 续表 4 单位：万元

项目	所有者权益合计	实收资本						
			国家资本	集体资本	法人资本	个人资本	港澳台资本	外商资本
总计	**12683374**	**7995832**	**1088490**	**1224905**	**1932832**	**2006390**	**1372620**	**370596**
一、按登记注册类型分组								
内资企业	10190045	5961148	1005957	1220650	1721556	1970875	37169	4941
国有企业	811363	527466	429839	1818	72049	23751		9
集体企业	1690707	667091	8617	575710	65313	17325	126	
股份合作企业	1406680	435166	14952	258043	36605	124584	982	
国有联营企业	32229	25739	13362		5480	6897		
集体联营企业	32192	26281	464	25309	381	127		
国有与集体联营企业	13172	8615	935	1240	6440			
其他联营企业	15124	15667		180	13337	2150		
国有独资公司	572220	375596	301033		58944	10030	5589	
其他有限责任公司	1962923	1252376	146776	68821	736681	290553	9445	100
股份有限公司	764026	553288	79544	144533	182227	140980	2640	3365
私营独资企业	288973	124501		300	50810	71360	2032	
私营合伙企业	12311	18687		75	8357	10170	3	81
私营有限责任公司	2116262	1687223	7045	40275	453715	1168448	16353	1387
私营股份有限公司	162738	119318		51005	18385	49928		
其他企业	309126	124134	3390	53341	12832	54571		
港澳台商投资企业	1841980	1526426	74013	2300	109426	21033	1207613	112042
外商投资企业	651349	508257	8520	1955	101850	14482	127837	253613
二、按控股情况分组								
国有控股	2043331	1396938	997983	12841	284096	52252	49576	190
集体控股	3674253	1441132	38158	1081096	131295	181792	8791	
私人控股	3371232	2422416	10267	44478	794089	1540142	23020	10420
港澳台商控股	1788005	1469810	11048	1000	100451	24618	1227082	105611
外商控股	615705	463879	5325		161181	2862	49358	245153
其他	1190848	801658	25709	85491	461720	204724	14794	9221
三、按营业状态分组								
营业	11251607	6572900	1018726	1183059	1468186	1583314	1008523	311091
停业(歇业)	625248	616093	39878	24231	219755	193649	127064	11517
筹建	478576	483881	8000	6703	196039	148884	81965	42291
当年关闭	2391	5890	2640	2385	555	310		
当年破产	172	172	172					
其他	325380	316896	19073	8527	48296	80234	155068	5698

4-11　续表 5　　单位：万元

项　目	营业费用管理费用财务费用合　计	#税　金	#利息支出	营业利润	职工工资和福利费	本年应交增值税	全部从业人员年平均人数(人)
总　计	**1407117**	**47857**	**186235**	**377537**	**361665**	**7087**	**115418**
一、按登记注册类型分组							
内资企业	1242113	41368	150965	336338	335869	6060	109120
国有企业	90286	6619	-518	8260	35597	319	10086
集体企业	248319	9052	15522	138028	80900	1203	27944
股份合作企业	223392	3681	34946	17556	45365	291	16322
国有联营企业	7919	228	193	2451	2693	4	541
集体联营企业	1968	10	136	412	573		183
国有与集体联营企业	627	8	219	-60	218		90
其他联营企业	2105	87	631	-1702	781	3	192
国有独资公司	30922	1909	3066	14637	7535	490	1278
其他有限责任公司	212482	6229	44913	43656	51175	712	16117
股份有限公司	61647	2719	11956	18267	11020	129	3393
私营独资企业	18966	655	620	10028	5499	729	2439
私营合伙企业	4529	156	82	-489	1168	6	434
私营有限责任公司	285375	8410	37287	49142	77977	1671	25730
私营股份有限公司	19730	501	415	1450	4712	366	1377
其他企业	33846	1106	1496	34700	10657	138	2994
港澳台商投资企业	112582	4166	18762	10753	16061	783	4160
外商投资企业	52422	2323	16509	30446	9735	244	2138
二、按控股情况分组							
国有控股	189743	10154	27750	26472	59720	968	14379
集体控股	544120	15341	57252	210145	139684	1839	48422
私人控股	395062	12577	50153	54456	107551	2454	36792
港澳台商控股	108699	4366	17318	9858	14957	802	3964
外商控股	46543	1794	16019	30837	8827	220	1866
其他	122950	3625	17744	45769	30925	805	9995
三、按营业状态分组							
营业	1354527	46164	178567	412800	345397	6903	108589
停业(歇业)	30971	1004	4946	-22510	9422	18	3828
筹建	11272	221	1338	-8651	4450	2	2023
当年关闭	1932	2		13	144	159	79
当年破产				-25	5		4
其他	8415	467	1385	-4091	2248	5	895

4-11 续表 6

单位：万元

项目	所有者权益合计	实收资本						
			国家资本	集体资本	法人资本	个人资本	港澳台资本	外商资本
四、隶属关系组								
中央	442091	222369	174751	6019	23337	12267	5995	
省(自治区、直辖市)	152685	162478	85722	4737	22625	1530	45242	2621
地区(州、盟、省辖市)	1348342	1303843	510921	140853	325162	192242	114248	20418
县(区、市、旗)	678999	349602	118219	108097	44149	42438	19660	17039
街道	415827	185406	21572	85609	18175	51274	8776	
镇	181898	90420	9028	30283	24018	24408	2584	100
乡	81	30		30				
居委会	578314	154383		103234	9140	42009		
村委会	778265	278685	255	250707	14475	13249		
其他	8106872	5248616	168021	495335	1451751	1626975	1176116	330418
五、按地区分组								
广州市	3415506	1873565	359455	473549	343455	378751	261841	56514
深圳市	6320793	3716907	403602	491120	1091165	821052	780026	129944
珠海市	703115	783742	134433	141874	93110	199864	143689	70772
汕头市	8663	9965	2218	250	874	3058		3565
佛山市	320812	118980	22339	7081	35673	38410	15477	
韶关市	41936	47017	23895	6974	1510	5844	4725	4070
河源市	58106	56052	3604	758	15150	36540		
梅州市	5435	4229	500		700	3029		
惠州市	870498	729381	83547	45711	193312	245895	76967	83951
汕尾市								
东莞市	529386	308132	12154	9997	78235	156508	31166	20073
中山市	135580	98962	125	12670	45250	31987	8830	100
江门市	94045	78038	4968	6519	3377	20219	42955	
阳江市	843	705		300	100	305		
湛江市	91617	85721	18404	6634	16633	37956	4535	1559
茂名市	3391	3356	100			3256		
肇庆市	31614	25363	4499	9528	4467	4409	2410	50
清远市	9012	11531	2984	880	454	7213		
潮州市	22246	23822	5788	10398	6663	973		
揭阳市	4470	3259	1662	369	91	1137		
云浮市	16305	17109	4215	294	2615	9986		

4-11　续表 7　　单位：万元

项　目	营业费用管理费用财务费用合　计	#税　金	#利息支出	营业利润	职工工资和福利费	本年应交增值税	全部从业人员年平均人数(人)
四、隶属关系组							
中央	36103	3143	1032	11549	8481	21	1687
省(自治区、直辖市)	17313	837	1728	1797	5343	174	1238
地区(州、盟、省辖市)	165372	7760	20299	3434	47829	1039	13044
县(区、市、旗)	57350	3092	5381	21136	21199	231	9649
街道	52647	1752	4041	24002	15421	105	5365
镇	16983	812	2372	19901	5789	128	2146
乡	407	1		66	53	13	20
居委会	94722	1090	18378	14621	15111	41	4961
村委会	84706	2634	3133	63085	28862	670	9432
其他	881514	26737	129871	217946	213579	4666	67876
五、按地区分组							
广州市	507918	20322	17393	230109	143356	2225	42823
深圳市	653644	15641	134400	52651	145687	3678	42179
珠海市	77154	3362	10823	-13979	17080	299	6681
汕头市	925	61	1	599	374	1	247
佛山市	22005	2261	4098	7673	7295	71	1852
韶关市	3160	133	289	2048	1613	11	676
河源市	5335	131	782	-1204	1956	21	1109
梅州市	584	59	6	1982	2283	13	1819
惠州市	46662	3043	6160	18507	18145	208	7777
汕尾市							
东莞市	61723	1090	9844	65708	10551	124	3274
中山市	13845	561	812	6524	4447	299	1514
江门市	1904	136	144	2643	1941	18	859
阳江市	207	12		687	331	1	210
湛江市	5051	548	218	2797	2967	1	2079
茂名市	444			-300	252		50
肇庆市	3399	190	554	1056	1130	98	446
清远市	1078	145	389	-413	334		181
潮州市	1175	115	223	395	1402	11	1098
揭阳市	178	11	1	85	361	8	357
云浮市	728	39	99	-31	162		187

4-12 全省分地区房地产业个体经营户从业情况

项目	个体经营户数（个）		从业人数（人）	
		有证照		有证照
总计	**48654**	**3299**	**64218**	**9832**
广州市	1123	863	3991	2958
深圳市	266	95	1354	519
珠海市	162	129	490	424
汕头市	198	94	840	309
佛山市	45381	1152	53357	2557
韶关市	407	123	754	363
河源市	20	17	80	59
梅州市	35	21	100	57
惠州市	187	120	725	477
汕尾市	20	12	111	98
东莞市	222	167	662	546
中山市	73	66	175	158
江门市	206	145	500	380
阳江市	19	16	66	55
湛江市	29	26	155	152
茂名市	32	28	94	80
肇庆市	129	112	356	313
清远市	81	75	240	221
潮州市	34	22	87	57
揭阳市	22	8	54	22
云浮市	8	8	27	27

第 5 篇

其他服务业生产经营及财务状况

5-1 按行业(中类)分组的

行　业	代　码	企业数(个)	年初存货	年末存货	固定资产原　价	本年折旧	营业收入
总　计		**93386**	**4091029**	**4580715**	**85626560**	**9257681**	**73829840**
信息传输、计算机服务和软件业	**G**	**13307**	**463600**	**465232**	**30273781**	**3894561**	**20132571**
电信和其他信息传输服务业	60	2141	155135	132714	28674947	3716527	13464359
电信	601	564	120702	96382	27956778	3646074	12771154
互联网信息服务	602	1431	6176	7331	166490	23935	341514
广播电视传输服务	603	135	27402	28111	496544	43874	320776
卫星传输服务	604	11	855	889	55136	2644	30914
计算机服务业	61	5723	77130	83232	741505	83181	2454369
计算机系统服务	611	1479	60508	61853	222111	21751	1624195
数据处理	612	94	736	1616	141181	13022	146481
计算机维修	613	269	3803	4563	15391	1432	51094
其他计算机服务	619	3881	12084	15200	362821	46977	632599
软件业	62	5443	231335	249286	857329	94852	4213844
公共软件服务	621	4534	215544	229651	771437	84691	3820135
其他软件服务	629	909	15791	19636	85892	10162	393709
租赁和商务服务业	**L**	**45460**	**2783710**	**2979770**	**43703753**	**4198398**	**37348048**
租赁业	73	864	21908	18510	615183	55018	316215
机械设备租赁	731	799	8398	9941	592314	53663	287898
文化及日用品出租	732	65	13510	8569	22870	1355	28317
商务服务业	74	44596	2761802	2961260	43088569	4143380	37031833
企业管理服务	741	16482	2467883	2663519	36011295	3503961	22960403
法律服务	742	882	2184	2457	90471	10125	470520
咨询与调查	743	11521	67711	58608	1521268	161947	2695913
广告业	744	6716	20378	21938	1783535	155203	3976712
知识产权服务	745	398	19633	23551	30011	2460	101258
职业中介服务	746	872	1225	1374	138044	12635	868652
市场管理	747	1382	55623	54868	1127376	100018	903409
旅行社	748	1179	4386	5082	384213	37579	2245629
其他商务服务	749	5164	122777	129864	2002358	159454	2809337
科学研究、技术服务和地质勘查业	**M**	**12792**	**345980**	**559493**	**2865482**	**304666**	**7322578**
研究与试验发展	75	3028	117961	166723	519559	49223	1762532
自然科学研究与试验发展	751	173	2657	5801	38776	3055	61723
工程和技术研究与试验发展	752	2465	111689	155713	415279	39657	1625296
农业科学研究与试验发展	753	129	745	1241	20449	2171	28016
医学研究与试验发展	754	242	2818	3918	43712	4207	43021
社会人文科学研究与试验发展	755	19	53	50	1343	134	4477
专业技术服务业	76	7994	180578	334400	2004945	220950	4781167
气象服务	761	44	220	150	6188	675	12442
地震服务	762	5			493	15	1152
海洋服务	763	9	51	50	4770	662	15796
测绘服务	764	159	506	666	33735	3544	66014
技术检测	765	648	8175	9603	282294	36512	447473
环境监测	766	73	61	100	3424	426	12412
工程技术与规划管理	767	3739	119735	259562	1411875	148345	3224792
其他专业技术服务	769	3317	51829	64270	262166	30771	1001087

其他服务业企业财务状况

单位：万元

主营业务收入	营业成本	主营业务成本	营业税金及附加	主营业务税金及附加	主营业务利润	其他业务利润	营业费用、管理费用、财务费用合计	#税金	#利息支出
73052144	**39182069**	**38607321**	**2594478**	**2580226**	**28919009**	**759570**	**17149257**	**412613**	**1007164**
19946823	**9636794**	**9478175**	**618343**	**615395**	**7037248**	**75925**	**4602594**	**92872**	**114489**
13336775	6393991	6278093	413499	412762	4293445	15519	2695162	58082	92076
12651416	6053713	5941566	390200	389612	3998694	10694	2445426	54385	79776
336432	159797	159024	11987	11914	147305	2490	141777	2570	996
318089	171398	168474	9728	9651	134406	2267	99270	784	11303
30838	9083	9029	1585	1585	13040	68	8690	343	1
2431379	1360295	1348494	92666	92043	814025	22817	685238	12937	6534
1606784	995837	986887	51195	50917	454113	16784	366651	5885	5956
146241	29098	29090	6911	6911	103511	343	94770	517	-304
49729	24719	24470	1695	1686	21919	1488	18786	473	42
628625	310642	308047	32865	32529	234482	4202	205031	6061	840
4178670	1882508	1851589	112178	110590	1929777	37589	1222193	21853	15879
3789410	1701449	1674541	101876	100313	1748908	33071	1101704	20003	14964
389259	181059	177048	10302	10278	180870	4518	120490	1851	916
36956985	**20660086**	**20411295**	**1309443**	**1303958**	**16140856**	**484282**	**7780618**	**210225**	**791409**
314418	155939	154339	10286	10259	112941	2200	118392	3380	14794
286246	137980	136418	9188	9162	104597	2082	109465	2840	14129
28172	17958	17921	1097	1097	8343	118	8927	540	665
36642567	20504148	20256957	1299157	1293699	16027915	482083	7662226	206844	776616
22656131	12579396	12410337	766774	763804	10984740	377574	4281441	131476	699808
470203	123925	120828	28371	28231	295830	1345	178474	5384	1334
2683321	1220602	1193722	120786	119763	1176614	23546	1065535	19685	38800
3968919	2426583	2420042	166158	165597	1307047	10390	591255	13491	6881
101102	49897	49758	3128	3115	93109	823	38992	458	8004
867407	615540	605421	21946	21928	211285	2091	135640	1847	227
893548	341465	336956	40768	40595	465348	41832	285689	14743	14980
2221271	1863980	1853129	39968	39936	293896	3994	182177	4965	1114
2780666	1282760	1266764	111258	110731	1200045	20487	903022	14795	5467
7258518	**4147644**	**4095129**	**271119**	**267983**	**2309215**	**62501**	**2120166**	**44408**	**22177**
1744393	1079792	1061512	42949	42023	466094	18321	538393	13837	5634
60696	26101	26084	1628	1628	25502	978	25509	269	69
1608398	1013580	995770	37769	36843	415460	16487	482144	12942	5483
27888	15951	15797	1323	1322	10377	310	7246	220	33
42934	22834	22535	1868	1868	13490	539	21485	317	47
4477	1326	1326	362	362	1266	6	2009	88	2
4743815	2659139	2630658	200433	198366	1539138	34737	1331647	26427	13498
12429	6013	5963	534	534	5486	230	2672	152	7
1152	412	412	64	64	676		496		
15769	7259	7187	791	791	7065	26	2220	122	-31
65665	29928	29689	3477	3384	30268	450	22564	1136	184
443133	231617	228726	20930	20904	163170	3236	117537	5688	2225
12304	5857	5848	483	480	4405	78	4807	173	46
3199242	1926037	1908417	135509	133753	1019849	21081	769035	13518	9289
994121	452017	444416	38644	38454	308220	9636	412315	5639	1779

5-1 续表 1-1

行业	代码	企业数(个)	年初存货	年末存货	固定资产原价	本年折旧	营业收入
科技交流和推广服务业	77	1694	44314	55497	305038	31174	719534
技术推广服务	771	1239	40574	51029	208799	21500	531927
科技中介服务	772	235	924	1580	52232	5847	126454
其他科技服务	779	220	2815	2888	44007	3827	61153
地质勘查业	78	76	3128	2873	35940	3319	59345
矿产地质勘查	781	20	186	231	24597	2071	15075
基础地质勘查	782	24	2905	2509	7511	699	26891
地质勘查技术服务	783	32	38	133	3832	549	17379
水利、环境和公共设施管理业	**N**	**1757**	**128201**	**117103**	**2574592**	**224944**	**1450586**
水利管理业	79	104	252	246	72430	5488	32992
防洪管理	791	13	39	33	12055	873	5673
水资源管理	792	67	115	147	52940	3986	20521
其他水利管理	799	24	99	65	7434	629	6798
环境管理业	80	502	12881	16988	400415	48494	322762
自然保护	801	26	223	257	77299	6142	22551
环境治理	802	476	12658	16732	323116	42353	300211
公共设施管理业	81	1151	115068	99869	2101748	170961	1094832
市政公共设施管理	811	190	20680	22794	1157284	94734	367731
城市绿化管理	812	691	48216	51581	163293	16718	374745
游览景区管理	813	270	46172	25494	781171	59509	352356
居民服务和其他服务业	**O**	**10771**	**130477**	**186054**	**1336344**	**154076**	**2705832**
居民服务业	82	4850	27177	28306	660856	81668	1273891
家庭服务	821	425	399	412	10201	1350	29817
托儿所	822	120	7	11	4929	483	8277
洗染服务	823	143	518	673	22593	3128	33839
理发及美容保健服务	824	1790	2072	2584	105532	10963	346436
洗浴服务	825	626	2015	2224	147021	19306	256886
婚姻服务	826	110	152	127	1593	120	5975
殡葬服务	827	106	19063	18137	68827	8803	86589
摄影扩印服务	828	551	1821	1662	27428	2561	65218
其他居民服务	829	979	1131	2475	272731	34954	440855
其他服务业	83	5921	103301	157748	675488	72408	1431941
修理与维护	831	3194	47770	59820	265280	32353	693898
清洁服务	832	1477	4915	5637	104194	10708	380028
其他未列明的服务	839	1250	50616	92291	306014	29347	358015
教育	**P**	**3978**	**5444**	**9387**	**1077948**	**98770**	**1210684**
教育	84	3978	5444	9387	1077948	98770	1210684
学前教育	841	1609	523	685	174939	16270	272941
初等教育	842	333	482	3731	156565	13246	156216
中等教育	843	158	1225	1297	199089	18039	158381
高等教育	844	61	446	555	227381	17465	130253
其他教育	849	1817	2768	3120	319973	33750	492893

单位：万元

主营业务收入	营业成本	主营业务成本	营业税金及附加	主营业务税金及附加	主营业务利润	其他业务利润	营业费用、管理费用、财务费用合计	#税金	#利息支出
711031	380216	374509	23832	23693	283775	9387	234097	3845	4046
523986	298146	292985	17467	17345	190796	7835	151412	1817	3369
126219	50477	50150	3922	3917	68303	801	61966	915	671
60826	31594	31374	2443	2431	24676	751	20718	1112	6
59281	28497	28449	3905	3901	20208	56	16029	299	-1001
15055	5584	5553	985	984	2251	5	7799	43	-992
26847	12011	11995	1981	1978	12666	13	6196	96	-12
17379	10902	10902	939	939	5291	38	2034	159	3
1421533	**810674**	**788974**	**47667**	**47148**	**505115**	**19069**	**344743**	**6518**	**23923**
32658	20476	20086	1197	1196	10257	165	6073	154	144
5572	3839	3699	151	151	927	29	1085	27	-3
20352	12963	12717	885	885	6578	64	3703	110	119
6735	3674	3669	161	161	2753	72	1285	17	28
299594	184881	168614	9155	9037	107326	11415	77582	2386	5492
22540	5711	5711	1102	1098	15727	17	13503	703	1841
277054	179170	162903	8053	7939	91599	11398	64079	1684	3651
1089281	605317	600274	37315	36914	387532	7489	261088	3978	18288
366865	225123	224934	9300	9224	119768	2650	81491	1002	8469
371131	237434	234591	13794	13474	105595	3438	67644	1505	1465
351285	142760	140750	14222	14216	162169	1400	111953	1471	8354
2689531	**1297042**	**1281731**	**114748**	**114217**	**1184805**	**18582**	**817397**	**20804**	**11941**
1269148	525101	520788	58672	58454	635234	8481	396987	9068	3422
29176	15284	15073	1450	1383	10930	276	10027	213	139
8274	3738	3738	322	322	3907	2	2891	56	4
33758	17754	17710	1627	1626	9321	184	13047	266	71
345331	155685	155085	20012	19968	158307	1534	100788	2361	812
256017	96936	96067	13082	13022	130763	1044	111600	1916	885
5973	2335	2334	301	301	3182	1	2411	49	13
85987	42796	40930	2832	2831	38880	809	17028	636	699
65065	26136	25967	3664	3624	34061	1337	28856	519	195
439567	164438	163886	15382	15378	245883	3294	110338	3052	604
1420383	771941	760943	56076	55763	549571	10101	420410	11736	8519
689148	389537	386781	23781	23562	253046	4753	185360	5731	1215
376182	191535	188485	17554	17487	155102	2120	130818	2691	695
355053	190869	185678	14741	14713	141423	3227	104233	3314	6609
1202150	**562143**	**546245**	**41577**	**41466**	**541215**	**5253**	**447782**	**8854**	**5107**
1202150	562143	546245	41577	41466	541215	5253	447782	8854	5107
271376	119694	118356	10652	10634	133055	1175	103936	1753	223
155005	71128	69846	4837	4835	68999	265	61459	2253	107
156827	84262	83293	4553	4537	64841	1484	51941	549	1402
129471	80907	80355	4530	4529	42899	440	30561	370	1775
489471	206153	194395	17005	16931	231421	1889	199885	3929	1599

5-1 续表 1-2

行业	代码	企业数(个)	年初存货	年末存货	固定资产原价	本年折旧	营业收入
卫生、社会保障和社会福利业	Q	**2048**	**31445**	**40334**	**1012287**	**103838**	**995808**
卫生	85	1972	29046	38207	996571	101759	982565
医院	851	258	20422	28536	817282	83262	721736
卫生院及社区医疗活动	852	252	3598	3987	45705	4165	57623
门诊部医疗活动	853	1097	3297	3687	74389	8622	119455
计划生育技术服务活动	854	242	236	256	13840	1312	28304
妇幼保健活动	855	5	93	96	4720	181	6804
专科疾病防治活动	856	36	775	972	5485	853	7147
疾病预防控制及防疫活动	857	11	75	61	6057	686	6180
其他卫生活动	859	71	551	613	29093	2678	35317
社会保障业	86	6	1	5	527	69	1492
社会福利业	87	70	2398	2122	15190	2010	11751
提供住宿的社会福利	871	49	51	40	8368	574	8005
不提供住宿的社会福利	872	21	2347	2082	6822	1436	3745
文化、体育和娱乐业	R	**3273**	**202172**	**223342**	**2782373**	**278429**	**2663733**
新闻出版业	88	239	53757	61415	424684	44395	1139039
新闻业	881	12	1422	4589	116270	17014	76318
出版业	882	227	52335	56826	308414	27382	1062721
广播、电视、电影和音像业	89	473	20930	25014	379371	47015	474318
广播	891	27	1838	1203	37927	3235	38509
电视	892	121	9720	14308	231320	31522	297134
电影	893	221	3618	4004	102247	11297	115323
音像制作	894	104	5754	5499	7877	961	23353
文化艺术业	90	431	6576	6951	126989	10300	82222
文艺创作与表演	901	135	440	664	61527	3868	36262
艺术表演场馆	902	27	30	32	31055	3451	6874
图书馆与档案馆	903	10	135	124	6911	695	2621
文物及文化保护	904	10	4202	4193	3947	306	1885
博物馆	905	10	38	33	6377	311	2038
烈士陵园、纪念馆	906	1			1500	75	199
群众文化活动	907	54	5	2	3746	344	4345
文化艺术经纪代理	908	101	1569	1672	8062	968	20044
其他文化艺术	909	83	159	231	3863	283	7955
体育	91	271	4243	7218	207617	22480	92973
体育组织	911	80	2080	4733	31861	7293	35578
体育场馆	912	124	1211	1113	108327	9739	36833
其他体育	919	67	952	1371	67430	5449	20562
娱乐业	92	1859	116665	122744	1643712	154239	875181
室内娱乐活动	921	1171	5134	5760	233465	24910	363517
游乐园	922	60	670	787	238003	23668	110867
休闲健身娱乐活动	923	507	110424	115654	1079922	95440	348397
其他娱乐活动	929	121	437	544	92321	10221	52400

单位：万元

主营业务收入	营业成本	主营业务成本	营业税金及附加	主营业务税金及附加	主营业务利润	其他业务利润	营业费用、管理费用、财务费用合计	#税金	#利息支出
975416	**621775**	**590794**	**25149**	**25065**	**316856**	**6579**	**274382**	**4361**	**22166**
962259	616153	585259	24585	24502	310299	6425	267616	4287	22147
703954	480064	452066	13808	13742	209430	3993	184706	2288	21885
56358	36492	34874	1479	1475	19046	389	11644	206	50
118650	59285	58255	5747	5733	49928	1436	43861	933	177
28251	12178	12178	1283	1283	14722	53	9172	424	-3
6544	3910	3799	91	91	2710		202	1	
7059	3291	3154	342	342	2966	537	3276	250	16
6180	3763	3763	130	130	2178		1884	5	1
35262	17169	17169	1705	1705	9319	18	12871	180	21
1492	840	840	76	76	574		524	1	-6
11665	4783	4694	488	488	5982	154	6242	74	25
7985	3193	3191	381	381	4398	23	3756	41	14
3680	1590	1503	107	107	1584	131	2486	34	11
2601188	**1445911**	**1414980**	**166434**	**164996**	**883700**	**87380**	**761575**	**24571**	**15952**
1098156	752310	730853	51234	50764	302768	68226	211703	3346	-160
65108	47932	47267	3322	3318	14522	1317	7268	223	363
1033048	704378	683586	47912	47445	288245	66908	204435	3123	-523
462132	256792	253938	29570	29479	149858	10179	140186	2817	1999
38309	22969	22860	1791	1790	11393	96	10123	69	48
291085	156408	154881	21806	21805	94201	3741	83114	1499	929
109395	64179	62968	4888	4799	36234	5994	39162	1052	992
23343	13236	13229	1085	1085	8030	349	7787	196	30
80412	36551	35795	3817	3787	36582	1821	29660	1780	106
36054	13712	13612	1412	1410	19840	136	13957	861	5
6874	2754	2690	405	404	2677	155	3094	332	12
1409	545	512	50	50	743	1085	1428	33	
1885	930	930	58	58	892	5	553	17	54
2038	1063	1063	81	81	829	36	744	1	1
199	98	98	6	6	94		80		
4341	1757	1757	265	244	2279	12	1145	183	4
19793	12477	12362	795	789	5610	256	5624	279	15
7820	3214	2771	746	746	3618	136	3036	75	15
92158	38855	38709	8499	8326	34832	1525	43524	1419	1144
35080	16380	16297	2786	2632	14972	1064	18048	190	527
36601	13223	13160	3084	3072	11494	380	17906	1072	449
20476	9252	9252	2628	2623	8365	81	7570	158	168
868331	361402	355685	73314	72640	359661	5629	336502	15209	12863
358167	160927	155955	30333	29713	161227	2621	109462	6155	4147
110643	42661	42657	4856	4856	47469	1033	35911	2732	2001
347362	133170	132449	36392	36362	129745	1676	174193	5884	6679
52159	24645	24623	1734	1709	21220	298	16936	438	38

5-1 续表 2-1

行 业	代 码	营业利润	职工工资和福利费	本年应交增值税	所有者权益合计	实收资本	国家资本
总 计		**18163802**	**8982259**	**510128**	**147002200**	**73006704**	**26980574**
信息传输、计算机服务和软件业	G	**5091132**	**2071363**	**181085**	**22888652**	**9058857**	**3746648**
电信和其他信息传输服务业	60	3742892	1008002	24598	17700077	5796343	3620199
电信	601	3659082	898267	22471	16943390	5344842	3523319
互联网信息服务	602	27225	56948	1790	258366	256340	11180
广播电视传输服务	603	43802	52281	245	415183	186859	78779
卫星传输服务	604	12783	506	92	83138	8303	6920
计算机服务业	61	318670	328512	24114	1591505	951967	32524
计算机系统服务	611	218042	146233	14275	900707	426385	23834
数据处理	612	15552	53871	3393	123640	75837	2648
计算机维修	613	6046	10932	919	32870	24124	283
其他计算机服务	619	79031	117476	5527	534289	425621	5759
软件业	62	1029570	734850	132373	3597070	2310547	93925
公共软件服务	621	944211	671496	112094	3193470	2071445	57902
其他软件服务	629	85359	63354	20279	403600	239102	36023
租赁和商务服务业	L	**10864826**	**3825632**	**183653**	**106902338**	**52554649**	**19636944**
租赁业	73	34509	47804	2576	448247	510277	21034
机械设备租赁	731	34164	43841	2240	415930	486915	20884
文化及日用品出租	732	344	3964	336	32317	23363	150
商务服务业	74	10830317	3777828	181077	106454091	52044372	19615910
企业管理服务	741	8464687	1891609	144697	93595810	45313126	18841778
法律服务	742	148411	72500	887	180886	96277	3720
咨询与调查	743	335126	598945	11052	4173494	3559097	247827
广告业	744	799466	271532	7237	3953001	760831	60303
知识产权服务	745	61206	19054	1323	311046	126733	93177
职业中介服务	746	96757	192312	673	156059	91213	24731
市场管理	747	264273	84769	2103	1572223	633852	73463
旅行社	748	141490	86748	2292	397598	280643	80556
其他商务服务	749	518903	560360	10816	2113975	1182600	190356
科学研究、技术服务和地质勘查业	M	**861999**	**1345720**	**76223**	**7160177**	**4134068**	**586371**
研究与试验发展	75	126155	264398	33135	2222021	1654582	149342
自然科学研究与试验发展	751	9300	10057	1792	103978	88296	19943
工程和技术研究与试验发展	752	115012	238277	30384	1941756	1420506	114864
农业科学研究与试验发展	753	3765	4760	200	72212	39319	8004
医学研究与试验发展	754	-2706	10141	753	103138	104938	6372
社会人文科学研究与试验发展	755	785	1163	6	936	1524	160
专业技术服务业	76	633419	955764	33647	4201243	1899247	321131
气象服务	761	3444	1691	169	8074	4597	1547
地震服务	762	180	169		1082	228	3
海洋服务	763	5596	647		14314	6071	5264
测绘服务	764	10267	10376	225	29463	20429	1902
技术检测	765	81884	108320	2130	321465	138077	14184
环境监测	766	1243	2632	78	9303	8405	265
工程技术与规划管理	767	425298	637629	16678	1860241	1175851	274425
其他专业技术服务	769	105507	194301	14368	1957301	545590	23543

单位：万元

集体资本	法人资本	个人资本	港澳台资本	外商资本	全部从业人员年平均人数（人）	资产减值损失	公允价值变动收益	投资收益
7301349	**17959704**	**14154880**	**4078776**	**2531421**	**2354189**	**340084**	**-130256**	**3247541**
92586	**2308597**	**1338730**	**1161279**	**411018**	**363159**	**254107**	**-1498**	**4713**
47813	1175854	201529	722629	28320	138336	251893	119	5487
12872	1009661	58569	716452	23968	112693	251044	123	3654
2977	105127	129131	6162	1764	17464	200	-4	-23
31965	60821	12691	15	2588	7828			-33
	245	1138			351	650		1889
8918	257001	426244	130108	97172	83982	814	-70	-7235
4436	135715	180038	46689	35673	28581	372	-150	418
169	8899	5290	5746	53085	11182	16	59	-287
90	6194	13859	2193	1506	3321			
4224	106194	227057	75479	6909	40898	426	21	-7366
35855	875742	710958	308543	285525	140841	1400	-1547	6461
30781	793452	646729	276751	265830	125681	1396	-1545	6565
5074	82290	64228	31791	19695	15160	5	-2	-105
6804447	**12942742**	**9903369**	**1862920**	**1404227**	**1111548**	**77193**	**-130685**	**3191385**
18810	161690	250234	7736	50773	16524	16	4	1321
18252	157987	236944	7721	45127	15174	16	4	1321
558	3703	13290	15	5647	1350			
6785637	12781052	9653135	1855184	1353454	1095024	77177	-130689	3190063
6163967	10679583	7411296	1309075	907428	548149	69868	-105404	3085296
5712	10509	75922	301	114	18258	1		6060
417989	1138607	1096239	360156	298278	136731	3163	-20409	44103
18029	273145	367514	31151	10690	67307	426	4	269
237	20803	12501		15	4672	6		51870
2615	23760	39435	369	304	63644	474	34	71
92770	168244	161857	53200	84317	29205	2632	-3602	220
10869	74871	85630	15135	13583	30744	163		1216
73449	391530	402742	85799	38725	196314	444	-1312	959
87194	**1300093**	**1394111**	**424066**	**342233**	**284543**	**4778**	**-145**	**44184**
14199	452472	512516	278114	247940	57658	1603	-141	15729
286	40017	14684	8141	5225	2575	21		792
12693	365736	464607	230930	231676	50417	1582	-141	14867
296	6071	9785	14164	1000	1726			
924	39937	22788	24879	10038	2631			65
	711	653			309			5
59319	686061	673899	88845	69993	196522	3017	3	21993
378	1286	1386			607	1		
15	170	40			58			
300	350	37		120	177			
768	3248	14512			3256	4		2
9394	50025	42199	11136	11139	24777	1082	8	3413
7	3483	4647	5		884			
40873	439787	398937	11346	10485	114073	1024	-51	18461
7584	187713	212141	66359	48249	52690	906	46	117

5-1 续表 2-2

行　　业	代　码	营业利润	职工工资和福利费	本年应交增值税	所有者权益合计	实收资本	国家资本
科技交流和推广服务业	77	91467	114884	9393	631864	546296	91862
技术推广服务	771	72428	85467	8405	371165	302444	14597
科技中介服务	772	11408	19898	409	163655	152998	35691
其他科技服务	779	7631	9519	579	97044	90854	41573
地质勘查业	78	10957	10674	49	105049	33943	24037
矿产地质勘查	781	724	4558	1	85906	21776	17032
基础地质勘查	782	6691	3694	26	11393	7240	6204
地质勘查技术服务	783	3542	2422	22	7750	4926	801
水利、环境和公共设施管理业	**N**	**254805**	**200991**	**9142**	**3910637**	**3174370**	**2301789**
水利管理业	79	5535	7760	456	50025	44691	33996
防洪管理	791	666	1984	177	7359	6262	5472
水资源管理	792	3181	4738	192	37237	34813	27070
其他水利管理	799	1689	1038	86	5429	3615	1453
环境管理业	80	53046	54979	4000	428212	264359	57523
自然保护	801	2245	3357	65	50901	27856	10397
环境治理	802	50801	51622	3935	377311	236503	47126
公共设施管理业	81	196224	138252	4686	3432401	2865320	2210270
市政公共设施管理	811	52702	31181	844	1084029	681515	437025
城市绿化管理	812	57693	58692	1840	268867	217261	15094
游览景区管理	813	85829	48379	2003	2079505	1966544	1758151
居民服务和其他服务业	**O**	**495252**	**563925**	**27497**	**1573807**	**1129327**	**82902**
居民服务业	82	299195	248118	7533	594744	399401	33101
家庭服务	821	2959	10413	114	12101	11842	14
托儿所	822	1324	2279	8	3068	2842	8
洗染服务	823	1499	8644	359	18174	15968	1253
理发及美容保健服务	824	70910	73551	2143	103565	93133	83
洗浴服务	825	36237	69271	1736	95168	97793	2077
婚姻服务	826	928	1484	19	2876	2576	30
殡葬服务	827	24491	6929	1241	71809	52147	8779
摄影扩印服务	828	7803	13823	259	25240	22344	411
其他居民服务	829	153043	61726	1654	262742	100757	20445
其他服务业	83	196057	315807	19964	979064	729927	49801
修理与维护	831	97181	121422	15967	332744	285920	12656
清洁服务	832	40964	133698	2147	126788	108286	1050
其他未列明的服务	839	57912	60687	1850	519531	335721	36095
教育	**P**	**160906**	**320035**	**3944**	**791938**	**798275**	**29217**
教育	84	160906	320035	3944	791938	798275	29217
学前教育	841	39045	83726	1033	108473	262944	1922
初等教育	842	18474	51451	219	94045	83144	5553
中等教育	843	18263	48653	21	131630	100103	1144
高等教育	844	14159	30878	403	186980	125912	2001
其他教育	849	70966	105326	2269	270810	226173	18596

单位：万元

集体资本	法人资本	个人资本	港澳台资本	外商资本	全部从业人员年平均人数（人）	资产减值损失	公允价值变动收益	投资收益
13477	155149	205462	56999	23347	27578	158	-7	6462
8458	103079	108605	46518	21187	20643	155	-7	4975
3041	24469	81715	6520	1562	3826			806
1978	27602	15142	3961	598	3109	3		681
200	6411	2234	109	953	2785			
	3907	837			746			
114	339	584			1178			
86	2165	813	109	953	861			
71052	**238553**	**314397**	**106835**	**141743**	**71314**	**983**	**442**	**-56**
7833	627	2129	106		2342	2		
467	203	121			522			
5968	303	1366	106		1465	2		
1399	121	642			355			
23109	47407	82982	23768	29570	22166	326		255
470	4517	2463	10009		1156			
22639	42890	80519	13760	29570	21010	326		255
40111	190519	229286	82960	112173	46806	655	442	-311
6438	64051	20435	49592	103974	6841	433		-713
6519	72368	120292	1434	1554	23658	152	40	16
27153	54100	88560	31934	6645	16307	70	402	385
63543	**353481**	**505089**	**96807**	**27506**	**236342**	**640**	**173**	**5730**
25406	87661	210177	35517	7539	103358	426	29	-42
175	4249	7294	110	1	5335			5
185	531	2115		3	1034	1	-1	1
310	2658	5856	5836	55	4081	47		
1429	22426	63865	4445	884	31365	102		-16
8901	18995	53443	12245	2133	28445	175	2	1
11	605	1456	475		577			
5066	11330	13669	10057	3246	2311	9		-8
740	4693	14278	1918	305	5546	76	-2	-5
8591	22175	48202	432	913	24664	15	29	-20
38137	265820	294911	61290	19968	132984	215	144	5772
10847	98149	128413	22615	13241	45984	66	3	-80
4006	34060	66584	1775	812	65253	28	141	1
23285	133611	99914	36901	5915	21747	121		5850
76885	**260223**	**366327**	**38497**	**27127**	**104113**	**262**	**-9**	**534**
76885	260223	366327	38497	27127	104113	262	-9	534
7443	29538	221172	2081	788	33517	40	1	8
6184	22183	49223			19201	10	-10	7
15915	54672	18783	7801	1787	11379	156		-17
85	76324	26922	20579		5635	7		
47257	77506	50226	8035	24552	34381	50		537

5-1 续表 2-3

行　业	代　码	营业利润	职工工资和福利费	本年应交增值税	所有者权益合计	实收资本	国家资本
卫生、社会保障和社会福利业	**Q**	**88678**	**212416**	**3328**	**741883**	**556949**	**191167**
卫生	85	88064	208749	3317	732858	546711	188380
医院	851	53895	144079	697	559291	406532	181529
卫生院及社区医疗活动	852	9076	16698	1945	32243	25493	2731
门诊部医疗活动	853	12093	30289	408	92776	74623	1259
计划生育技术服务活动	854	5671	5261	49	12167	9250	370
妇幼保健活动	855	2655	1232	3	131	131	78
专科疾病防治活动	856	752	1997	91	4792	3690	61
疾病预防控制及防疫活动	857	403	1600	70	4077	2512	2144
其他卫生活动	859	3519	7592	56	27382	24479	209
社会保障业	86	53	305	1	652	372	50
社会福利业	87	561	3362	10	8374	9867	2738
提供住宿的社会福利	871	680	2359	4	6502	6286	15
不提供住宿的社会福利	872	-119	1002	6	1873	3581	2723
文化、体育和娱乐业	**R**	**346205**	**442178**	**25255**	**3032767**	**1600209**	**405536**
新闻出版业	88	173360	157387	14828	1287935	232784	145698
新闻业	881	8572	13070	247	152384	18814	9315
出版业	882	164788	144317	14581	1135550	213969	136383
广播、电视、电影和音像业	89	49841	65880	1070	626592	290777	169691
广播	891	3635	9347	139	50035	32818	18452
电视	892	36914	38356	259	439359	162083	116051
电影	893	7701	15182	509	106423	69810	29678
音像制作	894	1591	2995	163	30776	26065	5510
文化艺术业	90	12484	15949	269	108188	80708	24973
文艺创作与表演	901	7309	6562	105	44429	32990	8110
艺术表演场馆	902	696	1983	10	22610	18945	15060
图书馆与档案馆	903	624	697	23	7273	7291	3
文物及文化保护	904	350	410	8	4322	1717	10
博物馆	905	151	513	5	5740	610	300
烈士陵园、纪念馆	906	14	35		2500	2500	
群众文化活动	907	1207	1355	30	3132	2553	989
文化艺术经纪代理	908	1157	2525	34	11157	9407	244
其他文化艺术	909	977	1870	56	7027	4695	258
体育	91	3004	22857	277	107482	120778	27085
体育组织	911	-953	9582	88	22933	42535	3170
体育场馆	912	2845	8692	122	59106	52864	19652
其他体育	919	1113	4583	67	25443	25378	4264
娱乐业	92	107516	180105	8811	902570	875162	38090
室内娱乐活动	921	64466	80519	2735	175982	193292	2467
游乐园	922	27457	13590	1878	104022	78421	25065
休闲健身娱乐活动	923	5717	75766	3922	580432	561641	8056
其他娱乐活动	929	9876	10230	275	42134	41809	2503

单位：万元

集体资本	法人资本	个人资本	港澳台资本	外商资本	全部从业人员年平均人数（人）	资产减值损失	公允价值变动收益	投资收益
33153	**182891**	**126095**	**18085**	**5559**	**61643**	**1460**	**1415**	**349**
29913	182196	122737	18068	5418	60316	51	6	172
6835	140397	60552	13466	3754	35237	37	10	161
8957	6851	6953	1		7994	5	2	4
11310	16739	44645	260	410	11854	5	-6	8
1075	1820	5087		899	2001			
		53			551			
334	515	2625		156	441			
58		310			313			
1344	15875	2512	4340	200	1925	4		
272	40	10			94			
2969	655	3348	17	141	1233	1409	1409	177
2669	244	3201	17	141	974			
300	411	147			259	1409	1409	177
72489	**373124**	**206762**	**370288**	**172008**	**121527**	**662**	**50**	**703**
1509	79401	6126	50		24513	9		103
	9489	10			1410			
1509	69911	6116	50		23103	9		103
30563	47548	31431	7997	3548	13859	557		23
8611	1602	1101		3052	1399			5
15627	17526	11253	1621	6	7030	61		
5545	19296	9688	5603		4622	496		
780	9124	9389	773	490	808			19
12622	10324	19072	13646	71	5020	1		-4
411	3615	7163	13646	46	1781			-4
1906	1101	854		25	548			
6810	33	445			216			
644	563	500			207			
	235	75			173			
2500					16			
126	514	924			483			
125	3473	5566			899	1		
102	790	3545			697			
1107	34667	15102	28134	14683	6419			
184	18529	5133	13155	2364	1982			
888	13256	3648	3102	12319	3016			
35	2882	6321	11877		1421			
26688	201184	135032	320462	153707	71716	93	50	580
5061	47113	84311	39650	14691	34542	78	42	-102
85	21775	11476	16975	3044	4380			
19185	126930	30985	246566	129920	29404	8	-2	-4
2357	5366	8260	17270	6053	3390	8	11	687

5-2 按登记注册类型分组的

行业	代码	企业数(个)	年初存货	年末存货	固定资产原价	本年折旧	营业收入
总计		**93386**	**4091029**	**4580715**	**85626560**	**9257681**	**73829840**
内资	**100**	**89411**	**3753272**	**4221952**	**71472761**	**7773839**	**57730860**
国有	110	2994	815532	1065362	23525989	2341520	13630443
集体	120	7813	154199	146831	8694355	894821	3875640
股份合作	130	1094	184300	203970	2519242	199557	1138466
联营企业	140	310	77507	76006	413947	32475	203943
国有联营	141	64	8825	7785	188357	16674	80697
集体联营	142	76	495	507	136614	7764	17193
国有与集体联营	143	27	1342	1099	20170	1995	10273
其他联营	149	143	66846	66614	68806	6042	95780
有限责任公司	150	11683	1228603	1188471	9263950	863123	10707579
国有独资公司	151	321	441346	303615	2906869	290674	2112571
其他有限责任公司	159	11362	787257	884856	6357081	572450	8595008
股份有限公司	160	1350	153240	211958	11604804	1829202	5131179
私营企业	170	55854	1087261	1265286	6758914	687228	19823475
私营独资产	171	11103	33199	35365	1203480	127344	1716164
私营合伙	172	3843	13124	16693	498548	51974	1215548
私营有限责任公司	173	39456	1022184	1192503	4848232	486232	16398217
私营股份有限公司	174	1452	18754	20725	208654	21679	493546
其他内资	190	8313	52630	64068	8691561	925913	3220135
港澳台商投资	**200**	**2207**	**211367**	**199348**	**10051322**	**1122220**	**9666480**
与港澳台合资经营	210	273	84177	86950	1417720	236294	1445984
与港澳台合作经营	220	110	5338	5810	336299	22213	502635
港澳台商独资	230	1738	111466	98916	6965585	746446	7052804
港澳台商投资股份有限公司	240	86	10387	7672	1331718	117267	665057
外商投资	**300**	**1768**	**126390**	**159415**	**4102477**	**361622**	**6432501**
中外合资经营	310	310	61088	79336	796791	63455	1015074
中外合作经营	320	116	7537	6849	2390236	195030	688913
外资企业	330	1270	55205	70474	736987	88835	4389636
外商投资股份有限公司	340	72	2560	2756	178463	14303	338877

其他服务业企业财务状况

单位：万元

主营业务收入	营业成本	主营业务成本	营业税金及附加	主营业务税金及附加	主营业务利润	其他业务利润	营业费用、管理费用、财务费用合计	#税金	#利息支出
73052144	**39182069**	**38607321**	**2594478**	**2580226**	**28919009**	**759570**	**17149257**	**412613**	**1007164**
57070178	**30754623**	**30295084**	**2108204**	**2094788**	**23405094**	**690608**	**13645622**	**353842**	**888685**
13514888	7910293	7809951	474710	473148	4173091	181116	2743332	60708	139899
3813848	1404378	1353689	124767	123712	2247420	41571	892049	24705	70770
1063519	521394	485346	30941	29849	492870	11556	376288	9828	24495
202128	113594	108518	7253	7230	211735	4209	77985	1751	6856
79726	38538	37954	3233	3228	25439	3433	27933	795	4376
16773	7667	7637	617	607	6984	472	7221	135	812
10036	6132	6128	426	426	3215	98	3510	230	109
95593	61258	56800	2977	2969	176098	207	39322	590	1559
10548091	6042792	5964280	377261	375423	4921075	130499	2662228	64291	315287
2045777	1139883	1135760	110495	110111	922310	46626	437662	16095	128109
8502314	4902909	4828520	266766	265312	3998765	83873	2224566	48196	187178
5054491	3142792	3090020	137232	136328	1690311	73916	1063640	59806	93861
19689895	10725224	10621639	881442	874807	7491470	151791	5152440	115122	141986
1709572	813497	803995	73532	72802	764327	10933	522722	14857	10163
1204733	466859	458341	59159	58704	635755	8654	386183	10503	4813
16284392	9130815	9046134	720173	714847	5961421	129904	4129401	87469	124850
491199	314053	313169	28577	28454	129967	2300	114134	2293	2159
3183318	894157	861642	74599	74291	2177122	95949	677662	17631	95532
9571479	**4374968**	**4294667**	**327972**	**327324**	**3697018**	**34297**	**2218620**	**35837**	**92477**
1439779	596662	591902	48648	48580	738360	8818	301546	4521	23976
502233	340362	340340	23414	23264	132368	656	84432	1927	4453
6985138	3139492	3083902	234649	234446	2584950	24066	1651981	27797	59599
644329	298452	278523	21261	21035	241340	757	180661	1592	4449
6410487	**4052478**	**4017570**	**158302**	**158114**	**1816898**	**34665**	**1285014**	**22934**	**26001**
1008287	555864	545443	36852	36755	344092	7819	252637	7462	2703
688059	486593	486028	31590	31589	134477	660	129757	2842	8265
4376466	2834136	2811057	73489	73440	1254505	24818	809042	12383	8080
337675	175885	175042	16371	16330	83824	1369	93579	247	6953

5-2 续表

行业	代码	营业利润	职工工资和福利费	本年应交增值税	所有者权益合计	实收资本	国家资本
总计		**18163802**	**8982259**	**510128**	**147002200**	**73006704**	**26980574**
内资	**100**	**14418888**	**7410114**	**427593**	**122719809**	**65179121**	**26495308**
国有	110	2885368	1645080	59055	34586047	14990116	12130470
集体	120	1491300	477960	53399	6688027	2186583	50298
股份合作	130	222741	316385	2516	1901482	908062	104297
联营企业	140	168380	30468	2577	2090061	1980467	1770090
国有联营	141	14849	8122	469	148297	114496	59959
集体联营	142	1803	3601	69	23196	26356	280
国有与集体联营	143	191	2328	139	1740743	1734730	1704760
其他联营	149	151537	16418	1900	177825	104885	5091
有限责任公司	150	3279393	1381126	117916	34931317	19780317	9662417
国有独资公司	151	657270	144092	42488	18547884	9378035	8299816
其他有限责任公司	159	2622123	1237034	75428	16383433	10402282	1362601
股份有限公司	160	1422978	594000	22944	15405004	8475312	2490158
私营企业	170	3283079	2552389	159202	17277126	10900381	68397
私营独资产	171	314135	329610	14081	983142	850297	6235
私营合伙	172	307771	196975	6677	506584	321031	615
私营有限责任公司	173	2623208	1961942	135864	15479743	9436510	60677
私营股份有限公司	174	37966	63862	2580	307656	292544	870
其他内资	190	1665650	412706	9985	9840746	5957884	219181
港澳台商投资	**200**	**2757111**	**942968**	**37497**	**12782532**	**3994130**	**375349**
与港澳台合资经营	210	520469	137521	2944	1107327	660990	87969
与港澳台合作经营	220	55111	34876	341	270994	321428	4783
港澳台商独资	230	2024863	712284	33774	10880701	2616604	182595
港澳台商投资股份有限公司	240	156669	58287	437	523509	395109	100003
外商投资	**300**	**987803**	**629177**	**45038**	**11499859**	**3833452**	**109917**
中外合资经营	310	171580	103429	7404	4050577	959224	26017
中外合作经营	320	41145	45320	1387	3753692	682003	43537
外资企业	330	705252	458946	35788	2298731	1791922	15590
外商投资股份有限公司	340	69826	21481	459	1396859	400302	24772

单位：万元

集体资本	法人资本	个人资本	港澳台资本	外商资本	全部从业人员年平均人数（人）	资产减值损失	公允价值变动收益	投资收益
7301349	**17959704**	**14154880**	**4078776**	**2531421**	**2354189**	**340084**	**-130256**	**3247541**
7265478	**17022733**	**13912862**	**372536**	**110205**	**2106798**	**304329**	**-85831**	**3154310**
67926	2162011	603786	23673	2249	271715	209207	-562	441521
1837204	112703	179095	6880	404	173159	343	660	6658
422043	81679	206542	89176	4325	196203	817	-8	10255
69042	100801	39847	320	367	8950	752	146	161204
33913	17362	3263			2335	718		2101
18871	5145	1573	320	167	1491			
8982	1128	19860			472			
7277	77166	15151		200	4652	33	146	159103
811672	7473422	1770740	44104	17961	360596	19016	-31431	1665828
206819	858165	1610	11625		22686	4540	-5334	242241
604853	6615258	1769130	32479	17961	337910	14476	-26097	1423587
214681	3346027	2318152	64834	41460	92365	66427	-27337	709997
216901	3383044	7071105	119741	41194	868392	7554	-27307	156793
11116	223793	598211	10483	460	141581	880	71	474
15725	72178	230908	351	1254	72790	64	37	-13
181150	2997082	6053878	104346	39378	633234	6460	-27632	156372
8910	89991	188108	4562	103	20787	149	218	-41
3626010	363045	1723596	23807	2245	135418	213	8	2054
14207	**255817**	**129121**	**3121221**	**98415**	**140310**	**33812**	**-44420**	**69344**
2446	163728	42582	321012	43254	25575	425	390	12774
10275	35274	6720	241384	22993	10161	43		237
1472	51708	79219	2274160	27451	94298	31678	-44790	63716
15	5108	600	284665	4717	10276	1665	-20	-7383
21664	**681154**	**112897**	**585019**	**2322802**	**107081**	**1943**	**-6**	**23888**
16732	241043	41572	163980	469880	18695	555	3	861
1728	151830	20055	256037	208817	14188	213		28
3153	95251	21417	132138	1524374	70548	1017	-8	6167
51	193030	29854	32864	119731	3650	158		16831

5-3 按行业(中类)分组的国有

行业	代码	固定资产原价	本年折旧	实收资本		
					国家资本	集体资本
总计		**38739259**	**4291179**	**33342555**	**24158182**	**350391**
信息传输、计算机服务和软件业	G	**21078001**	**2951671**	**4442222**	**3526343**	**11461**
电信和其他信息传输服务业	60	20904703	2932836	4243485	3420748	11092
电信	601	20492889	2897682	4064307	3330747	10401
互联网信息服务	602	26622	3688	55567	9370	20
广播电视传输服务	603	331031	28961	116692	73711	671
卫星传输服务	604	54160	2506	6920	6920	
计算机服务业	61	76245	9129	55496	21272	209
计算机系统服务	611	19662	2944	30136	14192	
数据处理	612	24429	1943	3862	2623	9
计算机维修	613	71	6	274	150	
其他计算机服务	619	32083	4235	21225	4308	200
软件业	62	97053	9706	143241	84323	160
公共软件服务	621	89472	8824	106835	48345	110
其他软件服务	629	7582	882	36406	35978	50
租赁和商务服务业	L	**13965985**	**1002916**	**26946823**	**19136566**	**315192**
租赁业	73	60892	4193	38677	13037	9744
机械设备租赁	731	60832	4188	38527	12887	9744
文化及日用品出租	732	60	5	150	150	
商务服务业	74	13905093	998723	26908147	19123530	305448
企业管理服务	741	12472178	903669	25916289	18470431	294688
法律服务	742	3135	262	2109	2038	30
咨询与调查	743	79098	7428	364042	221639	688
广告业	744	38726	5038	74678	46804	2560
知识产权服务	745	17294	831	100940	91560	
职业中介服务	746	59765	3402	30041	24026	171
市场管理	747	102663	5068	137847	61799	314
旅行社	748	226008	19597	103025	78134	1123
其他商务服务	749	906225	53429	179176	127099	5873
科学研究、技术服务和地质勘查业	M	**1281041**	**127282**	**801336**	**488256**	**7860**
研究与试验发展	75	121950	8248	137813	84695	1730
自然科学研究与试验发展	751	22315	1477	46490	19573	
工程和技术研究与试验发展	752	85037	5601	76315	52940	1700
农业科学研究与试验发展	753	8232	821	9693	6924	30
医学研究与试验发展	754	5959	330	5155	5099	
社会人文科学研究与试验发展	755	408	19	160	160	
专业技术服务业	76	1085275	112837	513197	291314	3921
气象服务	761	2013	180	1532	1467	2
地震服务	762	44	5	3	3	
海洋服务	763	3700	468	5046	5046	
测绘服务	764	6262	653	2316	1856	50
技术检测	765	54978	6692	27445	9246	500
环境监测	766	251	35	265	265	
工程技术与规划管理	767	975409	101139	450484	261510	3269
其他专业技术服务	769	42618	3664	26107	11921	100

控股其他服务业企业财务状况

单位：万元

法人资本	个人资本	港澳台资本	外商资本	营业收入	主营业务收入	主营业务成本	主营业务税金及附加	营业费用管理费用财务费用合计	营业利润	全部从业人员年平均人数（人）
7357532	**1222507**	**158325**	**95617**	**22052395**	**21784075**	**12556695**	**790683**	**4621346**	**5425844**	**403247**
867704	**20657**	**8113**	**7945**	**8279668**	**8219249**	**4243802**	**261456**	**1437027**	**2094560**	**88608**
794955	7575	6631	2485	7852621	7793966	4000455	247362	1330201	2028874	78670
716126	713	6318	2	7620070	7562957	3863125	239240	1270689	1999535	74024
45703	162	313		40018	39811	26472	1860	13117	-1507	1391
33127	6700		2483	162662	161326	102272	4710	38009	18258	3049
				29872	29872	8587	1552	8385	12588	206
28197	3168		2650	183845	183289	85309	7448	53496	38600	3417
15467	327		150	107832	107520	45384	3717	36151	23619	2293
1230				21196	20960	7518	1080	8212	4360	478
94	30			202	202	76	9	90	27	15
11407	2811		2500	54615	54608	32332	2642	9043	10594	631
44551	9915	1483	2810	243202	241994	158037	6646	53330	27087	6521
44222	9866	1483	2810	212382	211215	135770	6178	46612	25537	6097
329	49			30820	30779	22267	468	6718	1550	424
6125503	**1163822**	**127173**	**78567**	**9190306**	**9070105**	**5646320**	**335739**	**2015468**	**2757334**	**179191**
14962	934			27733	27650	11881	887	9140	5911	1456
14962	934			27464	27382	11793	876	9055	5826	1443
				270	268	88	11	85	85	13
6110541	1162889	127173	78567	9162572	9042454	5634439	334852	2006328	2751424	177735
5831795	1137821	103937	77617	6799036	6694557	4160735	250051	1543454	2340425	99459
31	10			1534	1534	559	58	805	105	194
130279	1119	10131	186	210148	209921	143454	8141	39189	14160	3550
20626	1998	2340	350	373730	373546	260594	18593	44910	51038	3124
9360	20			10087	10055	1174	545	7907	52324	244
5663	180			331165	330888	249624	12129	34106	35915	13010
60091	15643			50428	49922	17034	2518	23019	35915	2754
8156	4847	10765		572647	571964	491157	9733	51188	16438	8280
44540	1251		414	813797	800069	310109	33085	261750	205102	47120
279501	**23227**	**924**	**1568**	**2196010**	**2183133**	**1266402**	**88018**	**579625**	**270827**	**55365**
43918	6803		667	300092	298485	174362	11647	72022	45160	7363
25853	1065			18077	17949	8432	575	5889	3878	641
16802	4206		667	262618	261169	155824	9896	60041	38793	5709
1263	1476			12321	12291	7118	703	2629	1923	703
	56			4980	4980	2438	219	3179	-445	260
				2097	2096	551	255	285	1011	50
203620	13062	379	901	1782014	1771048	1031898	70313	472929	211803	43486
53	10			5250	5250	2089	208	1269	1685	243
				358	358	265	18	32	43	7
				11085	11058	3645	463	1885	5091	93
410				13640	13502	7107	971	3926	1573	514
16752	215		732	78713	77804	44063	4083	22078	11560	4033
				1014	1014	362	36	282	389	56
177050	8357	129	169	1431265	1421615	931622	54563	300309	147237	31993
9356	4480	250		240691	240448	42746	9973	143148	44225	6547

5-3 续表 1

行　业	代码	固定资产原价	本年折旧	实收资本		
					国家资本	集体资本
科技交流和推广服务业	77	41884	3356	120915	88350	2121
技术推广服务	771	20628	1852	30199	14417	39
科技中介服务	772	11177	1114	48422	33112	2000
其他科技服务	779	10079	391	42294	40820	82
地质勘查业	78	31933	2841	29412	23897	88
矿产地质勘查	781	24032	2020	20562	16943	
基础地质勘查	782	6397	511	6669	6204	88
地质勘查技术服务	783	1505	311	2181	751	
水利、环境和公共设施管理业	**N**	**924596**	**74018**	**513490**	**475978**	**1341**
水利管理业	79	53086	3151	33882	33289	367
防洪管理	791	8465	349	5986	5472	367
水资源管理	792	41259	2664	26414	26364	
其他水利管理	799	3361	138	1483	1453	
环境管理业	80	114896	10739	47134	38066	30
自然保护	801	50276	1166	10451	10397	
环境治理	802	64621	9573	36683	27669	30
公共设施管理业	81	756614	60129	432473	404623	944
市政公共设施管理	811	438409	46818	366878	345292	175
城市绿化管理	812	47919	5335	16185	13522	710
游览景区管理	813	270287	7976	49410	45808	59
居民服务和其他服务业	**O**	**127373**	**8712**	**93738**	**74802**	**511**
居民服务业	82	31536	2747	35732	28268	285
家庭服务	821	41	10	129	14	
托儿所	822	11	1	8	8	
洗染服务	823	5097	885	2353	1253	
理发及美容保健服务	824	799	119	950	53	
洗浴服务	825	1407	84	1079	508	
婚姻服务	826	244	15	70	30	
殡葬服务	827	11020	622	8710	6477	280
摄影扩印服务	828	940	72	429	411	
其他居民服务	829	11979	940	22003	19513	5
其他服务业	83	95837	5966	58007	46535	226
修理与维护	831	24366	2451	13889	10820	96
清洁服务	832	7863	460	5120	694	100
其他未列明的服务	839	63608	3054	38998	35020	30
教育	**P**	**64530**	**5139**	**27020**	**24295**	**344**
教育	84	64530	5139	27020	24295	344
学前教育	841	5606	411	1865	1526	3
初等教育	842	8641	657	5679	5543	68
中等教育	843	6307	386	1400	764	
高等教育	844	1857	113	1452	1442	
其他教育	849	42120	3572	16625	15019	273

单位：万元

法人资本	个人资本	港澳台资本	外商资本	营业收入	主营业务收入	主营业务成本	主营业务税金及附加	营业费用管理费用财务费用合计	营业利润	全部从业人员年平均人数（人）
26635	3264	545		61798	61560	35990	2493	20528	3649	2321
12083	3114	545		47310	47213	30612	1804	12484	3130	1677
13209	100			12299	12178	4914	573	5916	912	432
1342	50			2189	2170	464	116	2128	-393	212
5328	99			52105	52041	24152	3565	14147	10215	2195
3569	50			14081	14061	5143	929	7465	529	585
329	49			26047	26002	11708	1934	5862	6502	1120
1430				11977	11977	7301	702	820	3184	490
10099	**4437**	**17975**	**3660**	**394135**	**372666**	**220322**	**13598**	**102307**	**45210**	**13953**
197	30			14935	14730	8295	697	3612	2308	1341
147	1			2352	2251	1273	121	860	26	230
50				11843	11747	6648	563	2412	2256	1008
	29			740	732	373	13	341	26	103
3536	4297	200	1006	69461	49410	25338	1307	17018	13845	2991
54				8550	8550	292	297	6948	1014	289
3482	4297	200	1006	60911	40860	25046	1010	10070	12832	2702
6366	110	17775	2654	309739	308526	186690	11595	81677	29057	9621
1472	10	17285	2643	194442	194213	127096	4088	44262	18393	2339
1841	100		11	47881	47267	36917	1798	7120	2001	3126
3053		490		67416	67046	22678	5710	30296	8663	4156
11224	**5081**	**2121**		**187686**	**186656**	**112348**	**7153**	**46928**	**21044**	**11352**
2212	3015	1953		70837	70127	41186	2707	16484	9930	2222
100	15			513	513	234	20	55	204	50
				17	17	19	1		-3	6
300	800			5313	5313	1762	187	4031	-711	354
193	704			2441	2439	783	101	607	938	206
150	421			1665	1655	570	124	828	142	181
40				460	460	396	8	39	17	45
		1953		23685	23409	11826	1411	4687	5484	295
	18			803	803	414	65	249	75	88
1429	1056			35940	35518	25183	790	5989	3783	997
9013	2067	168		116849	116529	71162	4446	30444	11114	9130
2328	646			44131	44101	29863	1548	8815	3993	2308
2986	1172	168		31509	31248	21001	1271	7979	1247	5390
3699	249			41210	41180	20298	1627	13651	5874	1432
1924	**444**		**13**	**72542**	**70510**	**34720**	**2721**	**29907**	**3600**	**5978**
1924	444		13	72542	70510	34720	2721	29907	3600	5978
223	113			8136	8031	3819	361	2580	1295	1014
50	18			9805	9724	3439	435	4197	1259	906
559	76			5999	5999	2983	141	2410	438	410
10				1781	1781	553	85	553	592	110
1082	238		13	46821	44974	23926	1699	20168	17	3538

5-3 续表 2

行业	代码	固定资产原价	本年折旧	实收资本	国家资本	集体资本
卫生、社会保障和社会福利业	Q	**192346**	**16862**	**54299**	**34281**	**422**
卫生	85	189056	16582	51501	31494	422
医院	851	161443	13724	40876	25940	
卫生院及社区医疗活动	852	12721	952	2277	1871	113
门诊部医疗活动	853	3162	682	2026	892	211
计划生育技术服务活动	854	1819	128	1367	370	98
妇幼保健活动	855	1637	24	78	78	
专科疾病防治活动	856	219		61	61	
疾病预防控制及防疫活动	857	5956	679	2444	2144	
其他卫生活动	859	2100	394	2373	139	
社会保障业	86	43	6	50	50	
社会福利业	87	3246	275	2748	2738	
提供住宿的社会福利	871	1		15	15	
不提供住宿的社会福利	872	3245	275	2733	2723	
文化、体育和娱乐业	R	**1105386**	**104578**	**463627**	**397661**	**13262**
新闻出版业	88	411397	43200	161422	144782	
新闻业	881	115797	16976	18727	9289	
出版业	882	295601	26224	142695	135493	
广播、电视、电影和音像业	89	299529	37312	184830	165645	3329
广播	891	31046	2490	19752	18452	
电视	892	208169	28743	127269	116043	3107
电影	893	60063	6077	32609	26150	222
音像制作	894	251	3	5200	5000	
文化艺术业	90	56332	5228	35270	24814	9445
文艺创作与表演	901	18269	1268	8886	8104	
艺术表演场馆	902	23485	2734	15185	15060	126
图书馆与档案馆	903	6814	682	6813	3	6810
文物及文化保护	904	2915	167	210	10	
博物馆	905	334	22	300	300	
烈士陵园、纪念馆	906	1500	75	2500		2500
群众文化活动	907	1417	189	978	939	10
文化艺术经纪代理	908	451	34	140	140	
其他文化艺术	909	1147	57	258	258	
体育	91	27613	1658	27763	26724	210
体育组织	911	638	69	3269	2940	
体育场馆	912	20939	988	20272	19622	210
其他体育	919	6036	601	4223	4163	
娱乐业	92	310514	17181	54341	35696	278
室内娱乐活动	921	5224	464	4949	2109	
游乐园	922	136467	8606	33786	24985	
休闲健身娱乐活动	923	157638	7259	11508	6853	50
其他娱乐活动	929	11186	852	4098	1750	228

单位：万元

法人资本	个人资本	港澳台资本	外商资本	营业收入	主营业务收入	主营业务成本	主营业务税金及附加	营业费用管理费用财务费用合计	营业利润	全部从业人员年平均人数（人）
17806	**891**		**899**	**205446**	**204710**	**118629**	**3917**	**58662**	**24091**	**10435**
17806	881		899	203810	203074	117445	3834	57860	24347	10340
14886	50			170005	169838	97297	2962	50181	19729	6948
93	200			15323	14927	9109	222	2323	3380	2059
599	325			3165	3165	1615	138	1109	303	318
			899	766	716	366	18	278	105	107
				2003	1946	1663	73	57	153	195
				487	421	342	1	3	4	43
	300			5758	5758	3616	110	1640	392	269
2228	6			6304	6304	3437	311	2271	282	401
				663	663	525	33	82	23	27
	10			973	973	659	49	721	-279	68
				32	32		2	31	-1	6
	10			941	941	659	48	690	-279	62
43772	**3948**	**2019**	**2965**	**1526603**	**1477047**	**914153**	**78081**	**351421**	**209177**	**38365**
16541	100			1084582	1045593	697355	47214	195296	171882	22437
9438				75772	64643	47169	3282	7011	8426	1312
7102	100			1008810	980951	650186	43932	188285	163456	21125
12709	1978	1169		326861	318774	175233	22775	93913	34711	8668
1300				23392	23352	13840	1200	5535	2789	840
6920	1200			263137	257181	140439	20226	72077	30042	5764
4289	778	1169		38447	36356	19750	1250	15728	1871	2021
200				1884	1884	1203	99	573	9	43
872		140		16468	15383	6430	649	10000	-451	1611
642		140		8307	8307	3363	370	6200	-1501	718
				2794	2794	821	117	1784	81	249
				1305	220	119	8	959	219	126
200				668	668	380	25	336	-73	145
				1118	1118	801	47	264	6	88
				199	199	98	6	80	14	16
29				1653	1653	622	61	162	817	215
				130	130	40	3	66	22	27
				295	295	185	14	149	-36	27
729	100			13643	13323	4579	1604	9326	-1887	992
329				6966	6650	852	473	6530	-912	279
340	100			5486	5482	3072	1089	2188	-861	608
60				1191	1191	656	42	608	-114	105
12922	1770	710	2965	85050	83974	30556	5839	42886	4923	4657
2841				6988	6250	1632	732	5297	-1411	345
8801				51830	51830	19121	2623	16212	13874	2018
1280		360	2965	18520	18299	8174	2272	16866	-8825	1598
	1770	350		7712	7595	1629	213	4510	1285	696

5-4 按控股情况分组的其他服务业企业财务状况

单位：万元

控股情况	企业数(个)	年初存货	年末存货	固定资产原价	本年折旧	营业收入	主营业务收入
总计	**93386**	**4091029**	**4580715**	**85626560**	**9257681**	**73829840**	**73052144**
国有控股	4234	1694790	1891097	38739259	4291179	22052395	21784075
集体控股	13127	443966	466588	20331059	2355894	8063208	7898414
私人控股	60568	1204965	1447050	9361888	938923	22758512	22598227
港澳台商控股	2204	186673	187009	8513351	865517	9269420	9185291
外商控股	1566	76418	96634	3001940	277917	5658204	5642551
其他	11687	484218	492337	5679064	528252	6028102	5943587

5-4 续表 1

单位：万元

控股情况	营业成本	主营业务成本	营业税金及附加	主营业务税金及附加	主营业务利润	其他业务利润	营业费用、管理费用、财务费用合计	#税金
总计	**39182069**	**38607321**	**2594478**	**2580226**	**28919009**	**759570**	**17149257**	**412613**
国有控股	12738888	12556695	793461	790683	7324429	288524	4621346	137692
集体控股	3029965	2919945	209636	206963	4691477	139332	1821395	45461
私人控股	12444380	12302105	962577	955454	9133763	178789	5900132	135435
港澳台商控股	4197319	4129017	313233	312896	3563911	38532	2086697	34630
外商控股	3624143	3600444	128440	128156	1599193	28341	1076973	17803
其他	3147375	3099115	187132	186074	2606236	86052	1642714	41591

5-4　续表 2

单位：万元

控股情况	#利息支出	营业利润	职工工资和福利费	本年应交增值税	所有者权益合计	实收资本	国家资本	集体资本
总　计	**1007164**	**18163802**	**8982259**	**510128**	**147002200**	**73006704**	**26980574**	**7301349**
国有控股	425764	5425844	2593822	124721	71174242	33342555	24158182	350391
集体控股	189938	3302048	1054538	60161	18052143	8438597	387877	6038310
私人控股	182855	4416063	2935182	192003	24697558	14910008	197766	357548
港澳台商控股	78287	2687729	919997	36809	12439987	4091863	293120	4473
外商控股	23168	879097	561089	39500	9019146	2989050	37726	14844
其　他	107152	1453022	917631	56934	11619124	9234631	1905903	535784

5-4　续表 3

单位：万元

控股情况	法人资本	个人资本	港澳台资本	外商资本	全部从业人员年平均人数（人）	资产减值损失	公允价值变动收益	投资收益
总　计	**17959704**	**14154880**	**4078776**	**2531421**	**2354189**	**340084**	**-130256**	**3247541**
国有控股	7357532	1222507	158325	95617	403247	278043	-54085	1661940
集体控股	588610	1299978	116210	7611	470704	1902	2206	185964
私人控股	5101812	9095090	127168	30624	976395	8476	-29398	888471
港澳台商控股	279347	122971	3257659	134294	132410	32464	-44821	73410
外商控股	475358	73953	275334	2111836	92257	1275	-8	22678
其　他	4157044	2340380	144080	151440	279176	17924	-4150	415079

5-5 按地区分组的其他服务业企业财务状况

单位：万元

地　区	固定资产原　价	本年折旧	实收资本					
				国家资本	集体资本	法人资本	个人资本	港澳台资本
总　计	**85626560**	**9257681**	**73006704**	**26980574**	**7301349**	**17959704**	**14154880**	**4078776**
广州市	25490740	2801630	28346710	14149885	969714	6623365	4292616	1484676
深圳市	14092126	1212190	22554944	5347277	768931	7783801	5404832	1840711
珠海市	1776937	153478	2305264	715644	114712	449560	677064	241501
汕头市	1840577	477937	326279	170497	42149	35362	53734	24110
佛山市	7095095	1070385	3805299	1776096	407340	1087203	432030	80826
韶关市	747974	65884	388642	285886	4164	46098	36049	13720
河源市	646868	51326	191722	72416	3746	18867	52134	44398
梅州市	726842	66626	240918	21814	2643	168218	47200	973
惠州市	1838050	148640	1319368	498256	38531	237539	421082	81494
汕尾市	511253	38688	85737	19084	3765	46495	11963	3545
东莞市	18846399	2044164	8203553	968125	4304922	622035	2125656	147027
中山市	4067696	289542	1379267	348768	511699	311723	141934	34073
江门市	1489915	137898	332745	98688	53629	89953	64480	20470
阳江市	569398	49073	62724	15840	1132	20817	24782	153
湛江市	1258581	130057	373440	153647	24559	123234	69335	1115
茂名市	1044045	119089	341691	234933	5835	54920	40034	5151
肇庆市	1048272	96822	447848	203151	12187	125644	61872	21466
清远市	893879	51553	1973306	1767270	20275	71148	105609	3160
潮州市	523567	37048	178687	101578	6914	18767	33960	3505
揭阳市	738481	116886	96107	24974	2062	11166	34625	23230
云浮市	379864	98767	52455	6744	2440	13789	23890	3473

5-5 续表

单位：万元

地　区		营业收入		主营业务成　本	主营业务税金及附加	营业费用管理费用财务费用合　计	营业利润	全部从业人员年平均人数(人)
	外商资本		主营业务收　入					
总　计	**2531421**	**73829840**	**73052144**	**38607321**	**2580226**	**17149257**	**18163802**	**2354189**
广州市	826455	31930451	31807332	18056487	1358052	6954567	5501238	723431
深圳市	1409392	19786953	19459244	11041585	533744	5614704	5142140	895520
珠海市	106783	1504833	1492126	679656	87059	437468	350741	61172
汕头市	426	679415	673189	345033	22041	164238	107316	25398
佛山市	21804	4041718	3997457	2003120	125351	935849	1101921	136730
韶关市	2726	372966	359423	228826	9873	79969	40889	18926
河源市	160	191636	187143	117066	9389	45255	16074	8133
梅州市	71	236490	232113	137480	7794	47319	39542	10557
惠州市	42467	1199368	1178846	702696	35372	254531	235325	45170
汕尾市	885	190476	185698	106864	5773	39975	33451	8924
东莞市	35789	6908622	6784168	1948128	188459	1265550	3544516	156810
中山市	31070	2661493	2622304	1003843	56946	526400	1148931	79574
江门市	5525	805505	799515	453595	25593	154747	165936	42771
阳江市		246827	246227	140917	7881	42940	41907	8897
湛江市	1550	665525	657761	375154	22589	134004	124037	33835
茂名市	818	585709	582354	281933	19632	99407	181145	23041
肇庆市	23527	637467	624925	348051	26313	109281	149015	21513
清远市	5844	391843	382036	207330	15379	92938	64164	16392
潮州市	13963	231159	230555	101115	8005	50175	70768	9168
揭阳市	50	341249	331243	180462	10327	60408	82158	19617
云浮市	2119	220136	218486	147982	4655	39530	22589	8610

5-6　按地区分组的国有控股其他服务业企业财务状况

单位：万元

地　区	固定资产原　价	本年折旧	实收资本					
				国家资本	集体资本	法人资本	个人资本	港澳台资本
总　计	**38739259**	**4291179**	**33342555**	**24158182**	**350391**	**7357532**	**1222507**	**158325**
广州市	15888962	1624854	18776948	13811728	225600	4062220	621440	31788
深圳市	4389544	358038	7480756	5077402	32078	1968818	248144	85670
珠海市	1117693	97529	746340	708669	10568	6832	18989	1283
汕头市	1338537	432003	88895	77894	901	9086	1014	
佛山市	5067712	747591	2567837	1748915	35245	714339	37779	28910
韶关市	494558	35390	302636	284776	54	17621	185	
河源市	572876	47197	73097	71352	92	380	1273	
梅州市	648587	63157	23697	21471	635	1531	60	
惠州市	1051706	75805	820228	483800	720	73974	251734	10000
汕尾市	295078	23244	19844	18886	270	613	75	
东莞市	2984689	273341	984710	835436	19360	122090	7549	140
中山市	864074	63890	419732	213468	190	190041	15542	490
江门市	659423	50442	83221	76627	895	4013	1686	
阳江市	262373	22639	19760	15520	20	1660	2560	
湛江市	722475	73680	243681	137142	16585	83026	6925	
茂名市	409680	35847	213927	198420	180	13906	1420	
肇庆市	500260	46545	286467	201399	971	83266	830	
清远市	607213	25182	72313	64859	683	1814	4899	45
潮州市	263968	21185	107683	100964	4575	1913	231	
揭阳市	427343	95745	5105	4021	706	370	9	
云浮市	172510	77877	5680	5435	64	18	164	

5-6　续表

单位：万元

地　区		营业收入		主营业务成　本	主营业务税金及附加	营业费用管理费用财务费用合　计	营业利润	全部从业人员年平均人数(人)
	外商资本		主营业务收　入					
总　计	**95617**	**22052395**	**21784075**	**12556695**	**790683**	**4621346**	**5425844**	**403247**
广州市	24173	11404924	11353692	6732791	404551	2055738	2151555	167189
深圳市	68643	4407683	4309853	2437514	151828	1293612	1860196	106983
珠海市		699606	696700	352658	57792	142970	187174	8678
汕头市		280938	277916	185470	9049	80235	-26559	8146
佛山市	2648	1364816	1331681	582566	47339	335748	403794	20119
韶关市		169792	156856	121640	3246	31796	378	6910
河源市		162516	158890	100355	8079	35940	14156	3919
梅州市		164780	160590	89242	4854	36247	30540	4648
惠州市		489544	473722	355215	11491	82896	60528	8001
汕尾市		77607	76688	59473	2141	12276	2330	3527
东莞市	135	1038780	1026282	451980	30716	208358	363568	9137
中山市		486649	481779	228823	15235	92156	233063	6249
江门市		248011	246060	157363	7073	34253	46717	13668
阳江市		62501	62495	42857	2048	11802	-7579	2762
湛江市	2	225352	219166	181370	6272	38521	-10603	11936
茂名市	1	107805	105886	68482	4583	17510	15746	3133
肇庆市	2	214643	207590	150252	10420	27805	24496	5792
清远市	13	221276	213988	113406	6403	43902	50363	4707
潮州市		61948	61604	43309	2041	10196	5760	2386
揭阳市		119039	118456	73422	4151	21280	19396	3521
云浮市		44186	44183	28507	1374	8107	826	1836

5-7 个体经营户其他服务业按行业、地区分组的经营情况综合表

行业/地区	户　数 (户)	期末从业人员数 (人)
总　　计	**550378**	**1691546**
一、按行业分组		
信息传输、计算机服务和软件业	9372	29860
电信和其他信息传输服务业		
计算机服务业	8725	27767
软件业	647	2093
租赁和商务服务业	16364	55029
租赁业	2508	6638
商务服务业	13856	48391
科学研究、技术服务和地质勘查业		
研究与试验发展		
专业技术服务业		
科技交流和推广服务业		
水利、环境和公共设施管理业		
水利管理业		
环境管理业		
公共设施管理业		
居民服务和其他服务业	465042	1395508
居民服务业	261085	819199
其他服务业	203957	576309
教育	7963	48264
卫生、社会保障和社会福利业	30718	81870
卫生	30718	81870
社会保障业		
社会福利业		
文化、体育和娱乐业	20919	81015
新闻出版业		
广播、电视、电影和音像业	783	2213
文化艺术业	621	3368
体育	707	2628
娱乐业	18808	72806
二、按地区分组		
广州市	68866	219966
深圳市	62337	229897
珠海市	11208	39950
汕头市	16533	55394
佛山市	141504	366065
韶关市	13659	39971
河源市	8540	19982
梅州市	17913	43862
惠州市	21709	87016
汕尾市	8667	31083
东莞市	35121	116009
中山市	18155	57454
江门市	17537	54471
阳江市	7664	34912
湛江市	26271	86909
茂名市	17601	48556
肇庆市	14227	45509
清远市	15581	36099
潮州市	8721	24583
揭阳市	13506	39943
云浮市	5058	13915

第6篇

行政事业单位财务状况

6-1 按行业(中类)分组的

行业	代码	行政事业单位合计(个)	#机关	#事业单位	固定资产原价	本年收入合计
总计		**54234**	**10723**	**37115**	**83425773**	**48436028**
交通运输、仓储和邮政业	**F**	**281**		**278**	**467145**	**297954**
道路运输业	52	218		217	414059	258458
公路旅客运输	521	2		2	599	1247
道路货物运输	522	2		2	60	233
道路运输辅助活动	523	214		213	413400	256977
城市公共交通业	53	3		2	1041	212
公共电汽车客运	531					
轨道交通	532					
出租车客运	533	1		1	1000	188
城市轮渡	534					
其他城市公共交通	539	2		1	41	24
水上运输业	54	22		22	8969	9749
水上旅客运输	541	1		1	83	50
水上货物运输	542	1		1	32	17
水上运输辅助活动	543	20		20	8854	9682
航空运输业	55	3		3	14354	9435
航空客货运输	551					
通用航空服务	552					
航空运输辅助活动	553	3		3	14354	9435
装卸搬运和其他运输服务业	57	5		5	303	286
装卸搬运	571					
运输代理服务	572	5		5	303	286
仓储业	58	30		29	28419	19815
谷物、棉花等农产品仓储	581	22		22	14042	18225
其他仓储	589	8		7	14378	1590
邮政业	59					
国家邮政	591					
其他寄递服务	599					
信息传输、计算机服务和软件业	**G**	**144**		**144**	**258520**	**115574**
电信和其他信息传输服务业	60	108		108	228462	81508
电信	601					
互联网信息服务	602	14		14	7694	4389
广播电视传输服务	603	88		88	219047	75880
卫星传输服务	604	6		6	1722	1239
计算机服务业	61	31		31	28450	30144
计算机系统服务	611	13		13	5626	6724
数据处理	612	3		3	190	165
计算机维修	613	5		5	18849	10214
其他计算机服务	619	10		10	3786	13040
软件业	62	5		5	1607	3922
公共软件服务	621	3		3	1020	3545
其他软件服务	629	2		2	587	377

行政事业单位财务状况

单位：万元

#财政拨款	#事业收入	#经营收入	本年支出合计	工资福利支出	商品和服务支出	#取暖费(降温费)	#劳务费
27740946	**12415612**	**3591022**	**45800049**	**15256477**	**15892633**	**48383**	**930116**
151274	**98681**	**17958**	**240765**	**62080**	**53227**	**211**	**2973**
134140	93449	4717	209421	54018	43538	161	2665
876	371		1134	461	194		
218			233	161	62		2
133046	93078	4717	208054	53396	43283	161	2663
59	153		69	50	12		
38	150		52	35	11		
22	2		17	15	1		
7484	831	1186	8229	3019	2429	1	29
		50	29	23	3		
7	10		17	17			
7477	821	1136	8182	2979	2426	1	29
4087	2104		10042	2987	4770		
4087	2104		10042	2987	4770		
6	247	20	296	151	39	1	1
6	247	20	296	151	39	1	1
5498	1899	12035	12707	1855	2438	48	278
4231	1766	11845	11179	1159	2074	47	275
1267	132	190	1528	696	364	1	3
39188	**23308**	**47693**	**104376**	**28331**	**41323**	**26**	**2857**
16076	16213	44049	75994	24502	32997	24	1922
3982	213	180	4081	1182	986	2	
11307	15549	43869	70709	22998	31234	21	1922
788	451		1204	322	777	1	
22089	6964	917	25375	3150	6499	1	931
4227	1909	577	5160	968	1549	1	365
158			70	28	33		2
7305	2761		9396	1569	1835		12
10399	2293	339	10750	585	3082		552
1024	131	2728	3006	678	1827	2	4
740	40	2728	2582	587	1596		4
284	91		425	91	231	2	1

6-1 续表 1-1

行业	代码	行政事业单位合计(个)	#机关	#事业单位	固定资产原价	本年收入合计
批发和零售业	H					
批发业	63					
农畜产品批发	631					
纺织、服装及日用品批发	633					
医药及医疗器材批发	635					
矿产品、建材及化工产品批发	636					
机械设备、五金交电及电子产品批发	637					
贸易经纪与代理	638					
其他批发	639					
零售业	65					
综合零售	651					
住宿和餐饮业	I	**1**		**1**	**879**	**56**
住宿业	66	1		1	879	56
旅游饭店	661	1		1	879	56
一般旅馆	662					
其他住宿服务	669					
餐饮业	67					
正餐服务	671					
其他餐饮服务	679					
金融业	J	**36**	**14**	**20**	**230201**	**84185**
银行业	68	23	14	9	198470	69824
中央银行	681	22	14	8	197909	69503
商业银行	682	1		1	561	321
其他银行	689					
证券业	69	3		2	7596	3461
证券市场管理	691	3		2	7596	3461
证券经纪与交易	692					
证券投资	693					
保险业	70	1		1	870	2079
人寿保险	701					
非人寿保险	702					
保险辅助服务	703	1		1	870	2079
其他金融活动	71	9		8	23266	8821
金融信托与管理	711	3		3	383	350
金融租赁	712					
财务公司	713	1		1		26
邮政储蓄	714					
典当	715	1		1	825	8
其他未列明的金融活动	719	4		3	22058	8437
房地产业	K	**84**		**83**	**69505**	**18817**
房地产业	72	84		83	69505	18817
房地产开发经营	721	1		1	120	181
物业管理	722	10		10	29437	3650
房地产中介服务	723	10		9	3157	2491
其他房地产活动	729	63		63	36792	12494

单位：万元

#财政拨款	#事业收入	#经营收入	本年支出合计	工资福利支出	商品和服务支出	#取暖费(降温费)	#劳务费
25	**31**		**56**	**23**	**33**		
25	31		56	23	33		
25	31		56	23	33		
47548	**3933**	**10881**	**626340**	**28206**	**10880**	**30**	**375**
42641	3773	2608	618849	24311	8734	29	309
42641	3773	2287	618636	24098	8734	29	309
		321	213	213			
2496	111	1	3027	1513	948		
2496	111	1	3027	1513	948		
2079			2016	517	658		
2079			2016	517	658		
332	49	8272	2448	1866	540	1	65
321	20		235	116	92		64
	26		26	26			
	4	4	8	4	3		1
12		8268	2180	1720	445	1	
4117	**8089**	**5289**	**14923**	**6265**	**6132**	**14**	**88**
4117	8089	5289	14923	6265	6132	14	88
	181		150	150			
560	1369	1157	2554	1675	565	6	7
124	1449	918	2350	903	1210	1	35
3433	5090	3214	9868	3537	4357	7	46

6-1 续表 1-2

行 业	代码	行政事业单位合计(个)	#机 关	#事业单位	固定资产原 价	本年收入合 计
租赁和商务服务业	**L**	**2119**		**1757**	**1585800**	**946064**
租赁业	73	1		1	117	73
机械设备租赁	731					
文化及日用品出租	732	1		1	117	73
商务服务业	74	2118		1756	1585683	945990
企业管理服务	741	1262		945	810744	724558
法律服务	742	207		182	34922	40077
咨询与调查	743	181		176	19247	27001
广告业	744	4		3	782	3945
知识产权服务	745	8		8	487	1055
职业中介服务	746	248		247	66344	56571
市场管理	747	103		99	614691	53918
旅行社	748	11		10	3594	1669
其他商务服务	749	94		86	34872	37196
科学研究、技术服务和地质勘查业	**M**	**2502**		**2459**	**1793475**	**1601179**
研究与试验发展	75	364		353	569139	409744
自然科学研究与试验发展	751	36		34	85457	94065
工程和技术研究与试验发展	752	56		55	130425	141351
农业科学研究与试验发展	753	227		220	140922	98693
医学研究与试验发展	754	17		17	192826	54144
社会人文科学研究与试验发展	755	28		27	19510	21491
专业技术服务业	76	1205		1194	959320	980056
气象服务	761	140		140	140282	75966
地震服务	762	26		26	15721	3283
海洋服务	763	16		16	134860	73461
测绘服务	764	68		68	33154	44188
技术检测	765	297		294	292803	222786
环境监测	766	77		77	65197	48853
工程技术与规划管理	767	504		499	248370	473638
其他专业技术服务	769	77		74	28932	37881
科技交流和推广服务业	77	888		867	216103	117417
技术推广服务	771	745		731	123626	80161
科技中介服务	772	85		83	67301	26366
其他科技服务	779	58		53	25176	10891
地质勘查业	78	45		45	48913	93963
矿产地质勘查	781	24		24	25125	54266
基础地质勘查	782	14		14	16791	25336
地质勘查技术服务	783	7		7	6997	14361
水利、环境和公共设施管理业	**N**	**1967**		**1935**	**3721047**	**1544240**
水利管理业	79	898		887	2520480	476040
防洪管理	791	163		161	597995	126971
水资源管理	792	467		461	1596627	248215
其他水利管理	799	268		265	325859	100854
环境管理业	80	547		540	375735	406195
自然保护	801	122		121	65920	40334
环境治理	802	425		419	309816	365862

单位：万元

#财政拨款	#事业收入	#经营收入	本年支出合计	工资福利支出	商品和服务支出	#取暖费(降温费)	#劳务费
407356	**200307**	**236385**	**873757**	**178637**	**319316**	**765**	**17714**
73			73	21	37		
73			73	21	37		
407282	200307	236385	873684	178616	319279	765	17714
321046	141026	174843	673943	99814	241117	484	11011
7906	17614	12759	35974	14894	15718	25	1212
17899	3259	3198	25779	12034	9010	33	826
1544	355	1982	2733	676	2006		13
817	15	95	751	280	222		27
38213	8080	6810	52784	19243	20039	24	1265
5419	21908	23914	51348	21725	20596	151	2904
469	828	371	1231	362	455	13	18
13970	7224	12413	29141	9588	10115	34	439
763192	**385720**	**280900**	**1409572**	**366190**	**446139**	**2642**	**32030**
182928	122767	36959	391773	103726	157201	1705	6053
55333	24060	9220	83918	16723	37432	904	1276
48174	69382	15996	126803	29893	44585	629	1346
53548	24948	7170	101347	32579	38365	156	3037
9186	3619	806	53653	19118	29890	10	147
16686	758	3768	26053	5413	6930	6	247
459412	231029	199641	837186	202202	227051	669	21810
34892	1814	15511	56079	13405	20442	22	470
2049	44	584	2870	1176	1332		8
51810	19499	410	62422	17501	18188		2360
15165	7016	19271	37651	14252	12958	85	1605
81389	102706	26928	196136	64989	62192	219	2865
36203	6831	2977	43660	13343	14262	100	814
225194	75370	128975	400545	69921	83296	225	12895
12711	17750	4985	37823	7614	14380	19	793
65481	24130	16121	106404	36501	40547	167	1837
47450	13347	10968	74680	26547	29627	139	1320
11435	9324	2877	21907	6211	7493	22	335
6596	1459	2277	9818	3744	3426	5	182
55371	7794	28179	74209	23761	21341	101	2329
27784	2438	21792	40811	11204	13266	96	1576
20744	3279	991	23537	8104	6093	5	566
6843	2078	5397	9861	4453	1982	1	188
1044570	**253063**	**140837**	**1450476**	**402135**	**416191**	**1205**	**48319**
273508	84527	78251	431051	98172	174640	400	29335
94137	7131	21648	117110	27785	43290	171	6784
121751	54933	48385	228449	49186	103090	115	16703
57620	22463	8218	85492	21201	28261	114	5848
280564	81678	25289	374432	160998	118953	563	10619
24054	4561	10881	32797	9789	8426	106	1046
256510	77117	14408	341635	151209	110527	456	9573

6-1 续表 1-3

行　　业	代码	行政事业单位合计(个)	#机　关	#事业单位	固定资产原　　价	本年收入合　　计
公共设施管理业	81	522		508	824832	662006
市政公共设施管理	811	238		229	434870	441583
城市绿化管理	812	104		103	62746	102125
游览景区管理	813	180		176	327216	118297
居民服务和其他服务业	**O**	**468**		**400**	**285311**	**236307**
居民服务业	82	348		286	242639	190820
家庭服务	821	4		3	198	327
托儿所	822	27		7	2072	2027
洗染服务	823					
理发及美容保健服务	824	5		4	2603	1678
洗浴服务	825					
婚姻服务	826	4		4	284	316
殡葬服务	827	134		128	204853	109970
摄影扩印服务	828					
其他居民服务	829	174		140	32629	76501
其他服务业	83	120		114	42672	45487
修理与维护	831	9		8	1001	731
清洁服务	832	44		42	5203	9997
其他未列明的服务	839	67		64	36468	34759
教育	**P**	**19239**		**17998**	**25666291**	**10602922**
教育	84	19239		17998	25666291	10602922
学前教育	841	1604		832	434132	241081
初等教育	842	12472		12259	7386295	2838320
中等教育	843	4050		3920	11113448	4167943
高等教育	844	340		322	5957319	2927755
其他教育	849	773		665	775097	427823
卫生、社会保障和社会福利业	**Q**	**4305**		**3911**	**11397378**	**9547225**
卫生	85	3517		3184	11014091	9099435
医院	851	794		773	7794491	7099108
卫生院及社区医疗活动	852	1338		1286	1495091	816544
门诊部医疗活动	853	429		196	78205	86349
计划生育技术服务活动	854	388		372	608724	65746
妇幼保健活动	855	99		99	419642	337744
专科疾病防治活动	856	108		106	230701	252866
疾病预防控制及防疫活动	857	197		195	282685	361370
其他卫生活动	859	164		157	104553	79709
社会保障业	86	242		237	117479	185255
社会保障业	860	242		237	117479	185255
社会福利业	87	546		490	265809	262535
提供住宿的社会福利	871	417		379	218051	139098
不提供住宿的社会福利	872	129		111	47758	123436
文化、体育和娱乐业	**R**	**1619**		**1570**	**2109587**	**1124967**
新闻出版业	88	125		121	90405	107532
新闻业	881	38		37	16799	15941

单位：万元

#财政拨款	#事业收入	#经营收入	本年支出合计	工资福利支出	商品和服务支出	#取暖费(降温费)	#劳务费
490498	86858	37297	644993	142965	122599	243	8365
350361	39085	21063	417901	71456	59726	126	4008
70983	9819	10464	107046	32358	23434	80	2406
69155	37954	5770	120046	39152	39439	38	1951
85594	**98388**	**25870**	**207622**	**85736**	**80545**	**516**	**5227**
68618	82067	19200	166881	72045	65692	281	3738
121	110	97	305	157	48		5
481	918	565	2201	1224	723		3
670	1002	6	1710	1065	605		22
164	27		315	147	155		
11674	66802	15679	88840	31468	36114	259	3055
55508	13208	2853	73511	37985	28048	22	654
16976	16321	6670	40741	13691	14853	235	1489
53	110	568	342	159	89		13
4800	2341	2649	9544	3547	4662	135	1395
12124	13869	3453	30855	9986	10102	100	81
6557251	**2739627**	**221904**	**10281133**	**4688573**	**2859418**	**9738**	**237245**
6557251	2739627	221904	10281133	4688573	2859418	9738	237245
92959	94328	32225	247640	150556	55709	546	4633
2111413	339135	40653	2615011	1555947	570548	3164	37168
2709170	1043487	62431	4034726	1987499	1085052	4211	71895
1389790	1159951	54307	2976848	859645	1016822	963	109650
253919	102726	32288	406908	134926	131287	856	13899
1213874	**6485131**	**1375679**	**8701312**	**2629379**	**4723911**	**8430**	**170666**
919097	6454887	1358084	8346976	2549417	4648151	8122	166597
539581	5231597	1092124	6585667	1969901	3757995	4523	124343
118095	521839	138862	730867	265836	346001	2969	21046
12952	44837	25462	87188	30170	41808	81	1671
34093	19358	8055	59351	24605	20013	88	1355
31685	280903	17320	297764	109130	163747	156	5775
46517	131310	67312	230620	56927	130614	71	6726
108626	176885	7924	277877	69688	159347	147	3834
27548	48158	1025	77642	23161	28626	87	1847
162999	6680	8491	173013	27393	27229	70	955
162999	6680	8491	173013	27393	27229	70	955
131779	23564	9104	181324	52569	48532	238	3114
105599	15641	7320	133198	42676	36696	181	2578
26180	7923	1784	48126	9893	11836	57	536
413032	**423819**	**234512**	**1040193**	**322536**	**464589**	**1040**	**32534**
21755	35159	48327	96672	33105	48295	60	4035
10578	2843	2214	15087	5456	5413		380

6-1 续表 1-4

行　业	代码	行政事业单位合计(个)	#机　关	#事业单位	固定资产原　价	本年收入合　计
出版业	882	87		84	73606	91591
广播、电视、电影和音像业	89	253		247	987682	528140
广播	891	57		54	419075	113196
电视	892	105		104	531638	403876
电影	893	83		82	34801	8346
音像制作	894	8		7	2169	2722
文化艺术业	90	967		949	614054	294949
文艺创作与表演	901	137		131	52267	61744
艺术表演场馆	902	17		16	48652	9897
图书馆与档案馆	903	220		214	229679	84116
文物及文化保护	904	47		47	26529	9038
博物馆	905	119		119	95688	44191
烈士陵园、纪念馆	906	21		21	24190	7676
群众文化活动	907	354		350	124095	66356
文化艺术经纪代理	908	7		7	1235	1698
其他文化艺术	909	45		44	11721	10234
体育	91	203		185	360134	136206
体育组织	911	87		74	124000	72453
体育场馆	912	77		74	228883	50689
其他体育	919	39		37	7251	13064
娱乐业	92	71		68	57312	58140
室内娱乐活动	921	7		7	12272	1614
游乐园	922	2		2	1276	262
休闲健身娱乐活动	923	13		11	9351	1456
其他娱乐活动	929	49		48	34414	54808
公共管理和社会组织	**S**	**21469**	**10709**	**6559**	**35840634**	**22316539**
中国共产党机关	93	1253	1195	58	403418	481352
中国共产党机关	930	1253	1195	58	403418	481352
国家机构	94	15731	9235	6496	34063866	21046191
国家权力机构	941	449	418	31	664365	444695
国家行政机构	942	14682	8388	6294	31949966	19768359
人民法院和人民检察院	943	306	295	11	1117775	580436
其他国家机构	949	294	134	160	331760	252702
人民政协和民主党派	95	284	279	5	37184	64508
人民政协	951	133	132	1	32424	52981
民主党派	952	151	147	4	4760	11526
群众团体、社会团体和宗教组织	96	1131			340556	349153
群众团体	961	649			239869	184452
社会团体	962	471			99820	164254
宗教组织	963	11			867	448
基层群众自治组织	97	3070			995610	375336
社区自治组织	971	988			263442	160353
村民自治组织	972	2082			732168	214983

单位：万元

#财政拨款	#事业收入	#经营收入	本年支出合计	工资福利支出	商品和服务支出	#取暖费(降温费)	#劳务费
11177	32316	46112	81584	27649	42882	60	3655
63924	285884	158132	473189	123531	247542	497	17473
18143	70035	23231	108929	29098	40150	6	3005
41868	212987	131112	353817	89918	204874	472	14075
3192	2045	2689	8076	3702	1999	18	381
720	817	1101	2367	814	519		12
217665	44559	14652	287731	103897	99678	370	8423
45365	11548	2058	64789	24732	21423	52	2116
4706	3567	1118	8769	1759	2746	62	117
74269	5993	1635	79275	26432	27950	175	1415
5559	2620	446	9393	3663	3169	7	561
34776	5641	638	42714	16281	16079	8	745
2784	2962	1864	7567	3187	2719	3	141
40790	10421	6414	63441	23966	21014	63	3021
1381	301	14	1977	606	518		21
8036	1506	467	9807	3271	4061	1	288
98213	17229	10222	131018	54424	44952	79	2092
61971	4298	182	67400	30806	23659	16	901
27403	10489	9394	52396	17842	18346	59	911
8839	2441	646	11222	5776	2948	4	280
11475	40989	3180	51584	7579	24121	34	512
1416	139	60	1646	655	482		
134	24	105	484	248	66		23
643	238	403	1624	746	669		147
9283	40589	2613	47830	5930	22905	34	342
17013925	**1695515**	**993115**	**20849525**	**6458386**	**6470928**	**23767**	**380088**
444435	5234	1880	482793	150247	183694	376	9269
444435	5234	1880	482793	150247	183694	376	9269
16143136	1581517	878887	19611383	6078069	6037782	22871	347577
358170	22977	626	434122	137078	151899	1552	6744
15041123	1532589	874654	18338285	5601962	5589104	19906	329466
527367	6017	380	583528	249222	213799	304	8530
216476	19935	3226	255449	89807	82979	1109	2837
58259	190	84	64880	22277	26421	47	1144
48151	80	83	52890	17695	21819	43	1074
10108	111	1	11990	4582	4602	4	70
233231	38145	6523	332810	72607	123436	146	11759
137431	29352	2185	181759	48797	72152	55	2990
95754	8678	4294	150633	23528	51168	84	8765
46	115	44	419	282	117	7	4
134865	70429	105741	357659	135187	99596	327	10341
92271	14304	32031	154491	68582	40637	129	3188
42594	56125	73709	203169	66605	58959	198	7153

6-1 续表 2-1

行　业	代码	#差旅费	#出国费	#工会经费	#福利费	对个人和家庭补助
总　计		**404653**	**42369**	**139665**	**886068**	**4006543**
交通运输、仓储和邮政业	**F**	**1897**	**10**	**653**	**3471**	**6275**
道路运输业	52	1536	1	578	2919	3692
公路旅客运输	521	2		28		413
道路货物运输	522				1	10
道路运输辅助活动	523	1534	1	550	2918	3269
城市公共交通业	53	1			2	
公共电汽车客运	531					
轨道交通	532					
出租车客运	533				2	
城市轮渡	534					
其他城市公共交通	539	1				
水上运输业	54	80		14	141	1294
水上旅客运输	541	1			2	3
水上货物运输	542					
水上运输辅助活动	543	79		14	139	1291
航空运输业	55	128		40	177	263
航空客货运输	551					
通用航空服务	552					
航空运输辅助活动	553	128		40	177	263
装卸搬运和其他运输服务业	57	11			12	51
装卸搬运	571					
运输代理服务	572	11			12	51
仓储业	58	142	9	21	221	976
谷物、棉花等农产品仓储	581	131	9	15	217	592
其他仓储	589	11		6	4	384
邮政业	59					
国家邮政	591					
其他寄递服务	599					
信息传输、计算机服务和软件业	**G**	**814**	**56**	**134**	**2756**	**2265**
电信和其他信息传输服务业	60	630	56	91	2098	1887
电信	601					
互联网信息服务	602	43		13	257	272
广播电视传输服务	603	582	56	78	1829	1577
卫星传输服务	604	6			12	38
计算机服务业	61	180		41	654	344
计算机系统服务	611	98		16	241	133
数据处理	612	1				2
计算机维修	613	27		19	218	196
其他计算机服务	619	54		7	195	13
软件业	62	4		2	5	33
公共软件服务	621	3		1	3	13
其他软件服务	629	1		1	1	20

单位：万元

#抚恤金	#生活补助费	#救济费	#助学金	#退职(役)费	经营支出	经营税金	全部从业人员年平均人数(人)
84685	**211353**	**104456**	**164832**	**73380**	**1681681**	**181224**	**2955940**
213	**826**	**46**	**28**	**141**	**9880**	**251**	**19122**
152	727	38	22	119	3084	83	17270
6							54
							44
146	727	38	22	119	3084	83	17172
							18
							12
							6
12	8	1	7	3	910	9	688
				3	18	3	13
							14
12	8	1	7		892	6	661
				8			321
				8			321
3	15			11	2	6	52
3	15			11	2	6	52
47	76	7			5885	152	773
11	43	7			5877	144	544
36	33				8	8	229
11	**124**	**1**		**22**	**14861**	**3173**	**5648**
8	124	1		12	12728	2982	4929
	92				178	12	275
8	32	1		12	12550	2969	4552
							102
3					428	37	637
3					119	23	291
							16
							194
					309	14	136
				10	1706	155	82
					1706	150	65
				10		5	17

6-1 续表 2-2

行 业	代码	#差旅费	#出国费	#工会经费	#福利费	对个人和家庭补助
批发和零售业	H					
批发业	63					
农畜产品批发	631					
纺织、服装及日用品批发	633					
医药及医疗器材批发	635					
矿产品、建材及化工产品批发	636					
机械设备、五金交电及电子产品批发	637					
贸易经纪与代理	638					
其他批发	639					
零售业	65					
综合零售	651					
住宿和餐饮业	I	**2**			**20**	
住宿业	66	2			20	
旅游饭店	661	2			20	
一般旅馆	662					
其他住宿服务	669					
餐饮业	67					
正餐服务	671					
其他餐饮服务	679					
金融业	J	**1740**	**19**	**453**	**2616**	**1633**
银行业	68	1556	19	362	2119	1294
中央银行	681	1556	19	362	2119	1294
商业银行	682					
其他银行	689					
证券业	69	62		29	203	293
证券市场管理	691	62		29	203	293
证券经纪与交易	692					
证券投资	693					
保险业	70	38		7	77	7
人寿保险	701					
非人寿保险	702					
保险辅助服务	703	38		7	77	7
其他金融活动	71	85		55	217	39
金融信托与管理	711	7			4	24
金融租赁	712					
财务公司	713					
邮政储蓄	714					
典当	715	1			1	1
其他未列明的金融活动	719	77		55	213	15
房地产业	K	**271**	**3**	**51**	**754**	**583**
房地产业	72	271	3	51	754	583
房地产开发经营	721					
物业管理	722	52		9	290	75
房地产中介服务	723	51		9	256	174
其他房地产活动	729	168	3	32	208	334

单位：万元

#抚恤金	#生活补助费	#救济费	#助学金	#退职(役)费	经营支出	经营税金	全部从业人员年平均人数(人)
							14
							14
							14
10	**9**		**1**	**1**	**65662**	**463**	**3776**
2	7			1	60210	23	3388
2	7			1	60210	23	3308
							80
					1		129
					1		129
							51
							51
8	2		1		5451	440	208
8	2						43
							13
			1		2		2
					5450	440	150
41	**37**		**2**		**3309**	**1019**	**2603**
41	37		2		3309	1019	2603
							175
9	2				550	90	869
1	1				729	270	595
31	34		2		2029	659	964

6-1 续表 2-3

行业	代码	#差旅费	#出国费	#工会经费	#福利费	对个人和家庭补助
租赁和商务服务业	L	**6644**	**736**	**2135**	**29448**	**144522**
租赁业	73				1	15
机械设备租赁	731					
文化及日用品出租	732				1	15
商务服务业	74	6644	736	2135	29447	144508
企业管理服务	741	3113	413	1301	22204	132138
法律服务	742	775	18	216	1222	1064
咨询与调查	743	840	172	100	798	1038
广告业	744	32		1	10	49
知识产权服务	745	28	20	3	38	24
职业中介服务	746	619	3	170	1234	5905
市场管理	747	869		261	3083	1950
旅行社	748	13	2	4	62	38
其他商务服务	749	356	108	79	796	2302
科学研究、技术服务和地质勘查业	M	**31971**	**1318**	**4319**	**27857**	**254047**
研究与试验发展	75	8070	580	1373	6996	39437
自然科学研究与试验发展	751	2374	141	203	940	11449
工程和技术研究与试验发展	752	2908	253	539	2771	6795
农业科学研究与试验发展	753	2065	121	336	1646	15377
医学研究与试验发展	754	399	42	148	1071	3573
社会人文科学研究与试验发展	755	324	23	147	569	2243
专业技术服务业	76	20430	627	2123	16624	190136
气象服务	761	896	41	121	998	4992
地震服务	762	42		3	29	191
海洋服务	763	1367	38	95	2168	7865
测绘服务	764	1136	9	171	1226	1943
技术检测	765	3391	445	636	4899	13792
环境监测	766	679	5	126	763	2820
工程技术与规划管理	767	4326	69	851	6136	153612
其他专业技术服务	769	8594	20	119	405	4921
科技交流和推广服务业	77	2074	108	312	2412	8633
技术推广服务	771	928	52	200	1862	5784
科技中介服务	772	794	49	83	293	1928
其他科技服务	779	351	8	30	258	922
地质勘查业	78	1397	4	511	1825	15841
矿产地质勘查	781	837		378	1129	8034
基础地质勘查	782	353	4	96	491	6379
地质勘查技术服务	783	207		37	205	1428
水利、环境和公共设施管理业	N	**8213**	**144**	**3769**	**21796**	**79484**
水利管理业	79	3222	39	867	4982	21195
防洪管理	791	871	7	161	1264	8202
水资源管理	792	1428	18	534	2791	7753
其他水利管理	799	923	14	172	926	5240
环境管理业	80	2347	51	1349	8075	27680
自然保护	801	377	24	94	846	1355
环境治理	802	1970	27	1255	7230	26324

单位：万元

#抚恤金	#生活补助费	#救济费	#助学金	#退职(役)费	经营支出	经营税金	全部从业人员年平均人数(人)
505	**8394**	**773**	**520**	**607**	**79756**	**15742**	**40987**
1							12
1							12
504	8394	773	520	607	79756	15742	40975
402	5048	663	506	368	54949	9429	21695
11	156	10		4	5587	1767	1934
1	36	24	1	2	1098	191	2045
					1060	114	109
					39	2	71
7	2709	1	2	36	3308	418	3861
68	421	74	10	170	7840	2913	8922
					248	41	96
15	24	2	1	26	5628	867	2242
1089	**3243**	**124**	**1433**	**2970**	**164622**	**37912**	**70104**
473	516	46	1321	403	25741	2912	18886
162	27		806		7502	741	2482
73	114	1	383	5	9525	1200	4983
187	298	45	42	393	5366	548	8119
25	39		90		419	153	2460
27	38		1	5	2929	271	842
249	1057	60	96	304	107605	31575	34817
20	70	14	5	72	8210	1530	2544
					217	82	263
50	27	2		3	42	28	2681
9	39	16		11	8811	1870	2258
41	286		19	66	15161	2698	10349
13	92	1	9	5	888	150	2674
96	420	27	60	143	71487	24825	12582
21	122	1	2	4	2789	393	1466
144	687	12	9	230	10096	1246	10668
107	480	12	8	173	7491	332	8639
27	130			51	1321	792	1157
11	78		1	6	1284	123	872
222	983	6	7	2033	21181	2178	5733
88	860	3	6	871	18532	1160	3097
92	92		1	1162	1233	51	1834
42	31	3			1417	967	802
1010	**3018**	**165**	**37**	**1274**	**100341**	**4510**	**107269**
307	859	51	17	811	58570	1234	27796
108	323	1	2	51	13798	45	5038
144	381	29	14	525	39886	937	17921
55	155	21	2	235	4886	252	4837
220	1500	91	12	147	14485	1267	48531
18	63		2	58	3543	338	2855
202	1437	91	10	89	10941	928	45676

6-1 续表 2-4

行业	代码	#差旅费	#出国费	#工会经费	#福利费	对个人和家庭补助
公共设施管理业	81	2644	55	1553	8739	30610
市政公共设施管理	811	1045	7	795	3978	11358
城市绿化管理	812	608	29	246	1965	8208
游览景区管理	813	991	18	511	2796	11044
居民服务和其他服务业	**O**	**1981**	**184**	**780**	**4245**	**14097**
居民服务业	82	1646	181	623	3502	8652
家庭服务	821				8	13
托儿所	822	250		9	75	157
洗染服务	823					
理发及美容保健服务	824	10		12	62	22
洗浴服务	825					
婚姻服务	826	6		2	22	10
殡葬服务	827	1013	167	338	2159	5519
摄影扩印服务	828					
其他居民服务	829	367	14	262	1177	2932
其他服务业	83	335	3	158	743	5445
修理与维护	831	8			15	11
清洁服务	832	91		55	215	865
其他未列明的服务	839	236	3	103	513	4568
教育	**P**	**93371**	**9412**	**28381**	**154955**	**1139902**
教育	84	93371	9412	28381	154955	1139902
学前教育	841	1866	178	1471	7607	20439
初等教育	842	17859	309	7992	44222	288011
中等教育	843	27308	3426	12499	69862	424594
高等教育	844	42603	5197	4881	25662	354790
其他教育	849	3736	303	1538	7602	52069
卫生、社会保障和社会福利业	**Q**	**25628**	**1569**	**26981**	**211124**	**446883**
卫生	85	23682	1494	26293	207356	392854
医院	851	11653	1112	19545	162398	297143
卫生院及社区医疗活动	852	6119	91	2999	20344	36602
门诊部医疗活动	853	379	10	269	3152	5226
计划生育技术服务活动	854	541	58	200	1466	3703
妇幼保健活动	855	892	18	1457	6215	10796
专科疾病防治活动	856	1642	137	682	6698	17992
疾病预防控制及防疫活动	857	1815	55	927	4837	16911
其他卫生活动	859	643	15	214	2247	4481
社会保障业	86	790	8	269	1566	6809
社会保障业	860	790	8	269	1566	6809
社会福利业	87	1156	66	419	2201	47220
提供住宿的社会福利	871	974	33	350	1805	40066
不提供住宿的社会福利	872	182	34	69	396	7154
文化、体育和娱乐业	**R**	**12570**	**3238**	**2448**	**27368**	**68199**
新闻出版业	88	968	177	222	1807	3544
新闻业	881	172	172	15	244	1292

单位：万元

#抚恤金	#生活补助费	#救济费	#助学金	#退职(役)费	经营支出	经营税金	全部从业人员年平均人数(人)
483	659	23	8	316	27286	2010	30942
112	356	11	4	123	16319	1167	14626
241	240	3	1	67	6982	493	6881
130	63	10	3	127	3985	350	9435
87	**982**	**17**	**21**	**1458**	**13315**	**586**	**14616**
51	944	13	16	1406	10829	351	11964
		4			74	10	59
1	30				292	4	419
2	5	2	2		13		343
							27
46	442	6	11	5	8860	86	4503
3	466	2	4	1401	1590	250	6613
36	38	3	4	53	2486	236	2652
0	2	0	0		122	13	61
31	11	3	3	46	307	56	1221
4	25	1	1	7	2058	168	1370
15872	**43929**	**2044**	**148684**	**23462**	**138543**	**8573**	**1085446**
15872	43929	2044	148684	23462	138543	8573	1085446
168	1183	87	121	606	18196	432	45117
7211	19762	913	10151	13543	26208	764	448129
5729	18081	873	51079	8613	47706	3058	454864
2235	3766	43	81591	231	30758	2565	112249
529	1138	128	5742	470	15675	1754	25087
4968	**13363**	**4271**	**733**	**6715**	**594490**	**30601**	**431281**
3753	8077	1045	536	6492	586364	30115	413281
2513	4115	441	429	3250	472333	23078	278848
700	2432	223	81	1653	74189	5888	79907
38	97	10	1	186	18106	345	7446
22	261	18	2	31	4129	389	5633
63	287	38	3	95	5975	78	17385
240	208	252	12	745	8113	199	8361
153	526	61	9	511	2939	99	11785
23	150	3		21	582	39	3916
59	261	10	95	68	3335	286	5606
59	261	10	95	68	3335	286	5606
1156	5025	3216	101	156	4791	200	12394
783	4578	2484	37	124	4197	174	10260
373	447	732	65	32	594	25	2134
722	**2395**	**73**	**1018**	**1573**	**93194**	**32222**	**64406**
19	88	13	6	42	35045	3467	6359
5	22	2		36	1274	127	978

6-1 续表 2-5

行 业	代码	#差旅费	#出国费	#工会经费	#福利费	对个人和家庭补助
出版业	882	796	6	208	1563	2252
广播、电视、电影和音像业	89	4301	616	964	14433	20452
广播	891	756	61	296	5558	5893
电视	892	3432	555	639	8548	14348
电影	893	94		28	183	174
音像制作	894	19		1	145	36
文化艺术业	90	3449	377	880	7423	26619
文艺创作与表演	901	1475	196	197	1872	7830
艺术表演场馆	902	125	2	20	284	374
图书馆与档案馆	903	658	132	214	1808	7338
文物及文化保护	904	87		13	210	828
博物馆	905	334	33	126	1211	3204
烈士陵园、纪念馆	906	44	6	47	502	859
群众文化活动	907	613	8	227	1253	4777
文化艺术经纪代理	908	12		14	4	585
其他文化艺术	909	101		22	279	824
体育	91	3334	1818	287	2524	16349
体育组织	911	2382	1193	81	865	10049
体育场馆	912	837	624	187	1474	4633
其他体育	919	115	1	19	185	1666
娱乐业	92	519	250	95	1181	1235
室内娱乐活动	921	4		7	139	251
游乐园	922	6			27	22
休闲健身娱乐活动	923	50		9	44	90
其他娱乐活动	929	459	250	78	971	872
公共管理和社会组织	**S**	**219551**	**25680**	**69562**	**399659**	**1848653**
中国共产党机关	93	9190	669	1418	8155	49881
中国共产党机关	930	9190	669	1418	8155	49881
国家机构	94	201109	19320	61935	346438	1724892
国家权力机构	941	9207	869	1422	13013	59453
国家行政机构	942	175155	17419	56648	312301	1581371
人民法院和人民检察院	943	13926	581	2505	10470	57381
其他国家机构	949	2821	452	1360	10655	26687
人民政协和民主党派	95	1766	201	229	1210	8707
人民政协	951	1548	166	114	913	7088
民主党派	952	218	35	115	297	1619
群众团体、社会团体和宗教组织	96	4281	5347	3588	9933	29342
群众团体	961	1878	411	3221	3168	16134
社会团体	962	2398	4934	362	6754	13197
宗教组织	963	4	2	5	11	11
基层群众自治组织	97	3207	142	2392	33922	35831
社区自治组织	971	1072	34	475	10651	11635
村民自治组织	972	2135	108	1917	23270	24197

单位：万元

#抚恤金	#生活补助费	#救济费	#助学金	#退职(役)费	经营支出	经营税金	全部从业人员年平均人数(人)
14	66	11	6	7	33771	3341	5381
118	889	28	8	1244	44327	25392	23749
23	239		4	1128	8585	4757	5828
80	619	28	3	115	33735	20312	15494
15	31		1		1154	201	2159
				1	853	122	268
425	819	27	18	260	6352	1423	21028
187	234	1	6	54	834	210	5623
4	9				172	16	378
110	156	5	2	91	719	161	4946
1	15			1	444	1	815
41	177	20		28	1258	55	2769
4	4		2	2	532	240	635
56	207		9	86	2240	701	5150
6	1				1	6	131
17	16				153	32	581
134	342	5	986	24	6084	1738	11172
85	278	4	528	4	120	16	6660
36	49		136	6	5822	1656	3366
14	15	1	322	15	143	65	1146
26	257	1		2	1385	203	2098
	160				47	6	158
						1	104
	4			2	339	12	232
25	93	1			999	184	1604
60158	**135034**	**96942**	**12356**	**35156**	**403710**	**46173**	**1110668**
831	3014	346	36	1319	1776	43	25517
831	3014	346	36	1319	1776	43	25517
57668	125969	92591	7271	30159	359866	41891	1024362
1527	3607	1324	150	1228	158	49	23922
55406	119444	91144	5449	28130	356989	40795	949603
499	1422	118	61	596	468	32	36391
237	1497	5	1611	205	2252	1016	14446
84	471	8	11	298	91		3641
77	255	8	9	193	83		2888
7	216		3	105	8		753
790	1553	2059	507	2467	4334	905	14291
130	1317	1026	405	309	2485	268	9533
660	234	1034	102	2158	1835	624	4675
	2				14	14	83
785	4027	1938	4531	914	37642	3334	42857
279	1767	963	1657	212	12760	587	17569
506	2260	975	2874	702	24883	2748	25288

6-2 按登记注册类型分组的

登记注册类型	行政事业单位合计(个)	#机关	#事业单位	固定资产原价	本年收入合计
总计	**54234**	**10723**	**37115**	**83425773**	**48436028**
内资企业	**54225**	**10723**	**37115**	**83405393**	**48429138**
国有企业	45817	10721	33900	77339534	45045168
集体企业	1410	1	1127	1424437	724808
股份合作企业	68		45	63915	46440
联营企业	59		44	206446	77923
国有联营企业	9		6	170747	41813
集体联营企业	7		3	7810	3531
国有与集体联营企业	22		18	9556	11215
其他联营企业	21		17	18333	21364
有限责任公司	16	1		55328	69361
国有独资公司	2	1		497	57046
其他有限责任公司	14			54831	12315
股份有限公司	3			8456	295
私营企业	389			221501	80696
私营独资企业	308			131177	45291
私营合伙企业	59			19777	9597
私营有限责任公司	22			70546	25808
私营股份有限公司					
其他企业	6463		1999	4085777	2384447
港、澳、台商投资企业	**3**			**1820**	**592**
合资经营企业(港或澳、台资)	1			71	45
合作经营企业(港或澳、台资)	1			1380	217
港、澳、台商独资经营企业	1			369	330
港、澳、台商投资股份有限公司					
外商投资企业	**6**			**18560**	**6298**
中外合资经营企业	1				32
中外合作经营企业	3			15519	5643
外资企业	2			3040	623
外商投资股份有限公司					

行政事业单位财务状况

单位：万元

#财政拨款	#事业收入	#经营收入	本年支出合计	工资福利支出	商品和服务支出	#取暖费(降温费)	#劳务费
27740946	**12415612**	**3591022**	**45800049**	**15256477**	**15892633**	**48383**	**930116**
27740834	**12415570**	**3584288**	**45793748**	**15251986**	**15891861**	**48383**	**930116**
26539466	11467093	2806350	42849714	14092505	14975245	45695	839870
221594	173098	261839	638093	278554	208803	602	32698
5980	7849	24986	30861	5427	11445	80	178
8470	7394	19851	67809	24181	35508	57	2045
2297	193	451	41297	13632	25418		5
647	1981	382	1398	385	422	1	30
4507	3899	199	11477	5436	5026	20	410
1020	1321	18820	13636	4728	4643	36	1601
4914	442	63972	15315	4269	8838	2	348
3161		53885	3319	2050	251		
1753	442	10088	11996	2219	8587	2	348
40	26		258	108	76		[illegible]
8344	47898	17288	75196	35911	23131	122	[illegible]
5016	26719	9957	44653	22246	12798	60	1081
327	3550	3604	9814	5082	2366	62	418
3002	17630	3726	20729	8583	7968		163
952026	711769	390002	2116504	811032	628814	1826	53265
		591	**751**	**729**	**22**		
		45	2	2			
		217	661	661			
		330	88	66	22		
112	**43**	**6143**	**5550**	**3762**	**750**		
	32		52	37	15		
		5643	5170	3475	668		
112	11	500	329	249	67		

6-2 续表

登记注册类型	#差旅费	#出国费	#工会经费	#福利费	对个人和家庭补助
总　计	**404653**	**42369**	**139665**	**886068**	**4006543**
内资企业	**404650**	**42369**	**139646**	**886028**	**4006319**
国有企业	384561	40907	128436	794860	3687972
集体企业	3051	136	2365	15641	70629
股份合作企业	37		27	1736	12363
联营企业	222	2	275	376	3736
国有联营企业	31	1	128	22	2181
集体联营企业	10	1		37	405
国有与集体联营企业	156		144	224	629
其他联营企业	25		4	92	521
有限责任公司	348	2	64	462	192
国有独资公司			39	212	
其他有限责任公司	348	2	25	250	192
股份有限公司				2	
私营企业	793	17	397	2459	3171
私营独资企业	558	11	212	1829	1593
私营合伙企业	183		31	288	201
私营有限责任公司	53	6	154	343	1377
私营股份有限公司					
其他企业	15639	1306	8083	70493	228256
港、澳、台商投资企业	**3**			**5**	
合资经营企业(港或澳、台资)					
合作经营企业(港或澳、台资)					
港、澳、台商独资经营企业	3			5	
港、澳、台商投资股份有限公司					
外商投资企业			**19**	**35**	**224**
中外合资经营企业			15		
中外合作经营企业				34	217
外资企业			4	2	7
外商投资股份有限公司					

单位：万元

					经营支出	经营税金	全部从业人员年平均人数（人）
#抚恤金	#生活补助费	#救济费	#助学金	#退职(役)费			
84685	**211353**	**104456**	**164832**	**73380**	**1681681**	**181224**	**2955940**
84685	**211351**	**104456**	**164815**	**73375**	**1680074**	**181217**	**2955174**
82568	198101	101423	143121	69724	1323684	160457	2707304
431	2033	182	1222	1211	123354	7590	58477
6	55	8	34	5	3843	207	1173
37	98	23	14	1	8807	86	4179
11	9		1		381	41	1653
17					228	20	134
4	89	23	12	1	115	10	1209
4			1	1	8083	15	1183
	1		10		54145	35	1304
					53883		599
	1		10		261	35	705
							35
108	553	11	913	13	9845	643	11368
108	149	8	608	12	4680	194	7849
	14	3	67		2483	224	1783
	391		238		2682	225	1736
1536	10511	2810	19502	2421	156396	12199	171334
					209	**7**	**192**
					11		4
					110		168
					88	7	20
	2		**17**	**5**	**1398**		**574**
							15
			17		1363		517
	2			5	35		42

6-3 按行业(中类)分组的

行 业	代码	单位数(个)	固定资产原价	本年收入合计
总 计		**41884**	**26735854**	**4836005**
交通运输、仓储和邮政业	**F**	**9**	**4238**	**909**
道路运输业	52	4	158	62
公路旅客运输	521			
道路货物运输	522			
道路运输辅助活动	523	4	158	62
城市公共交通业	53			
公共电汽车客运	531			
轨道交通	532			
出租车客运	533			
城市轮渡	534			
其他城市公共交通	539			
水上运输业	54	1	55	300
水上旅客运输	541	1	55	300
水上货物运输	542			
水上运输辅助活动	543			
航空运输业	55			
航空客货运输	551			
通用航空服务	552			
航空运输辅助活动	553			
装卸搬运和其他运输服务业	57			
装卸搬运	571			
运输代理服务	572			
仓储业	58	3	4025	547
谷物、棉花等农产品仓储	581	2	3803	457
其他仓储	589	1	222	90
邮政业	59	1		1
国家邮政	591	1		1
其他寄递服务	599			
信息传输、计算机服务和软件业	**G**	**22**	**4126**	**3281**
电信和其他信息传输服务业	60	9	2494	2024
电信	601			
互联网信息服务	602	3	516	460
广播电视传输服务	603	6	1977	1564
卫星传输服务	604			
计算机服务业	61	10	1328	918
计算机系统服务	611			
数据处理	612			
计算机维修	613	1	10	5
其他计算机服务	619	9	1318	913
软件业	62	3	305	339
公共软件服务	621	1	1	40
其他软件服务	629	2	304	299

社团及其他单位财务状况

单位：万元

#捐赠收入	#会费收入	#提供服务收入	#政府补助收入	本年费用合计	业务活动成本	#人员费用
575967	**138315**	**1595260**	**398682**	**4853371**	**2913022**	**857558**
	1	**465**	**142**	**579**	**140**	**32**
		56	6	96	63	14
		56	6	96	63	14
			7	29	29	17
			7	29	29	17
		409	130	453	47	
		318	130	357	36	
		90		97	11	
	1			1	1	
	1			1	1	
	13	**2122**	**296**	**2923**	**1717**	**525**
		1933	61	1492	1017	244
		456		317	231	12
		1477	61	1175	786	233
	4	76	20	1012	479	225
		5		2	2	1
	4	72	20	1010	477	224
	9	113	215	419	222	55
		38		5	3	3
	9	75	215	415	219	53

6-3 续表 1-1

行 业	代码	单位数（个）	固定资产原 价	本年收入合 计
批发和零售业	**H**	**1**	**450**	**50**
批发业	63	1	450	50
农畜产品批发	631			
纺织、服装及日用品批发	633			
医药及医疗器材批发	635	1	450	50
矿产品、建材及化工产品批发	636			
机械设备、五金交电及电子产品批发	637			
贸易经纪与代理	638			
其他批发	639			
零售业	65			
综合零售	651			
住宿和餐饮业	**I**	**1**		**13**
住宿业	66	1		13
旅游饭店	661			
一般旅馆	662	1		13
其他住宿服务	669			
餐饮业	67			
正餐服务	671			
其他餐饮服务	679			
金融业	**J**	**2**	**310**	**45**
银行业	68			
中央银行	681			
商业银行	682			
其他银行	689			
证券业	69			
证券市场管理	691			
证券经纪与交易	692			
证券投资	693			
保险业	70	1	2	3
人寿保险	701			
非人寿保险	702	1	2	3
保险辅助服务	703			
其他金融活动	71	1	308	42
金融信托与管理	711			
金融租赁	712			
财务公司	713			
邮政储蓄	714			
典当	715			
其他未列明的金融活动	719	1	308	42
房地产业	**K**	**3**	**95**	**40**
房地产业	72	3	95	40
房地产开发经营	721			
物业管理	722	1	83	12
房地产中介服务	723	2	12	28
其他房地产活动	729			

单位：万元

#捐赠收入	#会费收入	#提供服务收入	#政府补助收入	本年费用合计	业务活动成本	#人员费用
				217	**165**	**30**
				217	165	30
				217	165	30
13				**13**	**13**	**10**
13				13	13	10
13				13	13	10
26	**10**		**3**	**45**		
			3	3		
			3	3		
26	10			42		
26	10			42		
		18	**22**	**41**	**8**	**4**
		18	22	41	8	4
		12		15	4	
		6	22	26	4	4

6-3 续表 1-2

行　　业	代码	单位数（个）	固定资产原　　价	本年收入合　　计
租赁和商务服务业	L	**4141**	**3117463**	**1257305**
租赁业	73	1	21	24
机械设备租赁	731	1	21	24
文化及日用品出租	732			
商务服务业	74	4140	3117442	1257281
企业管理服务	741	3825	3100511	1229918
法律服务	742	135	3494	15655
咨询与调查	743	58	4542	6268
广告业	744	1	70	170
知识产权服务	745	6	79	213
职业中介服务	746	19	760	408
市场管理	747	18	1670	769
旅行社	748	6	1349	242
其他商务服务	749	72	4967	3638
科学研究、技术服务和地质勘查业	M	**152**	**25557**	**15993**
研究与试验发展	75	46	11649	7097
自然科学研究与试验发展	751	6	117	544
工程和技术研究与试验发展	752	15	8452	2990
农业科学研究与试验发展	753	12	713	503
医学研究与试验发展	754	5	2279	2666
社会人文科学研究与试验发展	755	8	89	395
专业技术服务业	76	36	8280	6323
气象服务	761	3	28	67
地震服务	762			
海洋服务	763			
测绘服务	764	1		9
技术检测	765	4	667	410
环境监测	766	2	174	1128
工程技术与规划管理	767	17	7301	4513
其他专业技术服务	769	9	110	196
科技交流和推广服务业	77	70	5629	2572
技术推广服务	771	46	3667	1560
科技中介服务	772	8	52	644
其他科技服务	779	16	1910	369
地质勘查业	78			
矿产地质勘查	781			
基础地质勘查	782			
地质勘查技术服务	783			
水利、环境和公共设施管理业	N	**73**	**220156**	**30137**
水利管理业	79	22	9359	1891
防洪管理	791	4	284	525
水资源管理	792	9	8562	676
其他水利管理	799	9	512	690
环境管理业	80	16	4444	3862
自然保护	801	2	1	20
环境治理	802	14	4443	3841

单位：万元

#捐赠收入	#会费收入	#提供服务收入	#政府补助收入	本年费用合计	业务活动成本	#人员费用
5428	**3315**	**339406**	**16367**	**1426217**	**1029397**	**279813**
		24		12	12	10
		24		12	12	10
5428	3315	339382	16367	1426205	1029385	279803
5173	2671	318383	14313	1403095	1017874	275196
2	1	13890	52	13014	6576	2712
74	294	3683	1860	5032	2254	873
				163	119	
	13	39	23	187	145	69
	3	179	32	709	507	269
		420		779	215	74
		50		201	30	26
180	333	2738	87	3025	1666	583
659	**353**	**7742**	**3071**	**17590**	**7568**	**3745**
567	73	2113	1220	9311	4521	2390
	35	504		528	221	101
125		599	850	3956	2148	478
	4	341	128	577	192	151
417	34	394	186	3879	1835	1609
25		275	56	371	125	52
	11	4609	1020	5109	1726	665
		15		55	50	14
		9		9	9	6
		48		440	149	51
		1059	69	944	184	93
	10	3384	896	3494	1282	475
	1	94	56	168	52	26
92	270	1020	831	3170	1322	690
77	121	828	242	1611	950	479
3	61	48	525	301	176	108
12	88	144	64	1258	197	103
3493	**87**	**7921**	**12976**	**42066**	**25854**	**6214**
30	36	391	640	1762	882	206
		128	372	427	176	47
18	28	86	257	789	276	100
12	8	177	10	546	430	60
	31	949	1903	3487	3018	775
	19		1	18	9	7
	12	949	1902	3470	3009	767

6-3 续表 1-3

行　　业	代码	单位数（个）	固定资产原　价	本年收入合　计
公共设施管理业	81	35	206354	24384
市政公共设施管理	811	6	163829	10586
城市绿化管理	812	5	2478	347
游览景区管理	813	24	40048	13452
居民服务和其他服务业	**O**	**284**	**35261**	**20787**
居民服务业	82	255	25778	17813
家庭服务	821	7	2302	131
托儿所	822	129	6433	9983
洗染服务	823			
理发及美容保健服务	824	2	3	17
洗浴服务	825			
婚姻服务	826	5	178	854
殡葬服务	827	19	9750	2354
摄影扩印服务	828	2	19	33
其他居民服务	829	91	7094	4441
其他服务业	83	29	9483	2974
修理与维护	831	4	7694	606
清洁服务	832	6	72	704
其他未列明的服务	839	19	1717	1663
教育	**P**	**5658**	**1760178**	**984265**
教育	84	5658	1760178	984265
学前教育	841	3723	414828	346838
初等教育	842	698	497162	217867
中等教育	843	295	538215	228711
高等教育	844	39	195492	91557
其他教育	849	903	114481	99293
卫生、社会保障和社会福利业	**Q**	**1696**	**161147**	**131909**
卫生	85	1286	103980	77804
医院	851	71	44693	34775
卫生院及社区医疗活动	852	155	16606	12642
门诊部医疗活动	853	1023	32391	24127
计划生育技术服务活动	854	11	419	741
妇幼保健活动	855			
专科疾病防治活动	856	8	2754	3593
疾病预防控制及防疫活动	857	3	44	117
其他卫生活动	859	15	7075	1809
社会保障业	86	22	680	1112
社会保障业	860	22	680	1112
社会福利业	87	388	56487	52993
提供住宿的社会福利	871	234	43765	8195
不提供住宿的社会福利	872	154	12722	44798
文化、体育和娱乐业	**R**	**498**	**88859**	**56949**
新闻出版业	88	8	60	796
新闻业	881			

单位：万元

#捐赠收入	#会费收入	#提供服务收入	#政府补助收入	本年费用合计	业务活动成本	#人员费用
3463	20	6581	10433	36817	21954	5233
205	20	47	10315	6730	237	28
		323	5	407	324	49
3258		6211	113	29680	21393	5156
737	**1168**	**8433**	**1588**	**18692**	**8700**	**4128**
279	864	6809	1563	17033	7753	3823
2		36	86	134	43	25
18	50	3705	5	9517	3537	2432
		17		15	12	8
	780	73		601	101	14
1	7	1122	216	2671	1845	252
		30		28	25	13
258	27	1825	1256	4069	2190	1079
458	304	1625	25	1659	947	305
		541		449	357	51
20		470	9	98	70	45
438	304	614	16	1112	520	210
4012	**11296**	**773051**	**30206**	**978064**	**643569**	**281354**
4012	11296	773051	30206	978064	643569	281354
627	2920	293746	4513	359939	253710	94039
525	3930	159238	11749	223617	144192	79520
2463	2299	182191	10100	220370	139317	63859
	47	70058	1307	79882	54358	23865
397	2100	67819	2537	94255	51993	20071
34197	**507**	**68232**	**6311**	**115218**	**79649**	**26074**
1157	295	62169	1690	73413	49071	20884
93	117	30792	133	32557	21401	8251
196	113	9466	791	12821	8104	3090
38	51	17252	697	22649	15791	8156
		445	46	513	188	50
		3568	5	2842	2786	818
8	2	17	2	143	119	81
823	13	630	16	1887	682	439
569	42	63	296	1070	833	283
569	42	63	296	1070	833	283
32470	170	6000	4325	40735	29745	4907
832	18	2918	2727	8021	3798	1528
31638	153	3082	1598	32714	25947	3379
22372	**1879**	**20779**	**6853**	**85833**	**50374**	**9785**
16	15	754	6	769	69	17

6-3 续表 1-4

行业	代码	单位数(个)	固定资产原价	本年收入合计
出版业	882	8	60	796
广播、电视、电影和音像业	89	20	17504	5262
广播	891	1	70	40
电视	892	3	12053	4157
电影	893	13	5201	821
音像制作	894	3	179	244
文化艺术业	90	217	45757	15220
文艺创作与表演	901	114	8763	11830
艺术表演场馆	902	1	15	12
图书馆与档案馆	903	1	50	42
文物及文化保护	904	20	3031	623
博物馆	905	20	27254	984
烈士陵园、纪念馆	906	3	4575	162
群众文化活动	907	43	1761	1210
文化艺术经纪代理	908	3	5	48
其他文化艺术	909	12	304	310
体育	91	176	5566	31291
体育组织	911	163	4728	30327
体育场馆	912	6	788	854
其他体育	919	7	49	110
娱乐业	92	77	19973	4380
室内娱乐活动	921	44	2273	1301
游乐园	922	1	1045	208
休闲健身娱乐活动	923	24	15977	2605
其他娱乐活动	929	8	677	266
公共管理和社会组织	**S**	**29344**	**21318015**	**2334323**
中国共产党机关	93	2	37	115
中国共产党机关	930	2	37	115
国家机构	94	94	12189	30745
国家权力机构	941	1	31	32
国家行政机构	942	90	12111	30668
人民法院和人民检察院	943			
其他国家机构	949	3	47	45
人民政协和民主党派	95	4	87	28
人民政协	951			
民主党派	952	4	87	28
群众团体、社会团体和宗教组织	96	7064	755657	895750
群众团体	961	964	81808	213962
社会团体	962	5040	213551	595335
宗教组织	963	1060	460298	86452
基层群众自治组织	97	22180	20550044	1407685
社区自治组织	971	4016	1599971	333891
村民自治组织	972	18164	18950073	1073794

单位：万元

#捐赠收入	#会费收入	#提供服务收入	#政府补助收入	本年费用合计	业务活动成本	#人员费用
16	15	754	6	769	69	17
12		4655	421	5103	3122	1860
		40		35	32	28
9		3640	408	3347	2094	1462
		738	13	1468	889	284
3		237		253	107	86
935	165	11486	929	14731	8882	5206
202	63	10134	376	11600	6949	4583
				11		
		42		36	18	8
207	3	54	26	588	315	80
331		408	194	1006	720	130
2	1	122	23	91	9	2
146	71	560	282	1076	667	355
20	26			13	5	4
27	1	167	28	310	198	44
21350	1389	2068	5369	58405	35518	1656
21083	1383	1511	5332	57283	35051	1390
267		540		978	383	201
	6	17	37	145	84	65
60	310	1816	127	6825	2784	1045
25	161	799	64	1193	735	481
		208		365	208	117
35	150	607		5057	1726	369
1		202	63	210	116	78
505030	**119685**	**367091**	**320848**	**2165875**	**1065868**	**245847**
			115	85	51	29
			115	85	51	29
915	347	3542	1802	30107	13655	2430
			32	32		
915	347	3537	1731	29993	13610	2399
		5	40	82	46	31
			28	28	22	18
			28	28	22	18
478400	112539	102520	94986	568050	365565	85381
122502	18893	7977	26513	175788	143634	22827
308475	92014	77442	66354	323508	181530	53020
47423	1632	17101	2118	68753	40401	9534
25715	6799	261029	223917	1567605	686575	157990
8175	2083	37883	64774	324748	181593	41354
17540	4716	223146	159143	1242858	504982	116635

6-3 续表 2-1

行业	代码	#日常费用	#固定资产折旧	#税费
总计		**433864**	**1140571**	**28503**
交通运输、仓储和邮政业	**F**	**21**	**46**	**2**
道路运输业	52	9	35	2
公路旅客运输	521			
道路货物运输	522			
道路运输辅助活动	523	9	35	2
城市公共交通业	53			
公共电汽车客运	531			
轨道交通	532			
出租车客运	533			
城市轮渡	534			
其他城市公共交通	539			
水上运输业	54	12		
水上旅客运输	541	12		
水上货物运输	542			
水上运输辅助活动	543			
航空运输业	55			
航空客货运输	551			
通用航空服务	552			
航空运输辅助活动	553			
装卸搬运和其他运输服务业	57			
装卸搬运	571			
运输代理服务	572			
仓储业	58		11	
谷物、棉花等农产品仓储	581			
其他仓储	589		11	
邮政业	59			
国家邮政	591			
其他寄递服务	599			
信息传输、计算机服务和软件业	**G**	**423**	**436**	**92**
电信和其他信息传输服务业	60	320	258	47
电信	601			
互联网信息服务	602	144	2	
广播电视传输服务	603	176	257	47
卫星传输服务	604			
计算机服务业	61	82	36	41
计算机系统服务	611			
数据处理	612			
计算机维修	613	1		
其他计算机服务	619	81	36	41
软件业	62	21	142	4
公共软件服务	621			
其他软件服务	629	20	142	4

单位：万元

管理费用	#人员费用	#日常费用	#固定资产折旧	#税费	净资产变动额	全部从业人员年平均人数（人）
1404926	**563425**	**298746**	**425071**	**11825**	**848857**	**490093**
439	**295**	**120**	**17**	**3**	**3**	**88**
33	16	17				20
33	16	17				20
						8
						8
406	278	103	17	3	2	57
321	273	32	16		2	53
86	6	71	2	3		4
						3
						3
830	**222**	**426**	**154**	**1**	**565**	**223**
443	25	391	20	1		116
58	25	11	20			16
385		380		1		100
241	161	19	43		145	81
						2
241	161	19	43		145	79
147	36	16	91		420	26
2						1
145	36	16	91		420	25

6-3 续表 2-2

行　业	代码	#日常费用	#固定资产折旧	#税　费
批发和零售业	H		**135**	
批发业	63		135	
农畜产品批发	631			
纺织、服装及日用品批发	633			
医药及医疗器材批发	635		135	
矿产品、建材及化工产品批发	636			
机械设备、五金交电及电子产品批发	637			
贸易经纪与代理	638			
其他批发	639			
零售业	65			
综合零售	651			
住宿和餐饮业	I	**4**		
住宿业	66	4		
旅游饭店	661			
一般旅馆	662	4		
其他住宿服务	669			
餐饮业	67			
正餐服务	671			
其他餐饮服务	679			
金融业	J			
银行业	68			
中央银行	681			
商业银行	682			
其他银行	689			
证券业	69			
证券市场管理	691			
证券经纪与交易	692			
证券投资	693			
保险业	70			
人寿保险	701			
非人寿保险	702			
保险辅助服务	703			
其他金融活动	71			
金融信托与管理	711			
金融租赁	712			
财务公司	713			
邮政储蓄	714			
典当	715			
其他未列明的金融活动	719			
房地产业	K		**4**	
房地产业	72		4	
房地产开发经营	721			
物业管理	722		4	
房地产中介服务	723			
其他房地产活动	729			

单位：万元

管理费用	#人员费用	#日常费用	#固定资产折旧	#税费	净资产变动额	全部从业人员年平均人数（人）
52	**50**	**2**				**30**
52	50	2				30
52	50	2				30
						5
						5
						5
45	**26**	**7**	**12**			**13**
3	3					3
3	3					3
42	23	7	12			10
42	23	7	12			10
32	**29**		**2**	**1**	**2**	**32**
32	29		2	1	2	32
10	7		2	1	2	4
22	22					28

6-3 续表 2-3

行　业	代码	#日常费用	#固定资产折　旧	#税　费
租赁和商务服务业	**L**	**70037**	**648007**	**11130**
租赁业	73	1	1	
机械设备租赁	731	1	1	
文化及日用品出租	732			
商务服务业	74	70036	648006	11130
企业管理服务	741	66644	647259	10153
法律服务	742	1742	132	848
咨询与调查	743	758	198	66
广告业	744			15
知识产权服务	745	70	6	1
职业中介服务	746	16	187	13
市场管理	747	35	50	4
旅行社	748	1		
其他商务服务	749	771	174	31
科学研究、技术服务和地质勘查业	**M**	**1648**	**809**	**395**
研究与试验发展	75	1164	406	82
自然科学研究与试验发展	751	86	6	24
工程和技术研究与试验发展	752	974	195	35
农业科学研究与试验发展	753	31	7	2
医学研究与试验发展	754	5	195	19
社会人文科学研究与试验发展	755	68	3	3
专业技术服务业	76	201	264	289
气象服务	761	32	1	3
地震服务	762			
海洋服务	763			
测绘服务	764	3		
技术检测	765	33	26	35
环境监测	766		8	44
工程技术与规划管理	767	125	227	204
其他专业技术服务	769	8	2	2
科技交流和推广服务业	77	283	140	25
技术推广服务	771	235	113	17
科技中介服务	772	23	2	1
其他科技服务	779	25	25	7
地质勘查业	78			
矿产地质勘查	781			
基础地质勘查	782			
地质勘查技术服务	783			
水利、环境和公共设施管理业	**N**	**7742**	**5701**	**1661**
水利管理业	79	186	106	28
防洪管理	791	90	20	20
水资源管理	792	83	63	
其他水利管理	799	14	22	8
环境管理业	80	1047	248	153
自然保护	801	1		
环境治理	802	1046	248	153

单位：万元

管理费用	#人员费用	#日常费用	#固定资产折　旧	#税　费	净资产变动额	全部从业人员年平均人数（人）
299684	**106727**	**40724**	**129542**	**3923**	**159756**	**29264**
						6
						6
299684	106727	40724	129542	3923	159756	29258
289399	100803	38508	128956	3496	158492	26127
5444	3279	1213	139	382	245	1382
2551	1266	653	201	31	396	530
44	13	25	7			3
41	31	3	3		23	47
202	119	78	3		11	74
563	165	41	222	7		238
170	119	49	2			63
1269	933	154	10	8	589	794
7257	**3603**	**2465**	**649**	**139**	**-168**	**2862**
3088	1572	1037	405	24	-458	1669
307	158	133	11		-14	91
1279	291	657	287	24	-286	164
376	96	155	103		24	100
881	823	51	5		-206	1229
246	203	41			25	85
2596	1311	742	181	99	675	361
5	4	1			2	8
						4
94	54	39	1		-26	31
186	70	50				29
2203	1089	643	175	98	699	233
109	94	9	5			56
1573	720	686	63	17	-386	832
467	289	103	32	11	108	660
110	42	25	2		-44	38
996	389	558	29	6	-450	134
10321	**1750**	**1112**	**6998**	**81**	**27253**	**1747**
650	411	65	77		3	328
41	18	21				27
494	355	43	76			211
116	39	1	1		3	90
438	224	113	51	38	223	246
9	5	1			3	6
429	219	112	51	38	220	240

6-3 续表 2-4

行业	代码	#日常费用	#固定资产折旧	#税费
公共设施管理业	81	6509	5347	1480
市政公共设施管理	811	8	200	1
城市绿化管理	812	192	68	11
游览景区管理	813	6309	5080	1468
居民服务和其他服务业	**O**	**1253**	**1436**	**74**
居民服务业	82	1056	1117	27
家庭服务	821	17		
托儿所	822	441	475	12
洗染服务	823			
理发及美容保健服务	824	4	1	
洗浴服务	825			
婚姻服务	826	4	2	
殡葬服务	827	164	538	
摄影扩印服务	828	12		
其他居民服务	829	415	100	15
其他服务业	83	196	320	47
修理与维护	831	28	229	14
清洁服务	832	17	9	
其他未列明的服务	839	152	82	33
教育	**P**	**154977**	**88218**	**4502**
教育	84	154977	88218	4502
学前教育	841	38295	28644	1157
初等教育	842	37291	20402	527
中等教育	843	44543	20909	635
高等教育	844	15688	13045	535
其他教育	849	19162	5218	1649
卫生、社会保障和社会福利业	**Q**	**20904**	**6686**	**1344**
卫生	85	16119	4926	1281
医院	851	8581	2053	533
卫生院及社区医疗活动	852	1665	874	246
门诊部医疗活动	853	4437	1778	332
计划生育技术服务活动	854	20	12	4
妇幼保健活动	855			
专科疾病防治活动	856	1326	176	166
疾病预防控制及防疫活动	857	15	1	
其他卫生活动	859	75	32	1
社会保障业	86	505	11	1
社会保障业	860	505	11	1
社会福利业	87	4281	1749	62
提供住宿的社会福利	871	1134	934	6
不提供住宿的社会福利	872	3147	816	56
文化、体育和娱乐业	**R**	**5575**	**2846**	**282**
新闻出版业	88	4	3	
新闻业	881			

单位：万元

管理费用	#人员费用	#日常费用	#固定资产折旧	#税费	净资产变动额	全部从业人员年平均人数（人）
9232	1115	934	6870	43	27028	1173
6493	172	98	6218	5	26382	110
52	27	12	1			83
2687	916	824	651	38	646	980
8791	**5141**	**1981**	**554**	**358**	**318**	**3271**
8177	4960	1737	445	321	334	3050
42	30	10	2		-2	39
5768	3394	1322	121	297	37	1103
3	3					4
500	481	11	7		245	11
543	233	124	185		-120	1066
3	2	1				10
1320	818	270	131	24	174	817
614	182	244	109	38	-16	221
56	21	14	3			30
27	14	7			2	34
531	147	223	106	38	-18	157
271934	**124939**	**81152**	**41323**	**2749**	**87023**	**156119**
271934	124939	81152	41323	2749	87023	156119
83267	45024	19941	11729	332	9641	68765
70866	30931	24721	11002	390	24320	41992
73203	30282	24634	12258	1502	17036	27745
14246	5148	3488	2134	33	26350	5476
30352	13553	8370	4201	492	9676	12141
27266	**13552**	**8516**	**2595**	**193**	**12936**	**13345**
20371	10553	6521	1375	167	9022	10216
10124	5243	3922	467	77	6703	3524
3235	1840	907	191	3	317	1647
5574	3070	1593	427	84	1614	4674
288	122	23	7			62
50	32	10	8		703	143
25	15	9	1			27
1076	232	57	275	3	-315	139
151	73	65	8	1	4	151
151	73	65	8	1	4	151
6744	2926	1930	1213	25	3910	2978
3805	1830	1042	696	9	-95	1717
2939	1095	888	517	16	4005	1261
18480	**5982**	**3373**	**1215**	**174**	**-26893**	**8963**
116	63	5	3	40		56

6-3 续表 2-5

行业	代码	#日常费用	#固定资产折旧	#税费
出版业	882	4	3	
广播、电视、电影和音像业	89	328	646	23
广播	891	2		
电视	892	95	451	
电影	893	224	185	21
音像制作	894	8	10	2
文化艺术业	90	1432	1525	34
文艺创作与表演	901	1158	802	11
艺术表演场馆	902			
图书馆与档案馆	903	5	3	2
文物及文化保护	904	39	182	
博物馆	905	42	516	
烈士陵园、纪念馆	906	4	2	1
群众文化活动	907	159	10	17
文化艺术经纪代理	908	1		
其他文化艺术	909	25	9	4
体育	91	3256	147	62
体育组织	911	3090	142	39
体育场馆	912	161	1	20
其他体育	919	4	4	3
娱乐业	92	555	525	164
室内娱乐活动	921	123	64	17
游乐园	922		74	12
休闲健身娱乐活动	923	424	367	135
其他娱乐活动	929	7	20	1
公共管理和社会组织	**S**	**171281**	**386247**	**9021**
中国共产党机关	93	18	5	
中国共产党机关	930	18	5	
国家机构	94	1032	682	666
国家权力机构	941			
国家行政机构	942	1020	679	666
人民法院和人民检察院	943			
其他国家机构	949	12	3	
人民政协和民主党派	95	4		
人民政协	951			
民主党派	952	4		
群众团体、社会团体和宗教组织	96	82116	22113	3192
群众团体	961	10271	2012	179
社会团体	962	58296	6261	2780
宗教组织	963	13548	13840	234
基层群众自治组织	97	88112	363448	5163
社区自治组织	971	19591	88977	715
村民自治组织	972	68521	274471	4448

单位：万元

管理费用	#人员费用	#日常费用	#固定资产折旧	#税费	净资产变动额	全部从业人员年平均人数（人）
116	63	5	3	40		56
1052	644	130	236	8	18	526
						5
633	500	31	80	1		188
275	56	63	149	7	18	264
144	88	36	7			69
4793	3288	873	466	33	27	6230
3800	2768	641	328	2	-7	5243
11	6	4	2			5
18	8	5	3	2		5
259	105	107	46			267
170	152	8	9		1	139
62	28	10	12	10	4	28
354	160	64	50	15	40	387
8	6	1				100
111	55	34	16	4	-11	56
9205	1445	1037	228	70	-24636	1139
8575	1057	877	195	39	-24511	1011
574	377	134	32	31	-116	100
56	11	26	1		-9	28
3314	542	1328	282	23	-2303	1012
425	296	56	14	5	29	358
81	29	16	14	3		22
2758	188	1255	237	14	-2332	544
50	30	1	18	2		88
759796	**301112**	**158867**	**242010**	**4203**	**588064**	**274131**
34	31					27
34	31					27
2330	1122	430	241	51	235	2580
17	16					7
2277	1105	427	238	51	235	2566
36	1	3	3			7
5	5					10
5	5					10
141427	58403	46465	11194	1218	89656	73480
23387	11119	8695	1236	121	9823	11339
97217	40167	30203	6203	1047	42200	50511
20822	7117	7567	3755	50	37634	11630
616001	241552	111972	230575	2934	498173	198034
103638	61819	23219	11884	585	59528	38281
512363	179733	88753	218691	2349	438645	159753

6-4 按登记注册类型分组的

登记注册类型	单位数（个）	固定资产原价	本年收入合计	#捐赠收入
总计	**41884**	**26735854**	**4836005**	**575967**
内资企业	**41857**	**26546088**	**4816388**	**575939**
国有企业	1798	301276	456147	247389
集体企业	772	392467	317849	9267
股份合作企业	41	11482	5758	26
联营企业	39	35466	12502	113
国有联营企业	3	606	229	13
集体联营企业	11	1753	859	
国有与集体联营企业	4	355	404	42
其他联营企业	21	32751	11010	57
有限责任公司	64	74375	21456	299
国有独资公司	8	6852	617	200
其他有限责任公司	56	67522	20839	99
股份有限公司	14	16671	6527	2494
私营企业	2641	574489	268592	1955
私营独资企业	2097	448590	191012	498
私营合伙企业	441	83064	53617	84
私营有限责任公司	95	42046	23460	1373
私营股份有限公司	8	789	504	
其他企业	36488	25139863	3727557	314396
港、澳、台商投资企业	**16**	**12652**	**5669**	**28**
合资经营企业(港或澳、台资)	4	2349	3566	16
合作经营企业(港或澳、台资)	3	2067	837	
港、澳、台商独资经营企业	9	8236	1266	12
港、澳、台商投资股份有限公司				
外商投资企业	**11**	**177114**	**13949**	
中外合资经营企业	3	15419	1906	
中外合作经营企业	3	161654	11904	
外资企业	5	41	139	
外商投资股份有限公司				

社团及其他单位财务状况

单位：万元

#会费收入	#提供服务收入	#政府补助收入	本年费用合计	业务活动成本	#人员费用
138315	**1595260**	**398682**	**4853371**	**2913022**	**857558**
137835	**1588457**	**388361**	**4835900**	**2907084**	**855854**
36742	62375	46726	225971	120120	41921
1471	172601	5030	343779	249593	62575
8	5279	84	5490	3699	2104
137	11280	76	13563	8925	2630
33	120	61	199	124	60
	587	8	1036	650	229
3	40		346	268	158
100	10532	7	11982	7883	2184
121	5576	83	22386	17050	3857
60	357		606	472	73
61	5220	83	21780	16578	3784
10	3961	63	5866	4728	642
1952	205455	7290	268685	165551	86907
1301	148571	5382	191068	121177	63468
433	39601	1446	54276	34347	17688
198	16859	462	22854	9684	5573
20	425		487	343	178
97395	1121931	329011	3950160	2337418	655217
343	**5140**		**4814**	**3718**	**1409**
1	3549		2810	2776	837
9	769		808	77	30
333	822		1196	865	542
136	**1663**	**10321**	**12657**	**2220**	**295**
21	67	12	4474	1279	140
	1595	10309	8071	842	129
115			112	98	27

6-4 续表

登记注册类型	#日常费用	#固定资产折旧	#税 费	管理费用
总 计	**433864**	**1140571**	**28503**	**1404926**
内资企业	**431347**	**1139987**	**28197**	**1394046**
国有企业	28069	10568	1451	59200
集体企业	19506	63590	3612	58195
股份合作企业	1041	380	80	1152
联营企业	4478	1650	92	914
国有联营企业	53	11		75
集体联营企业	101	247	62	376
国有与集体联营企业	52	35	22	26
其他联营企业	4272	1358	7	437
有限责任公司	1008	10429	305	3883
国有独资公司	18	200	1	73
其他有限责任公司	990	10229	304	3809
股份有限公司	984	419	25	1120
私营企业	44883	21024	2260	86198
私营独资企业	33462	16535	1188	62405
私营合伙企业	8912	3643	724	17193
私营有限责任公司	2405	795	342	6456
私营股份有限公司	104	51	6	144
其他企业	331378	1031927	20373	1183386
港、澳、台商投资企业	**1470**	**232**	**185**	**1084**
合资经营企业(港或澳、台资)	1308	166	165	31
合作经营企业(港或澳、台资)	46			731
港、澳、台商独资经营企业	116	66	20	322
港、澳、台商投资股份有限公司				
外商投资企业	**1048**	**353**	**121**	**9796**
中外合资经营企业	287	346	113	2703
中外合作经营企业	701	4	8	7091
外资企业	60	2		2
外商投资股份有限公司				

单位：万元

#人员费用	#日常费用	#固定资产折旧	#税　费	净资产变动额	全部从业人员年平均人数（人）
563425	**298746**	**425071**	**11825**	**848857**	**490093**
562092	**297157**	**418232**	**11801**	**824272**	**489170**
26494	15466	3874	1360	17060	21684
25281	6879	18868	286	22554	10239
487	394	155	27	44	1195
638	178	18	24	-857	814
60	15			44	91
335	2	2			152
15	10	1		2	59
228	151	15	23	-903	512
1211	846	1430	123	6972	1640
69				160	243
1141	845	1430	123	6812	1397
695	102	9		362	442
39689	23140	14077	838	32540	60690
28665	16545	11000	379	13831	44624
8727	4632	1500	345	17577	12674
2215	1915	1573	114	1133	3253
81	49	4			139
467598	250152	379801	9143	745596	392466
599	**237**	**210**	**8**	**799**	**668**
8	23			703	117
466	23	207	8	33	138
126	191	3		63	413
734	**1351**	**6630**	**16**	**23786**	**255**
135	1258	235	11	-2580	81
598	93	6395	5	26367	154
1					20

6-5 按地区分组的

地 区	固定资产原价	本年收入合计	#财政拨款	#事业收入	#经营收入	本年支出合计	#工资福利支出	#商品和服务支出	#福利费
总 计	**83425773**	**48436028**	**27740946**	**12415612**	**3591022**	**45800049**	**15256477**	**15892633**	**886068**
广州市	15417825	14527885	8156279	4186177	878398	14002070	3678246	5154023	369982
深圳市	6878592	6619699	4288091	1602881	251526	6699655	2347421	2287273	48302
珠海市	1692236	1487969	973640	256107	105426	1418142	587169	416836	10486
汕头市	2808806	1303027	722845	363120	57940	1329794	553649	431289	19384
佛山市	6452163	4703218	2597261	944461	758083	4077468	1270031	1393981	63886
韶关市	1489253	1381121	813727	345533	73387	1285124	394474	434652	26328
河源市	1018125	646205	430024	136409	36757	627999	242053	207824	12124
梅州市	1604888	1023073	641843	285241	24889	1021490	364511	357404	12618
惠州市	2144712	1673131	962212	456114	86513	1517512	544429	511163	39618
汕尾市	626170	452472	292177	99531	17262	437851	173894	164291	12786
东莞市	8980968	3127117	1743149	547138	445119	2917143	1042588	829436	29394
中山市	1738997	1801918	1038495	321635	268821	1652356	604236	423904	29460
江门市	2202189	1498082	798057	444568	84234	1392919	516257	433848	22652
阳江市	2179170	601202	308921	189130	38450	544487	213752	212450	16259
湛江市	3708676	1508039	834549	417292	143779	1480240	651541	506548	68668
茂名市	10180171	1708388	693741	705449	71158	1420273	578166	615845	37235
肇庆市	8241959	1292075	694156	387007	70047	1196501	453389	475910	17773
清远市	2870482	1231918	708754	263394	108514	1125780	401206	410372	22209
潮州市	997467	596652	289633	173311	15413	488459	189093	165663	13390
揭阳市	1504334	708866	453631	153088	15135	666312	265665	272965	8819
云浮市	688590	543971	299760	138026	40173	498473	184707	186956	4698

行政事业单位财务状况

单位:万元

#劳务费	#取暖费	#差旅费	#出国费	#工会经费	对个人和家庭的补助	#助学金	#抚恤	#生活补助	经营税金	全部从业人员年平均人数(人)
930116	**48383**	**404653**	**42369**	**139665**	**4006543**	**164832**	**84685**	**211353**	**181224**	**2955940**
314845	17044	127605	26606	51605	1447169	61571	11742	23085	66932	522404
111993	6460	39271	3840	14241	254859	15344	2833	13363	19089	257044
9641	1824	8766	1618	2801	130477	5029	1032	3187	3448	67678
15538	765	8920	695	3824	131490	9122	4212	9587	13915	133723
172006	1986	17544	759	8004	560006	11261	2713	18978	32912	204100
21346	2473	12553	238	3383	127628	5539	4303	6074	3136	115037
10012	720	9207	227	1891	52940	2142	7155	10185	1029	88067
6667	808	10459	315	3870	135583	4771	5382	16720	666	130319
16064	2203	13981	230	5260	127032	5597	5823	15812	3497	128573
8593	242	6849	316	1827	37066	1588	4248	4730	363	70973
25971	508	11654	481	5650	145577	4997	3462	5630	5432	126083
25657	327	6119	515	3192	87183	3285	695	8166	8394	91154
20826	1219	32665	306	5268	117179	7204	3897	9963	5739	116092
12851	1291	9924	227	5733	43515	1473	1539	4614	1032	72925
55367	1953	22645	1266	4254	164028	7795	6165	17704	2639	200002
25180	1621	20445	2647	7149	86325	2490	4871	6036	2486	173258
37367	2045	16913	415	4043	92488	5173	3400	8426	3372	113694
6456	1322	8578	466	3156	119183	3123	4385	9785	4223	100417
21698	1587	7242	681	1212	49530	3787	2542	7155	1374	59257
6368	1616	6958	272	1825	51840	2575	2745	8421	836	122873
5673	370	6357	248	1478	45447	965	1543	3733	710	62267

附录

主要指标解释

主要指标解释

交通运输、仓储和邮政业及其他服务业生产经营及财务状况

固定资产原价：指企业在购置、自行建造、安装、改建、扩建、技术改造某项固定资产时所支出的全部支出总额。

本年折旧：指企业在报告期内提取的对固定资产由于磨损和损耗而转移到产品中去的那一部分价值的补偿。一般根据固定资产原价（选用双倍余额递减法计提折旧的企业，为固定资产账面净值）和确定的折旧率计算。

资产总计：指企业拥有或控制的能以货币计量的经济资源，包括各种财产、债权和其他权利。资产按其流动性（即资产的变现能力和支付能力）划分为：流动资产、长期投资、固定资产、无形资产、递延资产和其他资产。

负债合计：指企业所承担的能以货币计量，将以资产或劳务偿付的债务，偿还形式包括货币、资产或提供劳务。负债一般按偿还期长短分为流动负债和长期负债。

所有者权益合计：所有者权益是指所有者在企业资产中享有的经济利益，它等于企业资产减去负债后的余额。包括实收资本（或股本）、资本公积、盈余公积和未分配利润等。

实收资本：指投资者按照企业章程，或合同、协议的约定，实际投入企业的资本。企业实收资本按照投资主体划分为国家资本、集体资本、法人资本、个人资本、港澳台资本和外商资本六种。

国家资本：指有权代表国家投资的政府部门或机构以国有资产投入企业形成的资本。不论企业的资本是哪个政府部门或机构投入的，只要是以国家资金进行投资的，均作为国家资本。

集体资本：指劳动群众集体所有的资产实际投人企业形成的资本。

法人资本：指我国具有法人资格的单位以其依法可以支配的资产投入企业形成的资本。

个人资本：指我国公民以其合法财产投入企业形成的资本。

港澳台资本：指我国香港、澳门和台湾地区投资者将所有的资产实际投入企业形成的资本。

外商资本：指外国投资者（不包括我国香港、澳门和台湾地区投资者）将所有的资产实际投入企业形成的资本。

营业收入：指企业（单位）在报告期内从事销售商品、提供劳务及转让资产使用权等日常活动中所形成的总收入，包括主营业务收入和其他业务收入。

主营业务收入：指企业经营主要业务所取得的收入总额。分别指相关行业的“产品销售收入”、“商品销售收入”、“主营业务收入”、“营业收入”、“经营收入”、“工程结算收入”等。

主营业务成本：指企业经营主要业务发生的实际成本。

主营业务税金及附加：指企业经营主要业务应负担的营业税、消费税、城市维护建设税、资源税、土地增值税、教育费附加。

营业费用、管理费用和财务费用合计：指企业报告期内营业费用、管理费用、财务费用三项费用的合计。营业费用指企业在销售商品过程中发生的各项费用。管理费用指企业行政管理部门和企业的董事会为组织和管理企业生产经营活动而发生的各项费用。财务费用指企业为筹集生产经营所需资金等发生的费用，包括利息净支出、汇兑净损失（已减汇兑收益）、以及相关的手续费等。

营业利润：指企业从事生产经营活动所取得的利润，即主营业务收入减主营业务成本和主营业务税金及附加，加上其他业务利润，减去营业费用、管理费用、财务费用后的金额。

职工工资和福利费：职工工资和福利费包括职工工资总额和职工福利费两部分，是企业为获得职工提供服务而给予的各种形式的报酬以及其他相关支出。其中：工资总额是指企业在报告期内支付给本单位全部职工的劳动报酬，包括工资、奖金、津贴和补贴，它反映企业报告期内累计应付的工资总额。工资总额根据企业会计核算中“应付工资”科目的本期贷方累计发生额填列。职工福利费：指企业在报告期内根据国家有关规定开支的各项福利支出，包括企业为职工提存的基本养老保险基金、基本医疗保险费、失业保险费、工伤保险费、生育保险费、住房公积金、补充养老保险费和补充医疗保险费，以及从成本费用中列支的集体福利补贴、职工生活困难补助、房租补贴、上下班交通补贴、冬季取暖费，以及按规定发生的其他职工福利支出，它反映企业在报告期实际发生的各项福利费用。

全部从业人员年平均人数：指企业单位年内各月平均拥有的人数，其计算公式为：

$$\text{全部从业人员年平均人数}=\frac{\text{1月平均人数}+\text{2月平均人数}+\ldots+\text{12月平均人数}}{12}$$

$$\text{月平均人数}=\frac{\text{月初从业人员数}+\text{月末从业人员数}}{2}$$

批发和零售业商品销售及财务状况

商品销售（总）额：指对本企业以外的单位和个人出售的商品金额（包括售给本单位消费用的商品，含增值税），销售合计包括批发额和零售额。

批发额：指售给国民经济各行业用于生产、经营用的商品金额。

零售额：指售给城乡居民用于生活消费和社会集团用于公共消费的商品金额。

所有者权益：是指所有者在企业资产中享有的经济利益，它等于企业资产减去负债后的余额。包括实收资本（或股本）、资本公积、盈余公积和未分配利润等。

主营业务收入：指企业在销售商品和提供服务及让度资产使用权等主要经营业务中所取得的收入总额。

主营业务成本：指企业经营主要业务活动时发生的实际成本。

主营业务税金及附加：指企业经营主要业务应负担的营业税、消费税、城市维护建设税、资源税、土地增值税、教育费附加等。

利润总额：指企业在生产经营过程中各种收入扣除各种耗费后的盈余，反映企业在报告期内实现的亏盈总额，包括营业利润、补贴收入、投资净收益和营业外收支净额。

住宿和餐饮业商品销售及财务状况

营业额：指住宿和餐饮业法人企业、产业活动单位在经营活动中因提供服务或销售商品所取得的总收入。包括：客房收入、餐费收入、商品销售额和其收入。

客房收入：指住宿和餐饮业法人企业、产业活动单位在经营活动中因提供住宿服务取得的收入。

餐费收入：指住宿和餐饮业法人企业、产业活动单位提供就餐服务取得的收入。包括经烹饪、调制加工后出售的各种食品，如主食、炒菜、凉拌菜等所取得的收入。

商品销售额：指住宿和餐饮业法人企业、产业活动单位出售商品的总金额。

其他收入：指营业额中除客房收入、餐费收入、商品销售额以外的其他收入，包括娱乐、健身和商务服务等。

所有者权益：是指所有者在企业资产中享有的经济利益，它等于企业资产减去负债后的余额。包括实收资本（或股本）、资本公积、盈余公积和未分配利润等。

主营业务收入：指企业在销售商品和提供服务及让度资产使用权等主要经营业务中所取得的收入总额。

主营业务成本：指企业经营主要业务活动时发生的实际成本。

主营业务税金及附加：指企业经营主要业务应负担的营业税、消费税、城市维护建设税、资源税、土地增值税、教育费附加等。

利润总额：指企业在生产经营过程中各种收入扣除各种耗费后的盈余，反映企业在报告期内实现的亏盈总额，包括营业利润、补贴收入、投资净收益和营业外收支净额。

房地产业生产经营及财务状况

一、开发经营指标

（一）投资额和新增固定资产部分

计划总投资：指房地产开发企业(单位)在建的房屋建设工程或正在开发的土地开发工程，按照总体设计规定的内容全部建成计划(或按设计概算或预算)需要的总投资。

自开始建设累计完成投资：指房地产开发企业(单位)在建的房屋建设工程或正在开发的土地开发工程从开始建设到本期止累计完成的全部投资。其计算范围原则上应与“计划总投资”指标包括的工程内容相一致。

本年完成投资：指从本年完成的全部用于房屋建设工程、土地开发工程的投资额以及公益性建筑和土地购置费等的投资。

土地开发投资额：指房地产开发企业完成的前期工程投资，一般指生地开发成熟地的投资。

配套工程投资：指为供出售、出租用的商品房屋工程配套的服务设施所完成的投资额。

建筑工程：指各种房屋、建筑物的建造工程，又称建筑工作量。

安装工程：指各种设备、装置的安装工程，又称安装工作量。

设备、工器具购置：指工业企业生产的产品转化为固定资产的购置活动。

旧建筑物购置费：指购置已使用过的各种旧房屋及其他建筑物，即对旧房屋及其他建筑物的赔偿费。

土地购置费：指房地产开发企业通过各种方式取得土地使用权而支付的费用。

商品住宅：专供居住的房屋，包括别墅、公寓、职工家属宿舍和集体宿舍(包括职工单身宿舍和学生宿舍)等。

经济适用房：指根据地方经济适用房计划安排建设的政策性住宅。

别墅、高档公寓：指建筑造价和销售价格明显高于一般商品住宅的商品住宅。

90 平方米以下住房：是指商品住宅中，套型建筑面积不超过 90 平方米（包括 90 平方米）的住房。

140 平方米以上住房：是指商品住宅中，套型建筑面积超过 140 平方米（不包括 140 平方米）的住房。

办公楼：指企业、事业、机关、团体、学校、医院等单位使用的各类办公用房(又称写字楼)。

商业营业用房：指商业、粮食、供销、饮食服务业等部门对外营业的用房。

其他：凡不属于上述各项用途的房屋建筑物，如教学用房、托儿所、幼儿园、图书馆、体育馆等。

本年新增固定资产：指在报告期已经完成建造和开发过程并交付使用的房屋和土地开发面积的价值。

（二）土地购置和开发部分

本年完成开发土地面积：报告期内对土地进行开发并已完成"七通一平"等前期开发工程，具备施工或出让条件的土地面积。

待开发土地面积：指经有关部门批准，通过各种方式获得土地使用权，但尚未进行开发的土地面积。

本年购置土地面积：指在本年内通过各种方式获得土地使用权的土地面积。

本年土地成交价款：指进行土地使用权交易活动的最终金额。

（三）资金来源部分

本年资金来源合计：房地产开发企业(单位)在本年内收到的可用于房地产开发经营的各种资金来源之和。

上年末结余资金：指上年资金来源中没有形成投资额而结余的资金。

本年资金来源小计：指房地产开发企业(单位)实际拨入的，用于房地产开发的各种货币资金。

国内贷款：指报告期房地产开发企业(单位)向银行及非银行金融机构借入的用于房地产开发与经营的各种国内借款。

银行贷款：指向各商业银行、政策性银行借入的用于房地产开发与经营的各项贷款。

非银行金融机构贷款：指向除银行之外从事金融业务的机构借入的用于房地产开发与经营的各项贷款。

利用外资：指报告期收到的用于房地产开发与经营的境外资金(包括外国及港澳台地区)。

外商直接投资：指外国投资商在与中国企业(政府)合资、合作或独资中以外汇现金、设备(或实物)、技术、专利或其他方式投入的资金总量。

自筹资金：指各地区、各部门及企事业单位筹集用于房地产开发与经营的预算外资金。

自有资金：指凡属于房地产企业(单位)所有者权益范围内所包括的资金。

其他资金来源：指在报告期收到的除以上各种资金之外其他用于房地产开发与经营的资金。

定金及预收款：指房地产开发企业(单位)预收的购买者用于买房的定金及预收款。

个人按揭贷款：又称"个人住房商业性贷款"。

本年各项应付款合计：指在房地产开发过程中应付未付的投资款。

工程款：指在房地产开发过程中应付未付给施工单位（乙方）的工程投资款。

（四）施工、竣工房屋面积及竣工价值部分

房屋施工面积：指报告期内施工的全部房屋（包括地下室、半地下室以及配套房屋）建筑面积。包括本期新开工的面积和上年开工跨入本期继续施工的房屋面积，以及上期已停建在本期恢复施工的房屋面积。本期竣工和本期施工后又停建缓建的房屋面积仍包括在施工面积中，多层建筑应填各层建筑面积之和。

房屋新开工面积：指在报告期内新开工建设的房屋面积。不包括上期跨入报告期继续施工的房屋面积和上期停缓建而在本期恢复施工的房屋面积。房屋的开工应以房屋正式开始破土刨槽(地基处理或打永久桩)的日期为准。

房屋竣工面积：指报告期内房屋建筑按照设计要求已全部完工，达到住人和使用条件，经验收鉴定合格或达到竣工验收标准，可正式移交使用的各栋房屋建筑面积的总和。

不可销售面积：指报告期房地产公司竣工的用于拆迁还建的房屋面积；接受委托、定向开发建设，并收取一定的管理费所建设的统建代建房屋竣工面积；竣工的学校、幼儿园、派出所、居委会、商店等公益设施建筑面积。

住宅竣工套数：指报告期内按照设计要求已全部完工，经验收合格，达到住人或使用条件的正式交给开发公司的成套住宅数量(以设计图纸为准)。

竣工房屋价值：指在报告期内竣工房屋本身的建造价值。竣工房屋的价值一般按房屋设计和预算规定的内容计算。包括竣工房屋本身的基础、结构、屋面、装修以及水、电、卫等附属工程的建筑价值，也包括作为房屋建筑组成部分而列入房屋建筑工程预算内的设备(如电梯、通风设备等)的购置和安装费用；不包括厂房内的工艺设备、工艺管线的购置和安装，工艺设备基础的建造；办公和生活用家具的购置等费用；购置土地的费用；迁移补偿费和场地平整的费用及城市建设配套投资。竣工房屋价值一般按结算价格计算。

（五）商品房屋销售与出租情况部分

出租房屋面积：指在报告期期末房屋开发单位出租的商品房屋的全部面积。

商品房销售面积：指报告期内出售商品房屋的合同总面积(即双方签署的正式买卖合同中所确定的建筑面积)。由现房销售建筑面积和期房销售建筑面积两部分组成。

1.现房销售面积：是指在报告期内正式签订买卖合同、已经竣工达到入住条件的商品房屋建筑面积。包括以一次性付款方式和分期付款方式销售的现房建筑面积。

2.期房销售面积：是指在报告期内正式签订买卖合同、正在建设尚未竣工交付使用的商品房屋建筑面积。包括以一次性付款方式和分期付款方式销售的商品房屋建筑面积。期房销售建筑面积竣工后不再结转为现房销售建筑面积。

商品房销售额：指报告期内出售商品房屋的合同总价款(即双方签署的正式买卖合同中所确定的合同总价)。该指标与商品房销售面积同口径，由现房销售额和期房销售额两部分组成。

1.现房销售额：指报告期内销售的已竣工商品房屋的合同总价款。包括现房销售前期预收的定金、预收款、首付款及全部按揭贷款的本金等款项。该指标与现房销售面积同口径。

2.期房销售额：指报告期内销售的正在建设尚未竣工的商品房屋的合同总价款。包括预售房屋前期预收的定金、预收款、首付款及全部按揭贷款的本金等项。该指标与期房销售面积同口径。

商品住宅销售套数：指报告期内出售商品房屋合同中总的成套住宅数量(即双方签署的正式买卖合同中所确定的成套住宅数量)。由现房销售套数和期房销售套数两部分组成。

1.现房销售套数：指报告期内销售的已竣工商品房屋合同中总的成套住宅数量。

2.期房销售套数：指报告期内销售的正在建设尚未竣工的商品房屋合同中总的成套住宅数量。

空置面积：指报告期末已竣工的可供销售或出租的商品房屋建筑面积中，尚未销售或出租的商品房屋建筑面积，包括以前年度竣工和本期竣工的房屋面积，但不包括报告期已竣工的拆迁还建、统建代建、公共配套建筑、房地产公司自用及周转房等不可销售或出租的房屋面积。按照商品房空置时间的长短可以划分为空置一年以下、空置一到到三年（含一年）和空置三年以上（含三年）。空置时间在一年以内的为待销商品房；空置时间在一年到三年（含一年）的为滞销商品房；空置时间在三年以上（含三年）的为积压商品房。

（六）财务指标部分

年初存货：指企业在生产经营过程中为销售或耗用而储备的各种资产。

流动资产合计：指企业可以在一年内或者超过一年的一个生产周期内变现或者耗用的资产。

存货：与年初存货不同的是它根据会计“资产负债表”中“存货”项的年末数填列。

固定资产原价：指企业在建造、购置、安装、改建、扩建、技术改造某项固定资产时所支出的全部货币总额。

累计折旧：指企业在报告期末提取的历年固定资产折旧累计数。根据会计“资产负债表”中“累计折旧”项的年末数填列。

本年折旧：指企业在报告年度内提取的固定资产折旧合计数。

资产总计：指企业拥有或控制的能以货币计量的经济资源，根据会计“资产负债表”中“资产总计”项的期末数填列。

负债合计：指企业所承担的能以货币计量，以资产或劳务偿付的债务，根据会计“资产负债表”中"负债合计"的期末数填列。

所有者权益合计：指企业投资人对企业净资产的所有权。根据会计“资产负债表”中“所有者权益”项的期末数填列。

实收资本：指企业投资者实际投入的资本(或股本)，包括货币、实物、无形资产等各种形式的投入。

国家资本：指有权代表国家投资的政府部门或机构、直属事业单位对企业形成的资本金。

集体资本：指由本企业职工等自然人集体投资或各种机构对企业进行扶持形成的集体性质的资本金。

法人资本：指法人以其依法可支配的资产投入企业形成的资本金。

个人资本：指自然人实际投入企业的资本金。

港澳台资本：指我国香港、澳门和台湾地区投资者实际投入企业的资本金。

外商资本：指外国投资者实际投入企业的资本金。

主营业务收入：指企业在销售商品、提供劳务等日常活动中所产生的收入总额。根据会计“利润表”中对应指标计算填列。

土地转让收入：指房地产开发企业(单位)按国家规定转让经开发的土地和未经开发的土地所得到的收入。

商品房屋销售收入：指房地产开发企业(单位)在报告期售出商品房屋的收入。

房屋出租收入：指报告期内房地产开发企业(单位)将企业的全部或部分房屋出租给其他单位或个人使用所得到的租金收入。

其他收入：指房地产开发企业(单位)在报告期内从事除以上收入外的收入。

主营业务成本：指企业从事主要业务活动而发生的成本。

主营业务税金及附加：指企业因从事生产经营活动按税法规定交纳的应从经营收入中抵扣的税金和附加。

主营业务利润(工程结算利润)：根据会计“利润表”中对应指标年末累计数填列。

其他业务收入：是指企业主营业务以外的收入。根据会计“利润表”中对应指标的本期累计数填列。

其他业务利润：根据会计“利润表”中对应指标的本期累计数填列。

销售费用：指企业在从事主要经营业务过程中所发生的各项销售费用，包括转让、销售、结算和出租开发产品等。

管理费用：指企业行政管理部门为组织和管理生产经营活动而发生的各项费用。

税金：指企业按规定从管理费用中支付的各种税金，包括房产税、土地使用税、车船使用税、印花税等。

差旅费：根据会计“管理费用”科目中的对应项目填列。

工会经费：根据会计“管理费用”科目中的对应项目填列。

财务费用：指企业为筹集生产经营所需资金等而发生的费用，包括利息支出、汇兑损失以及相关的金融机构手续费等。

利息支出：指企业在生产经营期间利息支出扣除利息收入后的净额。

营业利润：指企业从事生产经营活动所产生的利润，即主营业务利润加其他业务利润扣除管理费用、财务费用后的净额。

投资收益：根据企业会计“利润表”中“投资收益”项的本期累计数填列。

营业外收入：根据企业会计“利润表”中“营业外收入”项的本期累计数填列。

营业外支出：根据企业会计“利润表”中“营业外支出”项的年末累计数填列。

利润总额：指企业在生产经营过程中各种收入扣除各种耗费后的盈余。

应交所得税：指企业按税法规定，应从生产经营等活动的所得中交纳的税金。

劳动、失业保险费：指企业向社会保障部门和保险公司为本单位职工支付的劳动保险、待业保险的费用。

本年应付工资总额：指企业在报告期内支付给本单位职工的全部工资，它反映企业本期累计应付的工资总额。

本年应付福利费总额：指企业在报告期内累计提取的福利费总额，它反映本期应付福利费的全部发生额。

全部从业人员年平均人数：指年内各月平均拥有的人数。

二、物业管理和中介服务情况部分

（一）面积指标

在管物业占地面积：指报告期末物业管理单位正在进行管理的物业所占用的全部土地面积。

在管房屋建筑面积：指报告期末物业管理单位正在进行管理的已竣工交付使用的全部房屋建筑面积。其中：住宅：指专供居住的房屋。办公用房：指企业、事业、机关、团体、学校、医院等单位使用的各类办公用房（又称写字楼）。商业营业用房：指商业、粮食、供销、饮食服务业等部门对外营业的用房。厂房：指直接用于生产或为生产配套的各种房屋，包括主要车间、辅助用房及附属设施用房。

房屋代理销售成交合同面积：指经房地产中介服务机构代理，并签订销售合同的商品房及以外的所有房屋的成交面积。

房屋代理销售成交合同数：指房地产中介服务机构代理销售商品房及以外的所有房屋，并签订销售合同的业务笔数。

房屋代理销售成交合同金额：指房地产中介服务机构对商品房及以外的所有房产进行销售，并签订销售合同的商品房成交金额。

房屋代理出租成交合同数：指房地产中介服务机构代理出租商品房及以外的所有房屋，并签订租赁合同的业务笔数。

房屋代理出租成交合同金额：指房地产中介服务机构对商品房及以外的所有房产进行租赁，并签订租赁合同的商品房成交金额。

（二）财务指标

年初存货：根据会计“资产负债表”中“存货”项的年初数填列。

年末存货：根据会计“资产负债表”中“存货”项的期末数填列。

固定资产原价：根据会计“资产负债表”中“固定资产原价”项目的期末数填列。执行 2006 年《企业会计准则》的企业，根据所有者权益合计：根据“资产负债表”中的“所有者权益合计”项填列。所有者权益是指所有者在企业资产中享有的经济利益，它等于企业资产减去负债后的余额。包括实收资本（或股本）、资本公积、盈余公积和未分配利润等。

实收资本：根据“资产负债表”中的“实收资本”项填列。实收资本中如有以外币形式投入的资本，需折合成人民币形式填写。

国家资本：指有权代表国家投资的政府部门或机构以国有资产投入企业形成的资本。不论企业的资本是哪个政府部门或机构投入的，只要是以国家资金进行投资的，均作为国家资本。

集体资本：指劳动群众集体所有的资产实际投人企业形成的资本。

法人资本：指我国具有法人资格的单位以其依法可以支配的资产投入企业形成的资本。

个人资本：指我国公民以其合法财产投入企业形成的资本。

港澳台资本：指我国香港、澳门和台湾地区投资者将所有的资产实际投入企业形成的资本。

外商资本：指外国投资者（不包括我国香港、澳门和台湾地区投资者）将所有的资产实际投入企业形成的资本。

本年折旧：根据会计核算中《资产减值准备、投资及固定资产情况表》内“当年计提的固定资产折旧总额”项本年增加数填列。指企业在报告期内提取的固定资产折旧合计数。

营业收入：根据会计“利润表”中对应指标计算填列。指企业（单位）在报告期内从事销售商品、提供劳务及转让资产使用权等日常活动中所形成的总收入，包括主营业务收入和其他业务收入。

主营业务收入：根据会计“利润表”中对应指标计算填列。执行 2006 年《企业会计准则》的企业，如果未设置该科目，则以营业收入发生额代替填列。执行 2001 年以前行业会计制度的企业，可以“产品销售收入”代替填列。指企业经营主要业务所取得的收入总额。营业成本（100）：根据会计“利润表”中对应指标计算填列。指企业在报告期内从事销售商品、提供劳务等日常活动发生的各种耗费。

主营业务成本：根据会计“利润表”中对应指标计算填列。执行 2006 年《企业会计准则》的企业，如果未设置该科目，则以营业成本发生额代替填列。执行 2001 年以前行业会计制度的企业，可以“产品销售成本”代替填列。指企业经营主要业务发生的实际成本。

营业税金及附加：根据会计“利润表”中“营业税金及附加”的本年累计数填列。指企业与营业收入有关的，应由各项经营业务负担的税金及附加。

主营业务税金及附加：根据会计“利润表”中对应指标“本年累计数”填列。执行 2006 年《企业会计准则》的企业，如未设置该项以营业税金及附加代替填列。执行 2001 年以前行业会计制度的企业，可以“产品销售税金及附加”代替填列。指企业经营主要业务应负担的营业税、消费税、城市维护建设税、资源税、土地增值税、教育费附加。

主营业务利润：根据会计“利润表”中对应指标本年累计数填列。执行 2006 年《企业会计准则》的企业，如果未设置该科目，则以营业利润发生额代替填列。执行 2001 年以前行业会计制度的企业，可以“产品销售利润”代替填列。指企业经营主要业务实现的利润。

其他业务利润：根据会计“利润表”中对应指标的本年累计数填列。执行 2006 年《企业会计准则》的企业，如果未设置该科目，则在此处填 0。指企业经营除主要业务以外的其它业务实现的利润。

营业费用、管理费用和财务费用合计：指企业报告期内营业费用、管理费用、财务费用三项费用的合计。

税金：根据管理费用科目中相关项目归纳填列。指企业按照规定从管理费用中支付的房产税、印花税、车船使用税和土地使用税。

利息支出：根据会计“财务费用明细资料”中的利息支出项目填列。指企业短期借款利息、长期借款利息、应付票据利息、票据贴现利息、应付债券利息、长期应付引进国外设备款利息等利息支出（除资本化的利息外）减去银行存款等的利息收入后的净额。

营业利润：根据会计“利润表”中对应指标的“本年累计数”填列。执行 2006 年《企业会计准则》的企业，同样根据会计“利润表”中对应指标的“本年累计数”直接填列。指企业从事生产经营活动所取得的利润，即主营业务收入减主营业务成本和主营业务税金及附加，加上其他业务利润，减去营业费用、管理费用、财务费用后的金额。

职工工资和福利费：包括职工工资总额和职工福利费两部分。工资总额根据企业会计核算中“应付工资”科目的本期贷方累计发生额取得。职工福利费根据企业会计成本和费用科目中的相关项目归纳计算取得。是企业为获得职工提供服务而给予的各种形式的报酬以及其他相关支出。其中：工资总额是指企业在报告期内支付给本单位全部职工的劳动报酬，包括工资、奖金、津贴和补贴，它反映企业报告期内累计应付的工资总额。职工福利费：指企业在报告期内根据国家有关规定开支的各项福利支出，包括企业为职工提存的基本养老保险基金、基本医疗保险费、失业保险费、工伤保险费、生育保险费、住房公积金、补充养老保险费和补充医疗保险费，以及从成本费用中列支的集体福利补贴、职工生活困难补助、房租补贴、上下班交通补贴、冬季取暖费，以及按规定发生的其他职工福利支出，它反映企业在报告期实际发生的各项福利费用。

本年应交增值税：根据企业会计“应交增值税明细表”计算填列。指企业按税法规定，从事货物销售或提供加工、修理修配劳务等增加货物价值的活动本期应交纳的税金。指企业在报告期应交增值税额。计算公式为：

本年应交增值税=销项税额-（进项税额-进项税额转出-出口抵减内销产品应纳税额-减免税款+出口退税

全部从业人员年平均人数：指企业单位年内各月平均拥有的人数，其计算公式为：

$$\text{全部从业人员年平均人数} = \frac{\text{1月平均人数} + \text{2月平均人数} + \ldots + \text{12月平均人数}}{12}$$

其中：$$\text{月平均人数} = \frac{\text{月初从业人员数} + \text{月末从业人员数}}{2}$$

资产减值损失：根据“利润表”中的“资产减值损失”填列。是指企业各项资产发生的减值损失。

公允价值变动收益：根据“利润表”中的“公允价值变动收益”填列，如为损失以“-”号记。指企业应当计入当期损益的资产或负债公允价值变动收益。

投资收益：根据“利润表”中的“投资收益”项填列。若为投资损失，应在本项目金额前加“－”号。指企业以各种方式对外投资所取得的收益或发生的损失。

（三）信息化指标

年末在用计算机数：包括年末在用的台式计算机和笔记本电脑的数量。不包括大、中、小型计算机、服务器，不包括本单位生产、购买用于转卖的计算机、长期弃置不用待处理的计算机，也不包括手持式信息终端机，如袖珍式计算器、配有时钟功能的计算器等不需外接电源的电子计算器，以及装有打印装置的电子计算器包括数字助理（PDA）、电子快译通、电子记事本、电子词典等。

年末拥有网站数：指企业拥有和维护的，有唯一网址，在互联网上可浏览的网站数，不包括企业内网数量。

全年电子商务采购金额：指报告期借助网络订单而采购的商品和服务总额。借助网络订单指通过网络发送订单。付款可以是网上，也可以是网下进行。

全年电子商务销售金额：指报告期借助网络订单而销售的商品和服务总额。借助网络订单指通过网络接受订单。付款可以是网上，也可以是网下进行。

行政事业单位

固定资产原价：指使用年限在一年以上，单位价值在规定标准以上，并在使用过程中基本保持原来物质形态的资产。

本年收入合计：指行政事业单位从各种渠道获得的收入。

财政拨款：指单位本年度实际收到的本级财政拨款，含一般预算拨款和基金预算拨款。

事业收入：指事业单位开展专业业务活动及辅助活动取得的收入。

经营收入：填报行政事业单位在专业业务活动及辅助活动之外开展非独立核算经营活动取得的收入。

本年支出合计：指行政事业单位在业务活动中发生的各项资产耗费和损失等支出情况。

工资福利支出：指单位支付给在职职工和临时聘用人员的各种劳动报酬，以及为上述人员缴纳的各项社会保险费等。

商品和服务支出：指单位在开展业务活动中购买商品和劳务的支出。

对个人和家庭的补助：指政府对个人和家庭的无偿性补助支出。

经营支出：填报行政事业单位在专业业务活动及辅助活动之外开展非独立核算经营活动发生的支出。

经营税金：指事业单位提供劳务或销售产品应负担的税金及附加。

捐赠收入：指因接受赠送带来的资金流入。

会费收入：指民间非营利组织根据章程等的规定向会员收取的会费收入。

提供服务收入：指民间非营利组织根据章程等的规定向其服务对象提供服务取得的收入总额。

政府补助收入：指民间非营利组织接受政府拨款或者政府机构给予的补助而取得的收入总额。

本年费用合计：指民间非营利组织为完成各种目标所发生的费用。

业务活动成本：指民间非营利组织为了实现其业务活动目标、开展其项目活动或者提供服务所发生的费用。

全部从业人员年平均人数：指年内每月平均拥有的人数，包括在岗职工、再就业的离退休人员以及在本单位工作的外方人员、港澳台方人员、兼职人员、借用的外单位人员和第二职业者。